Beth ha-Knesseth – Ort der Zusammenkunft.

# Beth ha-Knesseth – Ort der Zusammenkunft.

## Zur Geschichte der Münchner Synagogen, ihrer Rabbiner und Kantoren

Mit Beiträgen von
Elisabeth Angermair
Andreas Heusler
Eva Ohlen
Brigitte Schmidt
Tobias Weger

Eine Veröffentlichung des
Stadtarchivs München

1999 im
Buchendorfer Verlag

Die Deutsche Bibliothek - CIP-Einheitsaufnahme
Beth ha- Knesseth - Ort der Zusammenkunft:
zur Geschichte der Münchner Synagogen, ihrer
Rabbiner und Kantoren; eine Veröffentlichung
des Stadtarchivs München / [anlässlich der
Ausstellung "Beth ha- Knesseth - Ort der
Zusammenkunft. Zur Geschichte der Münchner
Synagogen, Ihrer Rabbiner und Kantoren" im
Jüdischen Museum München (2.12.1999 -
31.5.2000)].
Mit Beitr. von Elisabeth Angermair....-München:
Buchendorfer Verl., 1999
ISBN 3-934036-09-0



Umschlaggestaltung: Hagen Nerdinger, München
Satz und Reproduktion: SonaS, Grafikdesign
Druck und Bindung: Franz Spiegel Buch, Ulm
Printed in Germany

ISBN 3-934 036-09-0

# Inhalt

# Vorwort

Seit der Antike ist das Leben in der Diaspora das Schicksal der Juden. Umso erstaunlicher ist es, mit welcher Beständigkeit sich der äußeren Anfeindung und jedem Assimilationsdruck zum Trotz die kulturellen Eigenarten des Judentums über Jahrhunderte bewahrt haben. Ein elementares Bindeglied war und ist die Religion, die Juden überall in der Welt zur Bildung von Gemeinden veranlaßte, spielt doch gerade die gemeinschaftliche Religionsausübung neben dem individuellen und familiären Gebet eine ganz zentrale Rolle in der jüdischen Tradition.

In München lassen sich bereits wenige Jahrzehnte nach der mittelalterlichen Stadtgründung erste Spuren für die Anwesenheit von Juden ausmachen. Gleichwohl kann man nicht von einer Kontinuität jüdischer Geschichte in der Münchner Stadthistorie sprechen. Immer wieder wurde dieser Kontinuitätsstrang durch äußere Einwirkung unterbrochen, sei es durch die von antisemitischen Wahnvorstellungen emotionalisierte christliche Stadtbevölkerung in den mittelalterlichen Pogromen, sei es durch die Ausweisungspolitik der bayerischen Landesherren, die sich erst im 18. Jahrhundert etwas lockerte, oder schließlich den nationalsozialistischen Rassenwahn, der Tausende Münchner Juden in die Emigration, in den Suizid, in die Deportation und die Ermordung trieb. Eines aber ist allen Phasen, in denen Juden in München lebten, gemeinsam: Es gab in der Stadt ein reges religiöses Leben, das sich auch im Bau von Betstuben und Synagogen äußerte: Rabbiner und Chasane bzw. Kantoren wirkten als geistige Autoritäten der jeweils existierenden jüdischen Gemeinde.

Das Stadtarchiv München dokumentiert in einer Ausstellung im Jüdischen Museum München Streiflichter aus der Geschichte der Münchner Synagogen und ihrer Rabbiner und Kantoren vom Mittelalter bis ins 20. Jahrhundert. Aufbauend auf wichtigen Vorarbeiten von Harold Hammer-Schenk, Wolfram Selig und anderen, die sich maßgeblich mit der Baugeschichte der Münchner Synagogen befaßten, wird in diesem Projekt die religiöse Komponente in den Mittelpunkt gerückt. Dabei gilt es auch die vielen Facetten dieses religiösen Lebens nachzuzeichnen, die es einst in München gab.

Die Vorbereitung zu dieser Ausstellung wurde von zahlreichen Freunden und Kollegen konstruktiv begleitet. Ihnen gilt der Dank des Stadtarchivs ebenso wie den öffentlichen und privaten Leihgebern im In- und Ausland, die das Vorhaben durch die Bereitstellung von Leihgaben und durch inhaltliche Hinweise bereicherten. Für ihren wertvollen Rat fühlen wir uns vor allem Frau Ellen Presser, der Leiterin des Jugend- und Kulturzentrums der Israelitischen Kultusgemeinde München, sehr verbunden. Herr Rabbiner Steven Langnas hat mit seinen wichtigen Hinweisen und Anregungen ganz wesentlich zum Gelingen unseres Vorhabens beigetragen.

Die Ausstellung ist ein Gemeinschaftsprojekt des Stadtarchivs und des Münchner Stadtmuseums. Das Stadtmuseum, hier in Person von Frau Dr. Ulrike Zischka, der

Leiterin der Abteilung Volkskunde, übernahm dankenswerter Weise die technische Realisierung der Ausstellung. Simon Butz und Hans Stöltzl erstellten die Ausstellungsarchitektur in den nicht einfach zu gestaltenden Räumlichkeiten des Jüdischen Museums.

Allerdings wäre diese Ausstellungstechnik ohne wesentliche Vorarbeiten einiger besonders engagierter Mitarbeiter nicht denkbar gewesen. Peter Eiselt brachte seine bereits vielfach bewährten Fähigkeiten in der Herstellung von Faksimiles archivischer Dokumente ein, die Fotostelle, insbesondere Angela Pascale, reproduzierte mit großer Umsicht historisches Bildmaterial.

Herrn Tillmann Roeder vom Buchendorfer Verlag ist für die kurzfristige Aufnahme des Buches in sein Veröffentlichungsprogramm zu danken.

Dr. Richard Bauer
Stadtdirektor

# Judentum – Religion und Kultus

## Eine Einführung

»Hauptsächlich«, so Hans Lamm, der langjährige Präsident der Israelitischen Kultusgemeinde München, »vollzieht sich das religiöse Leben der jüdischen Gemeinschaft im Gotteshaus, der Synagoge. In der Synagoge trifft die Betergemeinschaft an jedem Werktag morgens und abends, an den Abenden der Fest- und Feiertage und an den heiligen Tagen selbst, zusammen.«[1] Die Synagoge ist aber auch Mittelpunkt des sozialen und kulturellen Lebens einer jüdischen Gemeinde. In München spiegelt die Geschichte der Synagogen seit dem frühen 19. Jahrhundert somit auch das Werden und den Wandel der jüdischen Gemeinde dieser Stadt wider. So bedeutsam und aussagekräftig eine eingehende architekturgeschichtliche Betrachtung des Münchner Synagogenbaus zweifellos sein mag – die Frage nach der religiösen und sozialen Funktion der Synagoge im Gemeindeleben erscheint uns von weit größerer Bedeutung. Unser Augenmerk gilt dabei insbesondere der Rolle der geistlichen Führung der Gemeinde. In diesem Buch wird in exemplarischen biographischen Skizzen daher zugleich an das Leben und Wirken der im 19. und 20. Jahrhundert in München tätigen Rabbiner und Kantoren erinnert. Dabei wird deutlich, daß der Einfluß der rabbinischen Gelehrten weit über die Grenzen dieser Stadt hinaus wirksam war. Auch das musikalische Schaffen der Münchner Kantoren und Organisten war in vielerlei Hinsicht nicht nur für das örtliche Musikleben von Bedeutung. Wenn wir im folgenden von den Münchner Synagogen, ihren Rabbinern und Kantoren berichten, erscheint es uns wichtig, im Vorfeld eine knappe Erklärung der wichtigsten Begriffe zu geben. Damit wollen wir dem Leser, der mit dem Judentum weniger vertraut ist, das Verständnis unserer historischen Betrachtungen erleichtern. Daß diese kurzen Bemerkungen keinen Anspruch auf enzyklopädische Vollständigkeit erheben können, sei noch vorausgeschickt. Wer mehr erfahren möchte über jüdische Religion und Kultus wird auf die einschlägige und leicht zugängliche Literatur verwiesen.[2]

»Die Religion ist das älteste und lange Zeit einzige Kennzeichen jüdischer Identität.«[3] Mit diesen Worten beantwortet der Führer durch das Amsterdamer Jüdische Museum die oft gestellte und kontrovers diskutierte Frage nach jüdischer Identität. Die ritualisierten Übergänge der Lebensabschnitte – beginnend mit der Geburt, dem Eintritt ins Erwachsenenalter, der Hochzeit und endend mit dem Tod – bilden dabei den individuellen lebensgeschichtlichen Rahmen. Der Jahreskreis mit den wichtigen Feiertagen und Festen bildet hingegen den kollektiven Rahmen für die ganze Gemeinde.

Bestimmt wird das religiöse Leben von 613 Geboten (Mizwot), die sich aus der Thora herleiten lassen. Ihrer Beziehung nach werden diese Verbote und Gebote »in Pflichten gegen Gott und solche gegen die Nebenmenschen unterschieden, nach ihrer Bedeutung in wichtige und minder wichtige, wobei von manchen, meist in übertriebenem Sinn, gesagt wird, sie wiegen alle übrigen Gebote der Tora auf, während für alle der gleiche ehrfürchtige Gehorsam verlangt wird«[4] Darunter finden sich besondere Reinheitsgebote, wie etwa die Speisevorschriften (Kaschrut) und das Beschneidungsgebot, das als wichtigstes Gebot der Thora gilt. Als religiöse Forderungen und Pflichten bestimmen die Mizwot den Alltag des gläubigen Juden. Die verschiedenen Strömungen im Judentum definieren freilich auch eine unterschiedliche Strenge bei der Befolgung der Gebote.

## Der Lebenszyklus

Der jüdische Lebenszyklus unterscheidet zwischen den Lebensabschnitten des Kindes, des Jugendlichen, des Erwachsenen und des alten Menschen. Der Eintritt in die einzelnen Lebensabschnitte wird feierlich mit einem religiösen Zeremoniell begangen.

### *Brith Mila (Beschneidung)*

Als Zeichen seines Bundes mit Abraham forderte Gott die Beschneidung aller Knaben am achten Tag nach der Geburt. Die Beschneidung gilt als das wichtigste aller Gebote in der Thora. Auch erwachsene Männer, die zum Judentum übertreten, müssen sich beschneiden lassen. Die Entfernung der Vorhaut wird von einem ausgebildeten Fachmann, dem Mohel, durchgeführt. Bei der Beschneidungszeremonie erhält der Knabe seinen Namen. Die Beschneidung bringt den Körper des Mannes der Vollkommentheit näher. Sie ist ein Zeichen dafür, daß der Mensch nicht vollkommen geboren wird. Vollkommenheit an Körper und Geist wird nur durch eigenes Bemühen und persönliches Mitwirken erreicht. In den letzten Jahrzehnten hat sich für neugeborene Mädchen die Bat Mila etabliert, bei der in der Synagoge der Name verkündet und der Vater zur Thora aufgerufen wird.

### *Bar Mizwa (Sohn der Pflicht)*

Von seinem 13. Geburtstag an (der nach dem jüdischen Kalender gefeiert wird) kann ein Junge seine religiösen Pflichten erfüllen und gilt als vollwertiges Mitglied der Gemeinde. In der Regel am Sabbat nach seinem Geburtstag wird der Bar Mizwa in der Synagoge aufgerufen, spricht die Segenssprüche über die Thora und liest einen Teil des Wochenabschnitts. Bei der anschließenden Feier, bei der Familie und Freunde zu einem festlichen Essen versammelt sind, hält der Bar Mizwa einen Vortrag. Für Mädchen, die bereits mit Vollendung des 12. Lebensjahres religiös volljährig werden, hat sich seit Beginn des Jahrhunderts in vielen Gemeinden eine entsprechende Bat-Mizwa-Feier etabliert.

### *Hochzeit*

Nach dem jüdischen Recht besteht eine Hochzeit aus zwei Teilen: der Heiligung (Verlobung) und der Heirat. Grundlage der Ehe ist ein Ehevertrag (Kettuba), der bereits vor der Hochzeit formuliert wurde und die Pflichten des Ehemannes gegenüber seiner Ehefrau sowie Bestimmungen für den Fall seines Todes und für den Fall einer Scheidung enthält. Dieser Ehevertrag, der von zwei männlichen Zeugen unterschrieben werden muß, soll die Rechte der Frau sichern. Die Heirat wird unter einem nach Jerusalem gerichteten Baldachin (Chuppa) vollzogen. Einer weit verbreiteten Ansicht nach symbolisiert dieser das gemeinsame Heim des Paares. Nach der Verlesung der Kettuba und den Segenssprüchen des Rabbiners zerbricht der Bräutigam ein Glas, um auch an seinem Freudentag an die Zerstörung des Tempels in Jerusalem zu erinnern wie auch an die Tatsache, daß es keine vollständige Freude im Leben gibt.

### *Scheidung*

Die Aufhebung der Ehe erfolgt aufgrund des Todes des Gatten oder durch einen Scheidebrief (Get). Ohne die Zustimmung der Ehefrau kann sich ein Mann nicht scheiden lassen. Eine Scheidung auf Wunsch der Frau erfordert ebenfalls die Zustimmung des Ehegatten oder setzt bestimmte Gründe voraus: unehrenhafter Beruf des Mannes, Mißhandlung der Frau, Nichtzahlung der Unterhaltsbeiträge. Eine Ehescheidung ist eine gesetzliche Handlung und wird nur gültig, wenn sie von einem Rabbinatsgericht (Beth Din) vollzogen wurde.

### *Tod*

Die Versorgung eines Toten vor dem Begräbnis obliegt meist der »Heiligen Bruderschaft« (Chewra Kaddischa), die Totenwache, Waschung und rituelle Reinigung des Leichnams übernimmt. Der Tote, in weiße Kleidung gehüllt, wird in einem einfachen Sarg auf dem Friedhof, der auch als »guter Ort« bezeichnet wird, bestattet. Als Zeichen der Trauer reißen sich die Angehörigen auf dem Friedhof die Kleidung ein. Nach dem Begräbnis beginnt für die engsten Angehörigen eine dreißigtägige Trauerzeit, in der – wenn ein Minjan zu den Gebetszeiten zusammenkommt – täglich das Totengebet (Kaddisch) in der Synagoge gesprochen wird. Während der ersten sieben Tage dieser Trauerzeit (Schiwa) bleibt der Trauernde zu Hause, vermeidet Bequemlichkeiten und verrichtet keine Arbeit. Wenn möglich sollen die drei täglichen Gottesdienste in Anwesenheit von einem Minjan im Trauerhaus abgehalten werden.

## Der Jahreskreis

Das jüdische Jahr ist ein Mondjahr, das gewöhnlich aus 12 Monaten mit jeweils 29 oder 30 Tagen besteht. Um angesichts der Zeitverschiebung mit dem 365 Tage dauernden Sonnenjahr eine Anpassung herbeizuführen, werden innerhalb von 19 Mondjahren sieben Schaltjahre mit jeweils 13 Monaten eingeschoben. Die Tage beginnen mit Eintritt der Nacht und dauern 24 Stunden. Demnach beginnen auch der Sabbat und die Feiertage am Vorabend bei Einbruch der Dunkelheit und enden am Abend des darauffolgenden Tages. Der siebte und letzte Tag der Woche ist der Sabbat.

Die Feste bilden die Höhepunkte des religiösen Jahres der Juden: »Der jüdische Sabbat mit seinem absoluten Werkverbot, mit seinen Gebeten und Bibellesungen ist Kernstück des Jahrs der Juden. Die drei Wallfahrtsfeste: im Frühjahr und sieben Wochen danach: Pessach bzw. Schawuot, erinnern an den Auszug aus Ägypten und die Gesetzgebung am Sinai, wie das Sukkot-Fest (Laubhüttenfest) an die 40jährige Wüstenwanderung gemahnt. Jedwedes Fest hat seine eigenen Gebräuche und Kultgegenstände. Hochheilig sind Rosh-ha-Schana und Jom Kippur (Neujahr und Versöhnungstag), an denen das Schofar (Widderhorn) zur Buße und Einkehr aufruft. Heiterer im Charakter sind das Lichterfest Chanukka und Purim.«[5]

### *Der Sabbat*

In der Bibel ist der Sabbat der siebte Tag nach der Erschaffung der Welt und der

Ruhetag Gottes. Daher gilt der Sabbat als Tag der Ruhe, des Studiums, der Freude und des Friedens. Das besondere Merkmal dieses Tages ist das Arbeitsverbot, das im vierten der zehn Gebote ausgesprochen ist: »Gedenke des Sabbattages, daß du ihn heiligst. (...) Du sollst dann keinerlei Arbeit tun, weder du selbst noch dein Sohn, noch deine Tochter, noch dein Knecht, noch deine Magd, noch dein Vieh, noch der Fremdling, der sich in deinen Toren befindet«.[6] Der Sabbat beginnt am Freitagabend mit dem Anzünden der Kerzen im Kreis der Familie, dem Segensspruch über dem Wein (Kiddusch) und dem feierlichen Sabbatmahl. Beim Gottesdienst in der Synagoge am folgenden Morgen wird der Wochenabschnitt aus der Thora gelesen. Der Sabbat endet mit Hawdala – einer Zeremonie zur Verabschiedung des Sabbat und zur Begrüßung der neuen Woche. Das Verbot kreativer Arbeit am Sabbat soll zur Erkenntnis ermutigen, daß alle schöpferischen Talente und Fähigkeiten von Gott stammen. *B. S.*

## *Rosch ha-Schana (Neujahr)*

Am 1. Tischri (meist im September) beginnt das bürgerliche jüdische Jahr mit einer zweitägigen Feier. An diesem Tag leitet Rosch ha-Schana die Hohen Feiertage ein. Eine andere Bezeichnung für Rosch ha-Schana ist Jom ha-Din (Gerichtstag), da von Gott die Handlungen aller Menschen vom vergangenen Jahr gesichtet und beurteilt werden. Darauf beziehen sich auch die gebräuchlichen Grußformeln »le schana tikatewu«, das heißt »zu einem guten Jahr werdest du eingeschrieben« oder »ketiwa towa«, das heißt »gute Einschreibung«. Zur synagogalen Neujahrsfeier gehört das Blasen des Schofars (Widderhorn), das den Ruf nach Umkehr und den Sieg des Guten über das Böse symbolisiert.

In der Synagoge herrscht die Farbe Weiß vor. In der Liturgie wird der Tag Jom ha-Sikaron (Tag des Gedenkens) genannt, das heißt die Besinnung auf Gott und sich selbst. Der Gottesdienst an Rosch ha-Schana ist durch umfangreiche Zusatzgebete bedeutend länger als an anderen Tagen.

## *Erew Jom Kippur*

An Erew Jom Kippur, dem Vorabend von Kom Kippur, versucht man mit sich und seiner Umwelt ins Reine zu kommen. Man hat die Vortage genutzt, um sich Fehlverhalten gegenüber seinen Mitmenschen bewußt zu machen. Man leistet Abbitte bei denjenigen, die man beleidigt hat, man gibt zurück was man sich zu unrecht angeeignet oder unbedacht behalten hat. Wer abbittet soll nicht gedemütigt werden, ihm soll man entgegenkommen und verzeihen.

## *Jom Kippur (Versöhnungstag)*

Am Abend sucht man die Synagoge auf, um dem bedeutungsvollsten Abendgottesdienst beizuwohnen. Dort herrscht das schon bei Rosch ha-Schana beschriebene Bild vor. Der Chasan (Kantor) beginnt mit den Kol Nidre. Nach diesem Gebet wird der Vorabend des Jom Kippur benannt. Das Kol Nidre-Gebet wurde vor weit über tausend Jahren in aramäischer Sprache verfaßt. Dieses »alle Gelübde« betreffende Gebet hebt alle im abgelaufenen Jahr abgegebenen, die eigene Person betreffenden bzw. unbedacht oder unter Zwang abgegebenen Versprechungen auf. Die Bitte an Gott geht dahin, den Gläubigen von der Einhaltung solcher Gelübde zu befreien.

Am Jom Kippur herrscht Arbeitsverbot wie am Sabbat oder an anderen Feiertagen. Es ist auch ein Fastentag. In Zeiten des Tempels war es dem Hohepriester nur an diesem Tag erlaubt, das Allerheiligste zu betreten. Da der Hohepriester als Sendbote des Volkes sich gewissermaßen Gott selbst näherte, galt für alle an diesem Tag strengstes Fastengebot. An diesem Tag werden die Sünden gesühnt, die man gegenüber Gott begangen hat. Sünden gegen die Mitmenschen werden erst vergeben, wenn zuvor das Opfer dem Täter verziehen hat.

Der synagogale Ablauf des Feiertages beginnt mit dem Abendgottesdienst am Vorabend, dem Kol Nidre, am Morgen des Jom Kippur betet man Schacharit (Morgengebet) und Musaf. Am Nachmittag wird der Nachmittagsgottesdienst gebetet, anschließend der Schlußgottesdienst Ne'ila. Es ist ein alter Brauch, den ganzen Tag vor Job Kippur in der Synagoge zu verbringen. Wesentlicher und charakteristischer Teil der Liturgie ist das gemeinsam von der Gemeinde abgelegte Sündenbekenntnis, das während der Gottesdienste mehrfach wiederholt wird. Das Mincha-Gebet, in dem man sonst Rechenschaft über den bisherigen Tagesverlauf ablegt, erinnert auch an die Märtyrer. Mit dem Gedenkgottesdienst für die Verstorbenen bildet es eine Brücke zur Vergangenheit, so steht der Einzelne zwischen Vergangenheit und Zukunft und ist Glied einer unendlichen Kette. Nach dem im Stehen verrichteten Schlußgebet wird der Aron ha-Kodesch zum letzten Mal an diesem Tag geöffnet. Das Gebet »Awinu Malkenu« (»Unser Vater, unser König«), die seit Rosch ha-Schana täglich beim Morgen- und Nachmittagsgebet vorgetragen wurde, ertönt nun ein weiteres Mal. Nach Beendigung des Ne'ila-Gebetes wird das Schma Israel[7] gesprochen. Zum Abschluß ertönt der Schofar mit dem charakteristischen langgezogenen Tekia-Ruf. *B. S.*

## *Sukkot (Laubhüttenfest)*

Das Wallfahrtsfest Sukkot vom 15. bis 23. Tischri (September/Oktober) erinnert an den Schutz Gottes während des Auszugs aus Ägypten und der 40jährigen Wanderung der Israeliten durch die Wüste. Zur Erinnerung an die notdürftigen Behausungen zu jener Zeit, verbringt der fromme Jude einen Großteil der Festwoche in einer Wohnhütte (Sukka), deren Dach aus Zweigen und Blättern besteht. Verbunden mit dem Gedenken an die Wüstenwanderung ist an Sukkot der Erntedank und die Bitte um Regen für die kommende Jahreszeit. Daher werden während des Sukkotgottesdienstes Erntesymbole in der Hand gehalten – ein Palmzweig (Lulaw), Myrtenzweig, Bachweiden und eine Zitrusfrucht (Etrog). Am letzten Tag der Festwoche wird Simchat Thora (Gesetzesfreude) gefeiert, an dem die jährliche Thoralesung abgeschlossen und mit der Lesung aus dem 1. Buch Mose neu begonnen wird. In einem Freudenzug wird die Thora durch die Synagoge getragen.

## *Chanukka (Einweihungsfest)*

Das Chanukkafest, das am 25. Kislew (Dezember) gefeiert wird und acht Tage dauert, erinnert an die Wiedereinweihung des Tempels nach dem erfolgreichen Aufstand der Makabäer im Jahr 165 vor unserer Zeitrechung. Nach der Reinigung des Tempels von den griechischen Götzenbildern fand sich lediglich ein spärlicher Vorrat an geweihtem Öl, der aber wunderbarerweise ausreichte, die Menora acht Tage brennen zu lassen.

Zum Gedenken an dieses Wunder wird an den Chanukka-Leuchtern in jüdischen Häusern und in der Synagoge an jedem Abend ein weiteres Licht entzündet – bis alle acht Lichter brennen. Chanukka wird auch »Fest der Lichter« genannt: Es symbolisiert »den Sieg des Guten über das Böse, den Kampf gegen die Finsternis und die Huldigung des Lichtes, des Friedens, der Freiheit«.[8] Chanukka ist ein Freudenfest, was auch in der Beschenkung der Kinder zum Ausdruck kommt.

### *Purim*

Das Freudenfest Purim wird am 14./15. Adar (Februar) gefeiert. Es erinnert an die wunderbare Rettung der Juden in der persischen Diaspora durch die Klugheit der Königin Esther im fünften Jahrhundert vor unserer Zeitrechnung. Die Ereignisse sind im biblischen Buch »Esther« überliefert. Aus diesem Grund wird an Purim während der Gottesdienste in der Synagoge die »Esther-Rolle« (Megillat Esther) vorgelesen. Der freudige Charakter von Purim kommt nicht nur in der Synagoge zum Ausdruck, wo die Kinder in lustigen Verkleidungen am Gottesdienst teilnehmen und bestimmte Passagen aus dem Buch Esther mit Lärminstrumenten akustisch »untermalen«. Auch die Erwachsenen befinden sich in ausgelassener Stimmung, verkleiden sich, singen und trinken. Üblicherweise werden an Purim Verwandte, Freunde und Arme mit Geschenken erfreut.

### *Pessach*

Zur Erinnerung an den Auszug aus Ägypten wird ab dem 14. Nissan (April) das achttägige Pessach-Fest gefeiert. Neben den Gottesdiensten in der Synagoge sind die beiden Seder-Abende zu Beginn dieses Wallfahrtsfestes, die in den Haushalten begangen werden, von besonderer Bedeutung. Im häuslichen Kreis werden die historischen Ereignisse durch die Lesung aus der Haggada erinnert und durch das Pessach-Mahl symbolisch nachempfunden: »Auf dem Sedertisch steht ein Sederteller, darauf liegen traditionellerweise ein gebratener Knochen mit etwas Fleisch daran (zum Andenken an das Pessachopfer), Bitterkraut (zum Andenken an die ägyptische Knechtschaft), eine aus Äpfeln und Nüssen bestehende Paste (zum Andenken an den Lehm für die Ziegel während der Sklavenarbeit), ein Ei (zum Andenken an das Festopfer), Petersilie, die in Salzwasser getunkt wird (zum Andenken, daß Pessach auch ein Frühlingsfest ist), und drei Mazzot (Plural von Mazza = ungesäuertes Brot, das gegessen wird zum Andenken an die Eile, mit der man aus Ägypten ausgezogen ist und der Teig keine Zeit mehr hatte, vor dem Backen zu säuern) in einer eigenen Mazzottasche.«[9]

### *Schawuot (Wochenfest)*

Sieben Wochen nach Pessach wird am 6. und 7. Siwan Schawuot gefeiert (Juni). Es erinnert an die Übergabe der Gesetzestafeln an Moses auf dem Berg Sinai und den Bund Gottes mit dem Volk Israel. Im Mittelpunkt des Festes steht das Studium der Thora. Schawuoth fällt auch in die Zeit der Sommerernte; es wird daher auch als Fest der ersten Feldfrüchte begangen. Synagoge und Haus werden mit Früchten und Blumen geschmückt.

*A.H.*

## Synagoge – Beth ha-Knesseth

Das griechische Wort συναγωγή [Synagoge], das in fast alle europäische Sprachen Eingang gefunden hat,[10] bedeutet so viel wie »Vereinigung« oder »Versammlung« und ist gleichbedeutend mit dem hebräischen Beth ha-Knesseth, dem »Haus der Versammlung«. Dieser Ort ist zugleich Stätte des Gebets (Beth Tefila, »Haus des Gebets«), des Lernens[11] und der Zusammenkunft der jüdischen Gemeinde in der Diaspora.

Während der nomadischen Zeit benutzten die Israeliten temporäre Opferaltäre zu ihren religiösen Ritualen. Nach den Worten der Bibel errichtete Moses nach der jüdischen Volkwerdung aus den zwölf Stämmen Israels das erste einigende Heiligtum, das noch nicht ortsgebundene Stiftszelt, mit der Bundeslade (Aufbewahrungsort der Gesetzestafeln) als heiligstem Raum. Erst König Salomo ließ in Jerusalem oberhalb der Davidsstadt um 957 v. d. Z. den prachtvoll ausgestatteten ersten Tempel erbauen. Im Jahre 586 v. d. Z. zerstörte König Nebukadnezar II. von Babylon den Tempel und entwendete die Sakralgegenstände; seither gilt die Bundeslade als verschollen. König Kyrus II. von Babylon gestattete 515 den Bau des neuen, allerdings bescheideneren zweiten Tempels. Diesen ließ König Herodes im 1. Jahrhundert v. d. Z. großartig erweitern, weshalb man manchmal auch vom dritten Tempel spricht. Unter dem römischen Kaiser Titus wurde nach dem Ende des römisch-jüdischen Krieges 70 n. d. Z. der Tempel endgültig zerstört und nie wieder aufgebaut.

Gebetshäuser besaßen die antiken jüdischen Gemeinden allerdings auch außerhalb Jerusalems, und in ihnen darf man die Vorläufer der Synagogen sehen, die für die Organisation des gemeindlich-relgiösen Lebens in der Diaspora bezeichnend wurden. Überall dort, wo sich zehn religionsmündige jüdische Männer (Minjan, Mindestzahl) zum Gebet zusammenfinden, bilden sie die Grundlage für eine Gemeinde. Im liberalen Judentum kann ein Minjan auch durch die Teilnahme von Frauen gebildet werden.

Es gibt im Judentum keinerlei stilistische Vorschriften für den Bau einer Synagoge. Die Gebäude richteten sich daher nach den örtlichen bzw. regionalen Gegebenheiten, nach dem allgemeinen Zeitgeschmack und dem Grad der Freizügigkeit, den die Juden jeweils genossen. Die großen historistischen – »orientalischen« bzw. neuromanischen oder neugotischen – jüdischen Gotteshäuser des 19. Jahrhunderts – so auch ehedem die Hauptsynagoge und die Ohel-Jakob-Synagoge in München – sind also nicht, wie manchmal fälschlich angenommen, Ausdruck eines »typisch jüdischen« Stilempfindens, sondern deuten an, daß die bürgerliche Gleichstellung der Juden zu einer Zeit erfolgte, in der der Historismus seine höchste Blüte erlebte. Bis ins 20. Jahrhundert wurden sogar die meisten Synagogen von nichtjüdischen Baumeistern entworfen und errichtet.

Die folgende Graphik ist daher lediglich als völlig schematischer Grundriß aufzufassen und dient nur als Orientierungshilfe bei der kurzen Beschreibung der einzelnen Bestandteile einer Synagoge.

Beim Gebet sollen sich die Gemeindemitglieder in Richtung Jerusalem wenden; aus diesem Grunde setzte sich in Mitteleuropa die Ausrichtung der meisten Synagogen an einer West-Ost-Achse durch. Man betritt in der Regel zunächst eine Vorhalle ①, in der sich ein Waschbecken ② mit einer Wasserkanne befindet. Dort waschen sich die Synagogenbesucher vor dem Gebet die Hände. In den eigentlichen Betraum führen zumeist einige Stufen ③ hinab. Nach der am häufigsten zu findenden Deutung wird mit dieser symbolisch zu verstehenden Absenkung auf Psalm 130,1 (»Aus

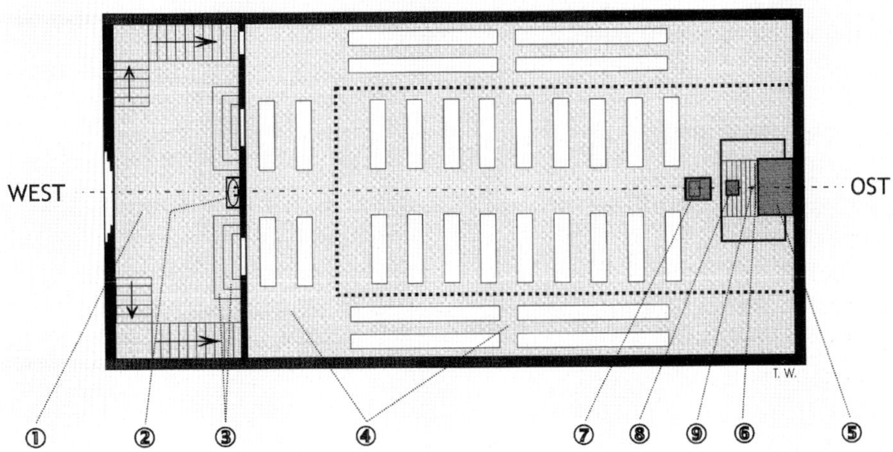


der Tiefe rufe ich Dich, o Herr!«) Bezug genommen.

Im Betraum sind Männer und Frauen getrennt. Während es in vielen mittelalterlichen Synagogen, so in der Alten Synagoge von Worms, aber auch in vielen osteuropäischen Synagogen bis in die Neuzeit, separate Räumlichkeiten für Männer und Frauen (»Frauenschul«)[12] gab, setzte sich in Mitteleuropa schließlich die Einführung der Frauenempore ④ durch.

An der Ostwand der Synagoge steht das Allerheiligste, der Aron ha-Kodesch, die »Heilige Lade« oder der Thoraschrein ⑤, zu dem einige Stufen hinaufführen. In ihm werden die Thorarollen aufbewahrt, die außerhalb des Gottesdienstes durch einen kunstvoll bestickten Vorhang, den Parochet ⑥, den Blicken der Synagogenbesucher entzogen sind. Die Erhöhung des Thoraschreines unterstreicht optisch seine besondere Bedeutung, sollte aber früher wohl auch die Rollen vor Feuchtigkeit schützen.

Während des Gottesdienstes werden die Thorarollen von einem erhöhten Platz aus gelesen, der Bima[13] ⑦ die nach dem arabischen Wort al minbar [Kanzel] auch als Almemor bezeichnet wird. Die Bima befindet sich in traditionellen Synagogen zumeist in der Mitte des Betraumes, gemäß Deuteronomium 5,11 (»Du sollst die Thora vorlesen in der Mitte der Kinder Israels!«). In vielen neuzeitlichen Synagogen ist die Bima aus der Raummitte näher an den Thoraschrein herangerückt, um Platz für die Männerbetstühle zu sparen.[14] Der Vorbeter hingegen benutzt das Amud, das mit zwei Kerzen versehene Vorbeterpult ⑧ vor dem Thoraschrein.

Vor dem Thoraschrein hängt das Ner Tamid, das »immerwährende Licht« ⑨, das die Anwesenheit Gottes und die vom göttlichen Wort ausgehende Erleuchtung versinnbildlicht. War dies ursprünglich eine Öllampe, für deren Öl die jeweilige Gemeinde aufzukommen hatte, können heute auch elektrische Lampen vorkommen. Sehr häufig findet man links und rechts neben dem Thoraschrein auch Menorot, mehrarmige Leuchter, die seit dem Altertum als Symbole des Judentums gelten. *T. W.*

## Der Rabbiner

Der Titel Rabbiner ist abgeleitet von dem hebräischen Wort Raw oder Rabbi (= mein Meister, mein Lehrer) und fand über das lateinische Wort rabbinus Eingang in alle modernen Sprachen[15]. Die Übersetzung deutet auf die ursprüngliche Funktion des Rabbiners hin, der als Lehrer und Gelehrter mit der Auslegung der Bibel und der Religionsgesetze befaßt war. Seine Aufgaben waren nicht die eines Priesters im Tempel zu Jerusalem. In den verschiedenen Ländern, in denen die Juden in der Diaspora ansässig waren, hatte der Rabbiner darüber hinaus zu unterschiedlichen Zeiten verschiedene und verschieden gewichtete Funktionen als Prediger, als Leiter des Gottesdienstes und religiöser Leiter der Gemeinde, als Richter in Zivil-, Ehe- und Erbrechtsangelegenheiten, als Hüter der Speisegesetze, als Fachmann der Halacha, das heißt des gesamten gesetzlichen Systems des Judentums nach der mündlichen und schriftlichen Überlieferung, und als Seelsorger.

Seine Lehrtätigkeit übte der Rabbiner im Mittelalter unentgeltlich aus, während er seinen Lebensunterhalt mit einem weltlichen Beruf verdiente. Seit dem 14. Jahrhundert erhielt er jedoch Ausgleichszahlungen für seinen Zeitaufwand. Das Amt des Rabbiners in der Neuzeit als ein Gemeindebeamter kann »stellungs- (wenn auch nicht funktions-)mäßig mit dem Geistlichen der christlichen Konfessionen verglichen werden«.[16] Ein wesentlicher Unterschied besteht jedoch darin, daß fast alle Funktionen eines Rabbiners in der jüdischen Religion auch von einem religiösen Laien ausgeübt werden dürfen, während in den christlichen Konfessionen bestimmte Rechte den ordinierten und geweihten Geistlichen vorbehalten sind. So wird ein jüdischer Gottesdienst in einer Synagoge häufig von einem Kantor geleitet und kann ohne Anwesenheit eines Rabbiner stattfinden. In religiösen Streitfragen unterstehen jedoch alle Gemeindemitglieder dem Wort des Rabbiners.

Für die Ausbildung der Rabbiner standen zunächst die Talmudhochschulen oder Jeschiwot zur Verfügung, die aber in Westeuropa im Laufe des 19. Jahrhunderts an Bedeutung verloren. Nun trat das Studium an den bestehenden Hochschulen in den Vordergrund, da nicht zuletzt von staatlicher Seite immer mehr weltliches Wissen und Allgemeinbildung für die Ausübung des Rabbineramtes gefordert waren. Die Bestrebungen bedeutender Judaisten, die wissenschaftlich fundierte und methodische Ausbildung von Rabbinern zu fördern, führten in der zweiten Hälfte des 19. Jahrhunderts zur Gründung eigener Rabbinerseminare.[17] Neben dem gründlichen und umfassenden Studium des biblischen und talmudischen Schriftgutes gehören zur Ausbildung eines Rabbiners die Erziehung zur selbständigen Auseinandersetzung mit den jüdischen Wissenschaften und die genaue Kenntnis der Ritualgesetze. Nach erfolgreichem Abschluß des Seminars erhält ein angehender Rabbiner eine schriftliche Urkunde, die Hattarat Horaa, und hat damit die Voraussetzung erworben, als Rabbiner amtieren zu dürfen.

Die Aufgaben eines Rabbiners werden heutzutage folgendermaßen beschrieben:

»Seelsorge im weitesten Sinn, d. h. Beratung von einzelnen in religiösen und menschlichen Problemen, Kranken- und Gefangenenfürsorge, Wohlfahrtsarbeit, wo Sozialarbeiter nicht verfügbar, religiöser Unterricht für Jugendliche und Erwachsene, zuweilen auch Lehr- und Fortbildungskurse;

Predigten bei Gottesdiensten an Sabbaten und jüdischen Feiertagen, Ansprachen bei Hochzeiten und Beerdigungen;

Entscheidung religiöser Zweifelsfragen auf Grund des jüdisch-religiösen Schrifttums (...);

Beilegung von Streitigkeiten unter Juden, wenn ein rabbinisches Schiedsgericht von den Parteien angerufen wird. (...) Natürlich handelt es sich um eine freiwillige und nicht mit Disziplinargewalt ausgestattete Gerichtsbarkeit;

Repräsentanz der jüdischen Gemeinschaft in Situationen, in denen (...) die Geistlichkeit hervortritt.«[18]

Die Rabbiner werden von den einzelnen Gemeinden ausgewählt und angestellt, wobei die Ausrichtung der Gemeinde auf den liberalen oder orthodoxen Ritus eine maßgebliche Rolle spielt. Auch heute noch differieren die Tätigkeitsschwerpunkte der Rabbiner von Gemeinde zu Gemeinde stark.[19] Während einerseits die Gemeindevertreter ihre Vorstellungen zur Geltung bringen und die Größe und die Zusammensetzung der Gemeinde die Erfüllung bestimmter Aufgaben in den Vordergrund stellen, so prägt andererseits der Rabbiner die Amtsführung durch seine Persönlichkeit und seine besonderen Fähigkeiten, sei es auf seelsorgerischem Gebiet oder durch das wissenschaftliche Studium und die Vermittlung der jüdischen Glaubenslehre. *E. A.*

## Der Kantor

»Wort und Ton sind immer verbunden, jedes Gebet hat Melodie. Es gibt kaum ein gesprochenes Wort im Gottesdienst, selbst die Vorlesung aus der Thora und den Propheten, das Buch Esther an Purim und die Klagelieder am 9. Aw werden singend vorgetragen nach den Akzenten, die dem hebräischen Text beigedruckt sind und die in jedem Buch eine andere Vortragsweise haben: heiter sachlich in Dur ist die der Thora, in schwermütigem Moll die der Propheten. Dramatisch und klangprächtig ist das Buch Esther, unendlich klagend mit den immer wieder zurücksinkenden Tonreihen sind die Klagelieder.«[20]

Seit der Zeit Davids, der die Levitenchöre aufstellte und genaue Anweisungen festlegte, wurde die liturgische Musik zu einem wichtigen Bestandteil des öffentlichen Kultes. Nach der Zerstörung des zweiten Tempels bewahrten die Leviten die traditionellen Gesänge. Im Gegensatz zum Tempeldienst war nun in den Synagogen der Instrumentalgebrauch – abgesehen von dem Schofar an den Hohen Feiertagen – gänzlich untersagt. Der Chorgesang wandelte sich zum Sologesang. Funktionen und Bezeichnungen veränderten sich im Laufe der Jahrhunderte. In den talmudischen Schriften wird der Vorbeter mehrmals als chasan bezeichnet, es ist aber anzunehmen, daß die betreffenden Stellen erst nachträglich eingeschoben wurden.[21] In den Synagogen des Altertums kannte man außer dem Rosch ha-Knesset und dem Schamasch keinen Beamten. Dieser Diener hatte für die Überwachung und Ordnung der Synagoge zu sorgen, hob während des Gottesdienstes die Thorarollen ein, blies den Schofar, um Sabbat und Feiertage zu verkünden, war für die Ausführung der Anordnungen des Vorstehers verantwortlich und zugleich Diener des Gerichtshofes.

Als zwischen dem 6. und 11. Jahrhundert die Liturgie umfangreicher wurde, ihre Beherrschung fundierte Kenntnisse erforderte, hingegen in der Diaspora die Vertrautheit mit der hebräischen Sprache abnahm, wurde der Vorbeter von den Gemeinden fest angestellt. Dieses Amt nahm nach der Fixierung der Stammgebete (um 550) und dem Einzug des Kunstgesangs in der Synagoge im Zuge der Einführung des Pijut ständig an Einfluß zu. Damit einhergehend wandelte sich die Funktion. Nun wurde der Chasan Sänger und Dichter, ihm oblag maßgebend der Ablauf des Gottesdienstes. Somit wurde aus dem Vorbeter der Vorsänger. Durch die Möglichkeit freier Gestaltung nahmen die Einflüsse weltlicher Melodien zu. So entstanden regional teilweise erhebliche Unterschiede in der musikalischen Gestaltung des Gottesdienstes. Voraussetzungen für eine Anstellung als Chasan waren – neben einer angenehmen Stimme – fundierte Kenntnisse der Gebete, des Ritus, der Thora, sowie eine sehr deutliche Aussprache und sittliche Unbescholtenheit.

Im Mittelalter war der Chasan in der Regel das einzige Mitglied einer Gemeinde, das über ein Gebetbuch verfügte, er wurde bestimmend für die Gestaltung des Gottesdienstes. Sogar in den Frauenabteilungen der Synagogen wirkten Vorbeterinnen.

Im allgemeinen war der Synagogalgesang Sologesang. Vom ausgehenden Mittelalter bis zur Mitte des 19. Jahrhunderts begleiteten den Kantor zwei Meschorim[22], im Volksmund »Singerl« (der den Sopranpart sang) und »Bass« genannt. Diese beiden Sänger standen rechts und links vom Kantor und assistierten ihm. Mit der Einführung der Orgelmusik wurden in deutschen Synagogen diese beiden Sänger von Synagogenchören abgelöst. Der sogenannte »Orgelstreit« wurde 1810 in Seesen ausgelöst, als neben Predigten in deutscher Sprache auch Orgelmusik im von Israel Jacobsohn gestifteten Tempel eingeführt wurde. Dieser Streit wurde von den Gegnern der Reform als ein Angriff gegen das überlieferte Judentum, als eine Zerstörung des Wesens des jüdischen Gottesdienstes aufgefaßt. Die Reformgegner hielten am überlieferten Instrumentenverbot fest, wiesen auf das Arbeitsverbot an Sabbatot und Festtagen hin und machten geltend, daß die Orgel als Kircheninstrument im synagogalen Gebrauch verboten sei. Die Befürworter argumentierten, dann wäre auch der synagogale Gesang verboten, überdies wäre Musik nicht als Arbeit sondern als Kunst anzusehen und somit an allen Tagen erlaubt, und letztendlich wäre die Orgel auf den Tempel zurückzuführen und daher keine christliche Erfindung.

Ungeachtet des Streites wurde in vielen Gemeinden die Orgelbegleitung eingeführt. Im Rahmen dieser Reform trat der Kantor als Solist im Vergleich zu den vorhergehenden Jahrhunderten etwas zurück. Die Zeit vom Ende des 19. Jahrhunderts bis zur Schoa wird als »Goldene Zeit der Chazzanut« bezeichnet. Durch die Überarbeitung der traditionellen Melodien waren nun verstärkt schriftliche Überlieferungen vorhanden. Die Kantoren dieser Zeit besaßen in der Regel seminaristische, oft auch musikalische Ausbildung. Viele hatten bei bekannten Chasanim[23] gelernt, deren Niveau dem der hervorragendsten Opernsänger glich. Wegweisend für viele Kantoren wurden die Kompositionen und Arrangements von Louis Lewandowski und Salomon Sulzer, die auch heute noch in der Synagogalmusik maßgebend sind.

Die Metropolen der liturgischen Musik befanden sich in Osteuropa. Aus diesem Kulturkreis stammten weltberühmte Kantoren wie Moshe Koussevitsky (1899-1966), Gerschon Sirota (1874-1943), Joseph Schmidt (1904-1942) und Joseph (Jossele) Rosenblatt (1882-1933), Komponist von Hunderten von liturgischen Melodien, die seinen chassidischen Hintergrund widerspiegeln und sich noch heute größter Popularität erfreuen. *B. S.*

## Anmerkungen

[1] Hans Lamm, Vorwort zum Katalog der Ausstellung »Das Jüdische Jahr. Kunst und Kult des Judentums. Ausstellung im Münchner Stadtmuseum mit Objekten aus der Sammlung Max Berger Wien, München 1984, S. 7.

[2] SCHOEPS (Hrsg.) 1998. – Hans-Joachim Gamm: Das Judentum. Eine Einführung. Frankfurt am Main 1979. – Alfred Pfaffenholz: Was macht der Rabbi ...? Das Judentum. München 1998. – Norman Solomon: Judentum. Eine kurze Einführung. Stuttgart 1999.

[3] Joods Historisch Museum Amsterdam. Handbuch für das Museum für Jüdische Geschichte Amsterdam, s' Gravenhage 1988, S. 58.

[4] Jüdisches Lexikon Bd. IV/1, Sp. 247.

[5] Hans Lamm, Vorwort, S. 7.

[6] Exodus, 20-8-11.

[7] hebr. für: Höre Israel (= Glaubensbekenntnis).

[8] Zwi Asaria: Feste und Gebräuche der Juden. Göttingen 1973, S. 21.

[9] Katalog der Ausstellung »Das Jüdische Jahr. Kunst und Kult des Judentums. Ausstellung im Münchner Stadtmuseum mit Objekten aus der Sammlung Max Berger Wien, München 1984, S. 36.

[10] Englisch: synagogue; Französisch: synagogue; Italienisch, Spanisch und Portugiesisch: sinagoga; Niederländisch: synagoge; Dänisch: synagoge; Schwedisch: synagoga; Neugriechisch: συναγωγή; Russisch, Serbisch, Bulgarisch und Makedonisch: СИНАГОГА; Polnisch und Tschechisch: synagoga; Kroatisch: sinagóga; Ungarisch: zsinagóga; Litauisch: sinagogà.

[11] Daher leitet sich die früher gebräuchliche Bezeichnung »Judenschule« für Synagoge, heute noch im jiddischen Wort schul erhalten, ab. Auch Martin Luther übersetzte den Begriff bei seiner Übertragung des Alten Testaments ins Deutsche mit Schule.

[12] Im Jiddischen wird sie noch heute als »wajbersche schul« bezeichnet.

[13] Lehnwort aus dem Griechischen, wo βημα soviel wie Tribüne heißt.

[14] In manchen sefardischen Synagogen sowie zum Teil in Synagogen in Italien ist die Bima als Besonderheit auch an der dem Aron ha-Kodesch gegenüberliegenden Westwand der Synagoge angeordnet.

[15] Jüdisches Lexikon Bd. IV/1, Sp. 1201ff.

[16] Hans Lamm: Rabbiner. Blätter zur Berufskunde, Bd. 3. Bearbeitet von Rabb. N.P. Levinson. Herausgegeben von der Bundesanstalt für Arbeit. Nürnberg 1969. S.1.

[17] Jüdisches Lexikon Bd. IV/1, Sp.1209-1211.

[18] Hans Lamm: Rabbiner. Blätter zur Berufskunde, Bd. 3. Bearbeitet von Rabb. N.P. Levinson. Herausgegeben von der Bundesanstalt für Arbeit. Nürnberg 1969. S.3.

[19] Johann Maier, Peter Schäfer: Kleines Lexikon des Judentums. Stuttgart 1981, S.253.

[20] SCHUBERT-KRISTALLER 1927.

[21] nach ELBOGEN, S. 489.

[22] Pl. v. meschorer, hebr. f. Sänger.

[23] hebr., Pl. v. Chasan.

# Mittelalterliche Synagoge und frühneuzeitlicher Betraum – Episoden des religiösen Lebens vor 1800

## 1. Die spätmittelalterliche Synagoge

Seit wann waren eigentlich in München erstmals Juden ansässig? Und wann gab es in München die erste Synagoge? Während die erste Frage aufgrund lückenhafter Quellenüberlieferung unbeantwortet bleiben muß, finden sich auf die zweite widersprüchliche Angaben in der einschlägigen Literatur. Es darf davon ausgegangen werden, daß bereits die hochmittelalterliche Judengemeinde in München einen eigenen Betraum besaß, wenngleich sich dieser heute nirgendwo mehr lokalisieren läßt. In der Monacensia-Literatur stößt man gelegentlich auf Hinweise, es sei bereits 1210 – also wenige Jahrzehnte nach der Stadtgründung – unter Herzog Ludwig dem Kelheimer eine Synagoge in München begründet worden.[1] Helmuth Stahleder mahnte hingegen 1988 in einem grundlegenden Artikel zur Geschichte der Münchner Juden im Mittelalter zu einem kritischeren Lesen der Quellen.[2] Demnach habe man erst für das ausgehende 14. Jahrhundert wirklich handfeste Belege für die Existenz einer Synagoge in dieser Stadt.

Dennoch spricht einiges für einen früheren jüdischen Betsaal in München, der aller Wahrscheinlichkeit nach in einem Privathaus untergebracht war.[3] Am 12. Oktober 1285 ereignete sich ein Pogrom, dem nach Auskunft des zeitgenössischen »Nürnberger Memorbuches« 67 Personen zum Opfer fielen. Den äußeren Anlaß gab angeblich ein Ritualmordvorwurf, wonach die Münchner Juden »von einem alten Weib« ein Christenkind »käuflich an sich gebracht« und dann ermordet hätten. Der aufgebrachte Pöbel soll sodann zahlreiche Juden erschlagen haben. Die restlichen hätten sich in der »Synagoge« eingeschlossen, die von der Menge in Brand gesteckt worden sei.[4] Auch wenn andere Quellen lediglich von einem »Haus« oder »Stockwerk« sprechen, ist damit der Betsaalcharakter nicht auszuschließen. Der von Helmuth Stahleder vorgebrachte Einwand, Bürger einer mittelalterlichen Stadt hätten nicht freiwillig zum Mittel des Feuers gegriffen, da damit automatisch auch Gefahr für die gesamte Stadt bestanden hätte, ist sicherlich berechtigt. Allerdings muß dem entgegengehalten werden, daß im Mittelalter nachweislich auch in anderen europäischen Städten jüdische Gemeinden durch Feuer vernichtet wurden. Die Massenpsychose einer antisemitisch motivierten Hetzjagd setzte wohl manche zuvor bestehenden Hemmschwellen herab.

Quellenfest nachweisbar wurde in München in den Jahren 1380/81 eine Synagoge in der »Judengasse«, der späteren Gruftgasse[5], errichtet – auf dem südlichen Areal des heutigen Marienhofes. Zur Deckung der Ausgaben für die Synagoge und ein zeitgleich geschaffenes Hekdesch faßten die Münchner Juden um 1379 den Beschluß, für die Dauer von drei Jahren jährlich einen zusätzlichen halben Zehnten zu entrichten, der in monatlichen Raten vom Schatzmeister eingesammelt werden sollte.[6] Am 4. August 1380 ver-

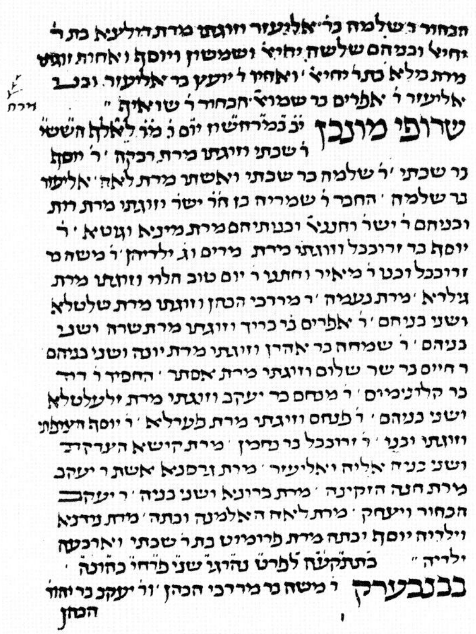

Auszug aus dem »Nürnberger Memorbuch« mit Eintragung der Opfer des Pogroms von 1285

### Aufzählung der Münchner Opfer des Pogroms vom 12. Marcheschwan 5046 (12. Oktober 1285) im »Nürnberger Memorbuch«:

»R. Sabbatai und seine Frau Rebekka; R. Joseph, Sohn R. Sabbatais; R. Salomo, Sohn R. Sabbatais und seine Frau Lea; Elieser Sohn R. Salomos; der gelehrte R. Schemarja, Sohn des Rabbiners R. Israel, seine Frau Ruth, ihre Söhne: R. Israel und Chananel, sowie ihre Töchter: Frau Minna und Guta; R. Joseph, Sohn R. Serubabels, seine Frau Mirjam und ihre drei Kinder; R. Mose, Sohn R. Serubabels, sein Sohn R. Meïr, sein Schwiegersohn R. Jomtob halevi und dessen Frau Golda; Frau Naama; R. Mardochai hakohen, seine Frau Seltela und ihre beiden Kinder; R. Ephraim, Sohn R. Baruchs, seine Frau Sara und ihre beiden Kinder; R. Simcha, Sohn R. Ahrons, seine Frau Jona und ihre beiden Kinder; R. Chajim, Sohn R. Sar-schaloms und seine Frau Esther; der fromme R. David, Sohn R. Kalonymos'; R. Menachem, Sohn R. Jakobs, seine Frau Sleltela und ihre zwei Kinder; R. Pinchas und seine Frau Perla; R. Joseph, der Franzose, seine Frau und sein Sohn; R. Serubabel, Sohn R. Nachmans; die fromme Frau Kosa und ihre beiden Söhne Elia und Elieser; Frau Garsena, Ehefrau R. Jakobs; die alte Frau Hanna; Frau Bruna und ihre beiden Kinder; der junge R. Jakob und Isak; die Witwe Lea und ihre Tochter; Frau Nidna und ihre Kinder: Joseph und eine Tochter; Frau Fromut, Tochter R. Sabbatais, und ihre vier Kinder.«

Nach der Übertragung von Siegmund Salfeld: Das Martyrologium des Nürnberger Memorbuches (= Quellen zur Geschichte der Juden in Deutschland, 3). Hrsg. v. d. Historischen Commission für Geschichte der Juden in Deutschland. Berlin 1898, S. 146f.

pfändete Sanbel der Jude Hainrich dem jungen Stupf ein Haus um 200 Gulden. Dieses wurde »den juden gemainichleich«, also der Gesamtheit der Münchner Juden, am 9. August zur Nutzung übertragen.[7] Großen Schaden erlitt die jüdische Gemeinde durch die Flucht eines ihrer Angehörigen, Isaak ha-Zarfati (»der Franzose«), der München mit zahlreichen Pfändern verließ. Der Großteil von diesen resultierte wohl aus eigenen Darlehensgeschäften, ein Teil aber auch aus Gesellschaftsdarlehen, die er gemeinsam mit anderen Münchner Juden gewährt hatte.[8] Isaak ha-Zarfati floh zunächst nach Pappenheim, von dort weiter nach Straßburg, wohin die Münchner jüdische Gemeinde Ende 1381 auf Drängen des Herzogs Ernst einen Brief richtete und sich um die Herausgabe der Pfänder bemühte.[9]

Zurück zur Synagoge: Sie wird in einer Urkunde vom 8. April 1404 erwähnt, mit der der Rat und die Bürgerschaft dem Heiliggeistspital ein Haus »zwischen Pe-

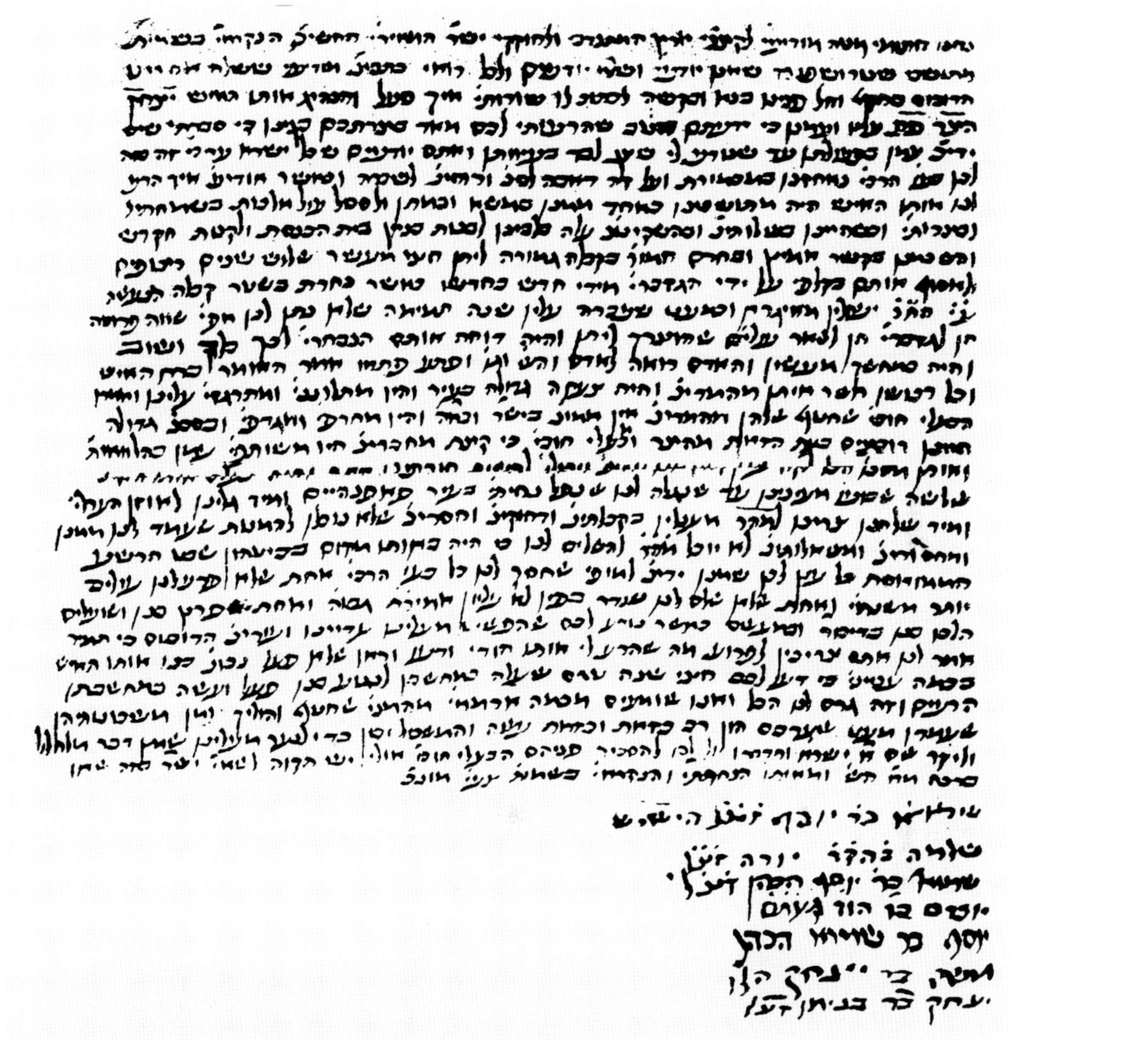

Brief der Münchner an die Straßburger jüdische Gemeinde wegen der Flucht ihres Angehörigen Isaak ha-Zarfati während des Baus der Synagoge, Ende 1381

tern des Krůmbleins haws vnd der judenschůl« überschrieben.[10] Die Bezeichnung »Judenschule«, vom lateinischen Wort schola abgeleitet, entsprach durchaus dem mittelalterlichen Sprachgebrauch.[11] Ein etwas seitlich versetzter Raum im Tiefgeschoß könnte möglicherweise eine Mikwe gewesen sein, doch reichen hier die Quellen für einen abschließenden Befund nicht aus. Äußerst dürftig sind unsere Kenntnisse zum personellen Umfeld der mittelalterlichen Synagoge. 1415/16 wird ein »Schulklopfer« namens Simon erwähnt.[12] Dieser hatte die Aufgabe, am Freitagabend jüdischen Familien durch Klopfen an die Türe den Beginn des Sabbat anzuzeigen.[13] Eine große Erleichterung bedeutete für die Münchner Juden, als ihnen die Herzöge Ernst und Wilhelm am Sonntag Laetare (29. März) des

Jahres 1416 »bey dem perg zwischen mossach und dez Rennwegs« einen Friedhof zuwiesen und gegen einen jährlichen Zins von vier ungarischen Gulden überließen.[14] Bis dato hatten die Münchner Juden nämlich ihre Toten in Regensburg oder in anderen Orten mit existierenden jüdischen Friedhöfen beisetzen müssen.

Zur Anzahl der Haushalte in den ersten dreieinhalb Jahrzehnten des Bestehens der Synagoge liegen einige verläßliche Zahlenangaben vor: Im Jahre 1394 gab es in München 23 jüdische Familien; neun Jahre später waren von ihnen nur noch 13 ansässig. Die Entwicklung im Zeitraum zwischen 1403 und 1427 läßt sich durch folgende Graphik veranschaulichen:[15]

nach 1285, 1345, 1349 und 1413 – zu einem Pogrom und zur Vertreibung der jüdischen Bewohner Münchens. Herzog Albrecht III. von Bayern und seine Frau Anna von Braunschweig schenkten das Synagogengebäude, »das da stoßet zu der einen an den Sneberg, das jezo des Waldeckers ist, und zu der andern Seiten an des Wilprechts Haus« am 14. September 1442 dem Leibarzt Dr. Hans Hartlieb und dessen Frau Sybille.[17] Hartlieb ließ – eine im europäischen Mittelalter nicht unübliche Praxis – die Synagoge in eine Marienkapelle umwandeln. Dieses bei den Münchnern beliebte Wallfahrtsziel wurde 1803 im Zuge der Säkularisierung profaniert.[18] Das Gebäude fiel schließlich 1865 der Erweiterung der Polizeidi-

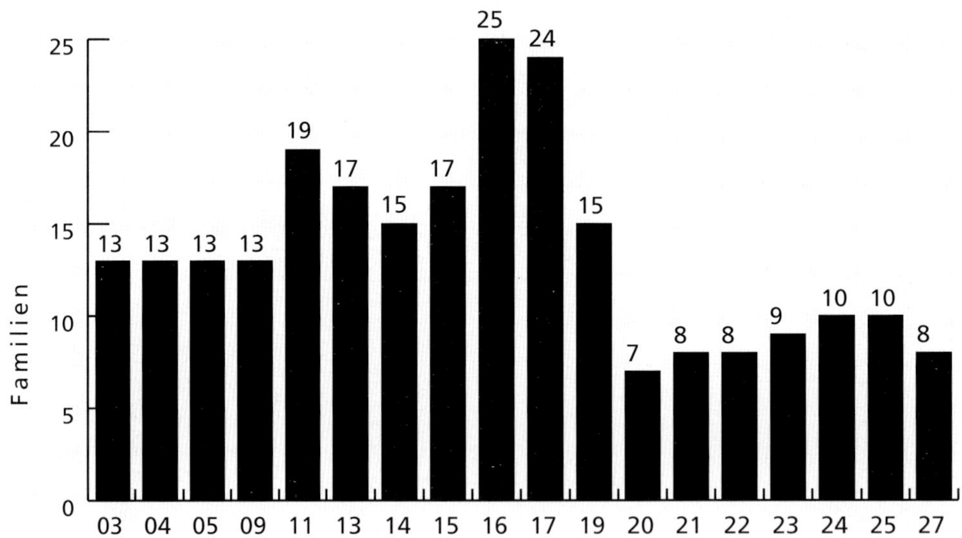


Jüdische Familien in München, 1403-1427

Die Verhinderung des Warenhandels anno 1400 und Steuererhöhungen im Jahre 1420 werden als Gründe für den zahlenmäßigen Rückgang der jüdischen Familien angeführt.[16] Der Synagoge war auch kein langer Bestand beschieden. Denn 1442 kam es – zum wiederholten Male

rektion zum Opfer.[19] Weitere Erkenntnisse zur Geschichte der Gruftgasse und zur dortigen Synagoge könnten wohl erst archäologische Grabungen auf dem Terrain nördlich des Neuen Rathauses, auf dem heutigen Marienhof, an den Tag bringen.[20]

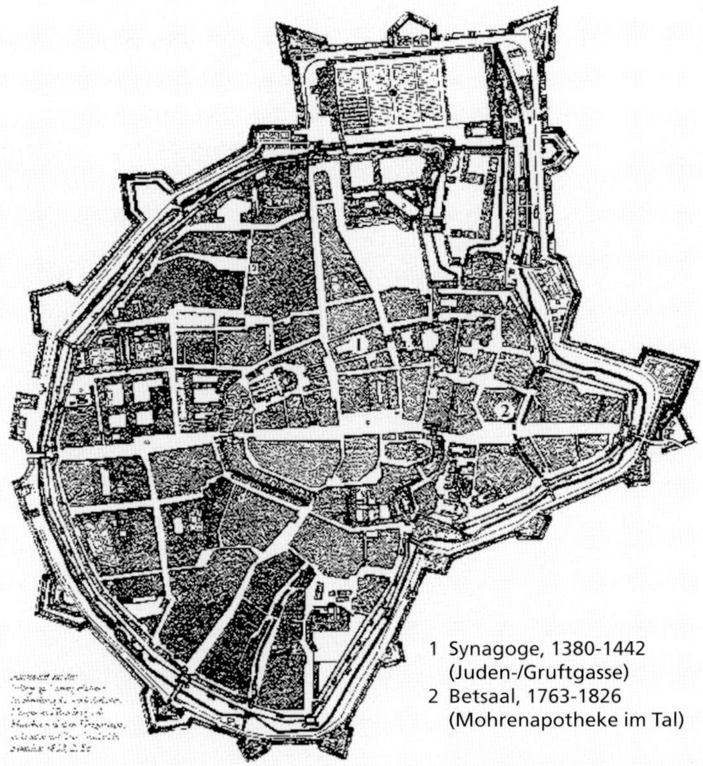


Die 1380 erbaute Synagoge befand sich am nördlichen Rande des mittelalterlichen Stadtkernes in der »Judengasse«, die später, nach der Umwandlung der Synagoge in die Gruftkirche, in »Gruftgasse« umbenannt wurde. Nach der Vertreibung der Juden aus München im Jahre 1442 wurde erst 1763 wieder ein jüdischer Betsaal eröffnet, im Haus der Apotheke im Tal, Haus Nr. 162 (später: Tal 13).

Ausschnitt aus dem Sandtnerschen Stadtmodell von 1572: links die Weinstraße, der Wilbrechtsturm und die nördlich sich anschließende Schwabinger Gasse; rechts die Dienerstraße mit dem Krümleinsturm; dazwischen die Gruftgasse mit der »Gruftkirche« anstelle der ehemaligen Synagoge

## 2. Ein Betraum im Tal, 1763-1826

Durch die Bayerische Landordnung von 1553 verloren die letzten noch in den altbayerischen Landgerichten ansässigen Juden ihr Aufenthaltsrecht. Kein Jude durfte fortan mehr Bayern betreten, die Durchreise von Juden durfte nur mit Geleit erfolgen, für das der betreffende Reisende ein besonderes »Geleitgeld« zu entrichten hatte.[21]

Es dauerte mehrere Jahrhunderte, bis diese Bestimmungen langsam aufgeweicht wurden und sich auch in München wieder Juden niederließen. Lediglich zwei zählte man im Jahre 1709. Erst nach dem ersten Viertel des 18. Jahrhunderts erreichten sie in der Stadt wieder die für Gottesdienste erforderliche Mindestzahl von zehn männlichen Betern. Religiöse Bräuche in der Öffentlichkeit waren ihnen jedoch von der Landesobrigkeit strengstens untersagt. Am 12. November 1726 erhielt der Bürgermeister und Rat der Stadt München ein »Kurfürstliches gnädigstes Postulats-Rescript«, in dem das zu milde Vorgehen der städtischen Institutionen gegenüber den Juden kritisiert wurde, die »ihr Lauberfest [Laubhüttenfest] publice celebriert und publicum Exercitium Religionis [öffentliche Religionsausübung] geübet« hatten. Mit »höchst empfindlichen Mißfallen« wurde dies registriert und die Aufhebung und Inhaftnahme der »gesamten Judenschaft« angedroht sowie eine Untersuchung durch den Hofrat angeordnet.[22] Im Jahre 1729 wurde dem Münchner Weinwirt Hillebrand eine Strafe von 100 Dukaten auferlegt, weil er geduldet hatte, daß Wolf Wertheimer, der bei ihm wohnte, das Laubhüttenfest »fast wie öffentlich« feierte.[23] Zu den Stereotypen und der weit verbreiteten, ablehnenden Haltung gegenüber den Juden in jener Zeit paßt auch die Adaptation der Ahasver-Legende auf München. Am 22. Juli 1721, so wurde kolportiert, habe »der ewige Jud« versucht, beim Isartor Einlaß in die Stadt zu bekommen, sei aber dort abgewiesen worden.[24]

Es war nicht leicht, zu jener Zeit als Jude in München zu leben, und zahlreiche jüdische Neubürger trauten sich daher erst spät, »ihre Familien in die Stadt zu nehmen«. Die folgende Übersicht, erstellt auf der Grundlage der »Judenverzeichnisse«, verdeutlicht diese Entwicklung:[25]

| *Jahr* | *Oberhäupter* | *deren Frauen* | *männliche Kinder* | *weibliche Kinder* | *männliche Dienerschaft* | *weibliche Dienerschaft* | *zusammen* |
|---|---|---|---|---|---|---|---|
| 1728 | 8 | 1 | 1 | – | 6 | 1 | 17 |
| 1750 | 9 | 1 | 1 | – | 8 | 1 | 20 |
| 1781 | 23 | 6 | 2 | 1 | 13 | 7 | 52 |
| 1782 | 30 | 6 | 2 | 1 | 16 | 9 | 64 |
| 1788 | 30 | 16 | 24 | 22 | 25 | 14 | 131 |
| 1792 | 29 | 22 | 34 | 29 | 18 | 19 | 151 |
| 1798 | 35 | 33 | 54 | 44 | 20 | 30 | 216 |

Erst ab 1763 konnten sich die Münchner Juden in einem eigenen Betraum zu ihren religiösen Ritualen versammeln. Sie taten dies in einem Privatraum, in der Wohnung des Geschäftsmannes Abraham Wolf Wertheimer (geb. 1728).[26] Dieser wohnte im Haus der »Mohrenapotheke«

im Tal 13. Der Betraum wird als »lange, unverhältnismäßig schmale, viereckige Stube« geschildert, die »eine kleine, hölzerne, ärmliche Lade hatte« und etwas mehr als 50 Männerbetstühle umfaßte.[27] Trotz beginnender Lockerungen mußte sich jüdisches Leben in München noch immer im Verborgenen abspielen. Bezeichnend dafür ist, was sich bei der ersten Feier von Rosch ha-Schana in der Betstube im Tal zutrug. Es wurden, »als man zum ersten Male die Posaune am Neujahrstage blies, kleine Buben gemietet, mit hölzernen Trompeten beschenkt und ihnen aufgetragen, immerwährend zu blasen, um den Lärm der Posaune zu übertönen.«[28] So sollte vermieden werden, daß der Ton des Schofar, des Widderhorns, auf der Straße hörbar werden konnte. Es dauerte weitere 25 Jahre, ehe sich die kleine jüdische Gemeinde in München erstmals einen Rabbiner bestellte. Als solcher fungierte nachweislich ab 1788 der aus Bamberg stammende Moses Salomon, der nebenher mit seiner Frau auch als Kaufmann tätig war.[29]

Kurfürst Karl Theodor hatte am 17. August 1784 verfügt, die »Judenweiber« seien »an Haltung ihrer Kindbetten in hiesiger Stadt nicht zu behindern«.[30] Zuvor war es nämlich üblich gewesen, daß jüdische Frauen ihre Kinder auswärts, zumeist in Kriegshaber bei Augsburg, entbanden. Als der Münchner Stadtoberrichter am 26. Oktober 1785 den in der Stadt lebenden Juden davon Kenntnis gab, trug die Mitteilung den Nachsatz, sie hätten dabei »all öffentlich Ceremonien und was immer in Publico einiges aufsehen erregen könnte bey gebührender Einsicht zu vermeyden.«[31] Die Erleichterungen bedeuteten in der Praxis also lediglich, daß keine unmittelbare Gefahr für das Leben der Juden in München mehr bestand; man duldete sie, aber im Grunde akzeptierte man sie noch immer nicht: Vor allem ihre religiösen Gewohnheiten wurden von den Obrigkeiten nach wie vor als störend und sonderbar empfunden und sollten daher fern der Öffentlichkeit praktiziert werden. *T. W.*

Teil der nördlichen Häuserzeile im Tal. Im zweiten Haus links von der Hochbrücke befand sich 1763-1826 der erste neuzeitliche israelitische Betsaal Münchens

## Anmerkungen

[1] MEGELE 1951, S. 119. – BAERWALD 1958, S. 20. – HOLLWECK 31982, S. 12. – RAUCH 1994, S. 10.

[2] STAHLEDER 1988, S. 11-34. – Vgl. auch STAHLEDER 1995, S. 165.

[3] STAHLEDER 1988, S. 16f.

[4] Auf der Grundlage der alten Quellen so auch im »Gutachten über die bürgerliche Verbesserung der Juden« von Johann Christoph von Aretin, 1802 (BayHStA GL F 2810 Nr. 1281; hier fol. 23f.).

[5] Die Gruftgasse wurde 1380 bis nach 1524 auch »Judengässel« genannt, ab 1452 bis nach 1622 auch Neustiftgässel, erstmals ist 1714 die Bezeichnung »Gruftgässel« verbürgt (STAHLEDER 1992, S. 144).

[6] BRESSLAU 1892, S. 116 u. 118.

[7] STAHLEDER 1988, S. 17.

[8] VOLKERT/GÖTSCHMANN 1995, S. 903.

[9] BRESSLAU 1892, S. 116.

[10] Die Urkunden des Heiliggeistspitals in München 1250-1500 (1960), S. 306.

[11] Ismar Elbogen: Synagoge/Geschichte. In: Jüdisches Lexikon. Berlin 1930, Bd. IV/2, Sp. 791f.

[12] SOLLEDER 1938, S. 133 u. 532.

[13] Samuel Rappaport: Schulklopfen. In: Jüdisches Lexikon. Berlin 1930, Bd. IV/2, Sp. 282.

[14] BayHStA Kurbaiern 16332 (Pergamenturkunde mit zwei Siegeln).

[15] SOLLEDER 1938, S. 532f., insbes. Anm. 5.

[16] Ebenda, S. 533.

[17] SCHÖPLICH 1926 (Bayerland), S. 615. – Zur Gruftkirche ausführlich BayHStA GL F 2695 Nr. 472.

[18] Johann Paul Stimmelmayr schreibt in seiner zu Beginn des 19. Jahrhunderts erstellten Stadtbeschreibung: »... die obere Gruftkirche, welche von den Benedictinern des Heiligen Berg Andechs versehen wurde – untenher die untere Gruft nebst einem Gnadenbild der Muttergottes, den gestorbenen Erlöser auf dem Schoße liegen habend. Sie war schwärzlich und dunkel. Diese Gruft soll ein Heiden- oder Judentempel gewesen seyn und man soll allda ein fortbrennendes Licht gefunden haben, das alsdann gleich ausgeloschen ist.« (STIMMELMAYR 1980, S. 16, Nr. 32).

[19] ZAUNER 1914, S. 130.

[20] RAUCH 1994, S. 11.

[21] STRAUSS 1925, S. 56.

[22] BayHStA GL F 2783 Nr. 1167.

[23] COHEN 1931. – Der Verfasser erwähnt auch, daß die Juden in Bayern – eine Besonderheit! – später eine Gebühr für die Abhaltung des Laubhüttenfestes zu bezahlen hatten, die sich 1786 auf 500 fl. belief.

[24] Das Bayerland, 4 (1893) 18, 216. – Zum Hintergrund des Stereotyps vgl. BĂLEANU o. J.

[25] SCHÖPLICH 1926 (Bayerland), S. 616.

[26] SELIG 1988, S. 35-38.

[27] KIRSCHNER 1926, S. 88.

[28] Allgemeine Zeitung des Judentums, 21.10.1837. – Zit. bei KIRSCHNER 1926, S. 88. - Vgl. auch ORTENAU 1958, S. 62.

[29] COHEN 1931, S. 268.

[30] Zit. bei SCHÖPLICH 1926 (Bayerland), S. 616.

[31] Zit. ebenda.

# Die Synagoge an der Westenriederstraße

## 1. Die jüdische Gemeinde im 19. Jahrhundert – das »Judenedikt« von 1813 und seine Folgen[1]

Die kleine jüdische Gemeinde Münchens war Ende des 18. Jahrhunderts noch weitgehend von behördlicher Willkür und obrigkeitlichem Wohlwollen abhängig. Erst mit dem Regierungsantritt von Kurfürst Max IV. Joseph und unter der Ägide seines Ministers Maximilian von Montgelas hielt »die neue Zeit Einzug in Baiern«[2], sollte sich im Zeichen des aufgeklärten Absolutismus schrittweise auch die Lage der Juden verbessern. Ausdrücklich formulierte der neue Kurfürst im Januar 1801 seinen huldvollen landesväterlichen Schutz für die Juden und den Wunsch, »daß dieser unglücklicher Menschenrasse, welche in beträchtlicher Anzahl in den Churfürstl. Erbstaaten vorhanden sind, und ohne ungerecht und grausam zu sein, aus demselben nicht mehr verbannt werden kann, mehrere Nahrungsquellen ohne Nachtheile der Churfürstl. christl. Unterthanen eröffnet, und überhaupt eine solche Einrichtung getroffen werden möchte, durch welche sie allmählich zu nützlichen Staatsbürgern erzogen würde, und die Würdigkeit dazu erlangen könnte«.[3]

Ein erstes Resultat der gnädigen kurfürstlichen Bemühungen um die »bürgerliche Verbesserung«[4] der Juden in Bayern war ein am 17. Juni 1805 verabschiedetes, ausschließlich für die Münchner Judenschaft gültiges »Regulativ«. Damit räumte die Obrigkeit den Juden gewisse Erleichterungen im wirtschaftlichen Bereich ein und gestattete ihnen den Erwerb von Haus- und Grundbesitz. Von entscheidender Bedeutung war die Befreiung von den unwürdigen Leib- und Pflasterzollgebühren. Weiterreichende Freizügigkeiten unterblieben. Zuzug und Größe der jüdischen Gemeinschaft wurde mit Hilfe einer speziellen Judenmatrikel einer genauen behördlichen Kontrolle unterworfen: Der Aufenthalt in München wurde anfänglich lediglich 32 Familienvorständen und fünf Witwen eingeräumt.[5] Eheschließungen bedurften der polizeilichen Genehmigung und setzten ein Vermögen von »wenigstens tausend Reichsthalern« voraus. Der Historiker Arthur Cohen hat zu Recht bemerkt, daß man in München den Juden »nicht als solchen, als Menschen, als Staatsbürger wollte und schützte, sondern als Quelle und Träger des so sehr begehrten Geldkapitals«.[6] Zwar wurde den Juden die freie Religionsausübung gestattet, freilich nur an »Privatorten«, so daß der noch kleinen, freilich im Wachsen begriffenen Gemeinschaft der Bau einer Synagoge nach wie vor verwehrt blieb. Auch wenn das Regulativ die Rechtslage der Münchner Juden nur partiell verbesserte und im Kern eine spürbar restriktive Qualität offenbart, verkörpert es doch nach Auffassung von Werner J. Cahnmann, dem Historiker der Münchner jüdischen Gemeinde, gleichwohl den ersten »positiven Versuch einer Eingliederung der Juden in das bürgerliche Leben der Haupt und Residenzstadt«.[7]

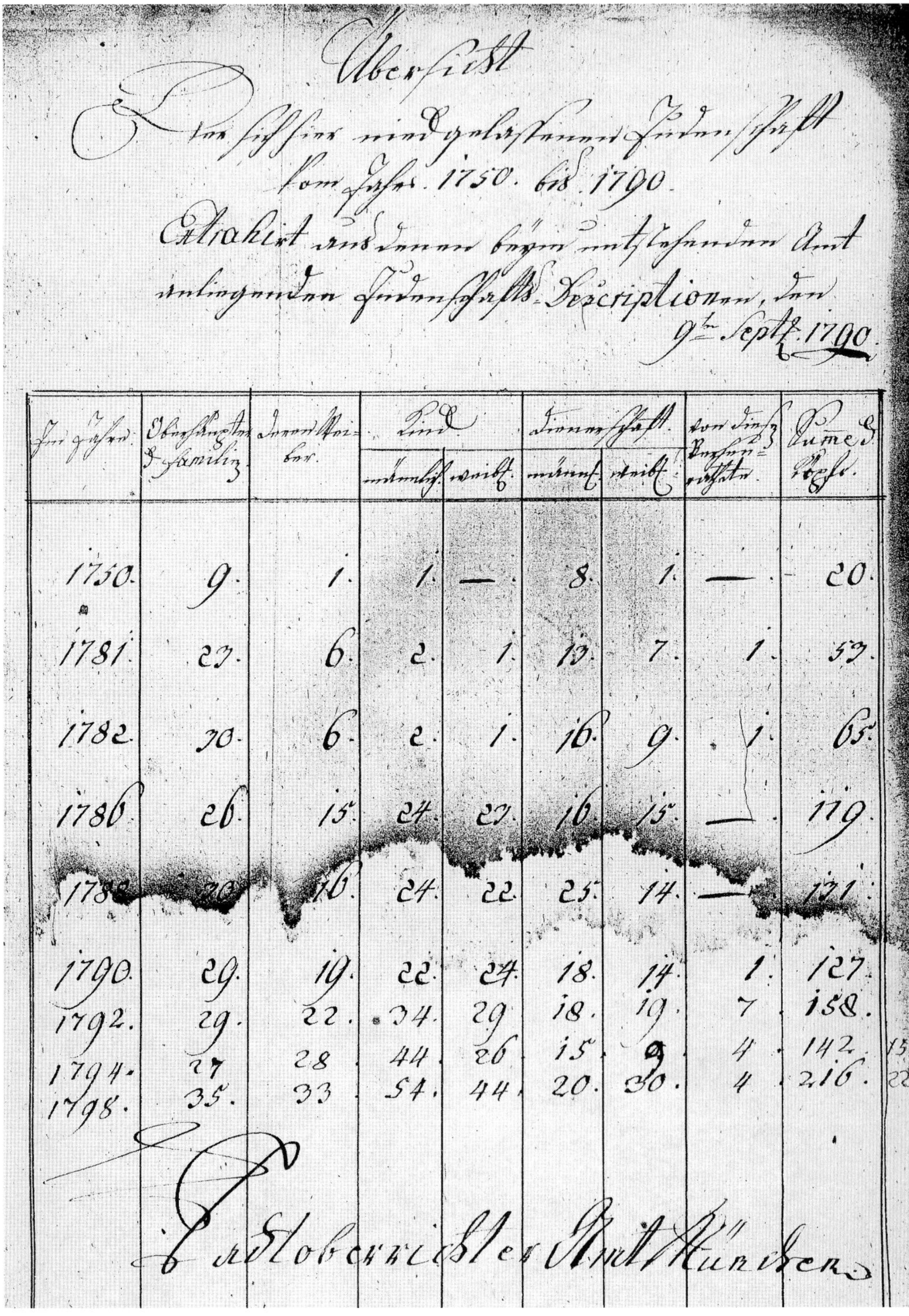

| Im Jahr | | | Kind männlich | Kind weiblich | Dienerschaft männlich | Dienerschaft weiblich | | Summe |
|---|---|---|---|---|---|---|---|---|
| 1750 | 9 | 1 | 1 | — | 8 | 1 | — | 20 |
| 1781 | 23 | 6 | 2 | 1 | 13 | 7 | 1 | 53 |
| 1782 | 30 | 6 | 2 | 1 | 16 | 9 | 1 | 65 |
| 1786 | 26 | 15 | 24 | 23 | 16 | 15 | — | 119 |
| [illegible] | [illegible] | 16 | 24 | 22 | 25 | 14 | — | 131 |
| 1790 | 29 | 19 | 22 | 24 | 18 | 14 | 1 | 127 |
| 1792 | 29 | 22 | 34 | 29 | 18 | 19 | 7 | 158 |
| 1794 | 27 | 28 | 44 | 26 | 15 | 9 | 4 | 142 |
| 1798 | 35 | 33 | 54 | 44 | 20 | 30 | 4 | 216 |

Statistik der in München zwischen 1750 und 1798 wohnhaften Juden: Aufgeführt wird die Zahl der Familien, der Frauen, Kinder und Diener

Maßgeblich für unsere folgenden Betrachtungen zum religiösen Leben der Münchner Gemeinde ist das am 10. Juni 1813 erlassene »Edikt die Verhältnisse der jüdischen Glaubensgenossen im Königreich Bayern betreffend«[8], das erstmals die unterschiedliche Rechtsstellung der Juden auf bayerischem Staatsgebiet vereinheitlichte und – als »magna charta für das Verhältnis der Israeliten zum Staate und zur bürgerlichen Gesellschaft«[9] – für die folgenden Jahrzehnte Gültigkeit besaß. Erst dieses Edikt schuf eine verhaltene Verbesserung der Rechtslage der bayerischen Juden. Im Gegensatz zur vergleichsweise fortschrittlichen Politik in anderen deutschen Staaten blieben die bayerischen Maßnahmen dennoch deutlich hinter ihrer Zeit zurück. Tatsächlich beinhaltete das Edikt eine Reihe von Beschränkungen und Ausnahmeregelungen, die dauerhaft eine grundsätzliche Gleichstellung der Juden mit der nichtjüdischen Bevölkerung blockierten. Eine entscheidende Zielvorgabe der bayerischen Obrigkeit war etwa, einen Zuwachs des jüdischen Bevölkerungsanteils in den Gemeinden zu verhindern bzw. die Ansässigmachung in Gemeinden, in denen noch keine Juden lebten, zu unterbinden: »Die Zahl der Judenfamilien an den Orten, wo sie dermal bestehen, darf in der Regel nicht vermehrt werden, sie soll vielmehr nach und nach vermindert werden, wenn sie zu groß ist.« Bis Februar 1819 wurden in München insgesamt 61 »Schutznummern« ausgegeben. Darüber hinaus konnte das Innenministerium dann eine Immatrikulation von Juden über die sogenannte »Matrikelzahl« genehmigen, wenn der Antragsteller durch die Höhe seines Vermögens bzw. durch die geplante Errichtung von Fabriken oder großen Handelsunternehmen für das örtliche Wirtschaftsleben von Interesse war.[10] Erst spät, im Jahr 1861, wurde

§. 23.

Den jüdischen Glaubensgenossen im Königreiche wird vollkommene Gewissensfreiheit gesichert. Sie genießen alle, den Privat-Kirchengesellschaften durch das Edikt vom 24. März 1809 im 2. Kapitel des II. Abschnitts (Reggbl. 1809 St. XL. Seite 904 u. s. w.) eingeräumten Befugnisse, in so ferne sie in der gegenwärtigen Verordnung nicht abgeändert oder näher bestimmt sind.

§. 24.

Wo die Juden in einem gewissen, mit der Territorialeintheilung des Reichs übereinstimmenden Bezirke, in einer Zahl von wenigstens 50 Familien vorhanden sind, ist ihnen gestattet, eine eigene kirchliche Gemeinde zu bilden, und an einem Orte, wo eine Polizeibehörde besteht, eine Synagoge, einen Rabbiner und eine eigene Begräbnißstätte zu haben.

§. 25.

Wo sie keine kirchliche Gemeinde bilden, sind sie lediglich auf die einfache Hausandacht beschränkt, und alle heimlichen Zusammenkünfte unter dem Vorwande des häuslichen Gottesdienstes sind ihnen nach §. 6 des 1. Kapitels I. Abschnitts des Edikts vom 24. März 1809 (Reggbl. 1809, St. XL Seite 899) verboten.

Wo eine Synagoge besteht, darf außer dem Rabbiner oder dem bestätigten Substituten kein Anderer kirchliche Verrichtungen ausüben.

Auszug aus dem »Edikt die Verhältnisse der jüdischen Glaubensgenossen im Königreich Bayern betreffend« vom 10. Juni 1813 der Matrikelzwang – von der Münchner Kultusgemeinde als »gehässiges Nummerngesetz« von »maßloser Härte« charakterisiert[11] – aufgehoben. Von der bayerischen Judenschaft wurde diese lang angestrebte Liberalisierung mit großer Begeisterung als bedeutsamer Schritt auf dem Weg zur staatsbürgerlichen Gleichberechtigung registriert.[12]

Mit dem Edikt von 1813 reklamierte die Obrigkeit eine empfindliche Einflußnahme auf innerjüdische Angelegenheiten. Bis zu diesem Zeitpunkt war dem Staat die Vorbildung der Rabbiner gleichgültig gewesen. Die jüdischen Gemeinden hatten ihre religiösen Angelegenheiten Männern anvertraut, »die kraft ihrer Führung und ihres religiösen Wissens sich ihr Vertrauen erwarben, ohne das profane Wissen irgendwie ausschlaggebend sein zu lassen«. Jetzt wurde staatlicherseits festgelegt, daß der Rabbiner »wissenschaftlich gebildet« sein müsse und seine Befähigung durch eine Prüfung nachzuweisen habe.[13] Darüber hinaus wurde die traditionelle Einflußsphäre der Rabbiner und der rabbinischen Jurisdiktion durch die Beschränkung auf »kirchliche Verrichtungen« erheblich reduziert. Die Funktion des Rabbiners als Zivilrichter der Gemeinde wurde aufgehoben. Und auch die Autonomie der Gemeinden bei der Wahl ihres Rabbiners blieb wegen des staatlichen Prüfungs- und Bestätigungsvorbehalts verschwindend gering. Zudem konnte ein Rabbiner ohne behördliche Genehmigung nicht entlassen werden. Der so inaugurierte Prediger und Gelehrte hatte anläßlich seiner obrigkeitlichen Bestätigung schließlich einen feierlichen Eid zu leisten, »daß er den Gesetzen des Reiches durchgehends schuldige Folge leisten, Nichts gegen dieselben lehren oder gestatten, wo er etwas dagegen erfahren würde, solches der Obrigkeit treulich anzeigen, und in keine Verbindung irgend einer Art mit ausländischen Obern sich einlassen werde«.[14] Damit war nicht nur die faktische Abhängigkeit der Rabbiner von den Behörden etabliert, sondern auch Loyalität gegenüber den staatlichen Autoritäten bis hin zur Denunziation von abweichendem oder gar »staatsfeindlichem« Verhalten erzwungen. Zweifellos wurde diese Eidesleistung als besonders entwürdigender Akt der Entmündigung empfunden. Es sind vor allem diese Passagen des Edikts, die deutlich machen, wie ausgeprägt die obrigkeitliche Wahrnehmung der Juden als wohlwollend Geduldete nach wie vor war und wie weit die jüdischen Religionsgemeinschaften in der ersten Hälfte des 19. Jahrhunderts von einer Gleichstellung mit den christlichen Konfessionen noch entfernt waren. Dieser Befund gilt trotz der den bayerischen Juden formal zugestandenen »vollkommene(n) Gewissens-Freiheit« und dem Recht, in bestimmten Bezirken »eigene kirchliche Gemeinden zu bilden, und an einem Orte, wo eine Polizeibehörde besteht, eine Synagoge, einen Rabbiner und eine eigene Begräbnisstätte zu haben«.[15]

Erst nach 1848 waren schließlich auch in Bayern die Bemühungen der Juden um rechtliche Gleichstellung, um bürgerliche Anerkennung und Gleichbehandlung von Erfolg gekrönt. Erstmals erhielten die bayerischen Juden jetzt das aktive und passive Wahlrecht zur Volksvertretung des Deutschen Bundes und zum Bayerischen Landtag.[16] Zug um Zug erreichten sie eine rechtliche Besserstellung, wenngleich die vollendete staatsbürgerliche Gleichstellung erst durch die Reichsverfassung von 1871 realisiert wurde. In der Literatur wird der Zeitraum zwischen dem Erlaß des Judenedikts 1813 und der vollen rechtlichen Gleichstellung durch die

Reichsverfassung im Jahr 1871 daher durchaus zutreffend als eine »Periode der unvollständigen Emanzipation« charakterisiert.[17]

## 2. Der Bau der Synagoge in der Westenriederstraße

Mit dem Edikt von 1813 waren demnach in Bayern die Voraussetzungen zur Bildung von jüdischen Gemeinden und – in bestimmten Städten – zum Bau von Synagogen geschaffen worden. In München erfolgte die Konstitution der Israelitischen Kultusgemeinde in den ersten Monaten des Jahres 1815.[18] Zu den wichtigsten Aufgaben des neugewählten Gemeindevorstands – neben Rabbiner Hessekiel Hessel gehörten dem Dreiergremium die Kaufleute Israel Hirsch Pappenheimer und Moritz Ascher an – zählten die Planungen für den Bau einer neuen Synagoge und eines eigenen Friedhofes.

Seit 1763 wurden jüdische Gottesdienste in einer räumlich beengten Privatwohnung im Tal 13 abgehalten. Aufgrund des zunehmenden Wachstums der Münchner Gemeinde in der zweiten Hälfte des 18. Jahrhunderts waren die Gläubigen aber gezwungen, ihre Gottesdienste in mehreren im Stadtgebiet verteilten Betsälen abzuhalten. Abgesehen von der unzureichenden »Würde« des Raums im Tal entwickelte sich daher innerhalb der Gemeinde immer stärker der Wunsch nach einer eigenen Synagoge, die allen Gläubigen Platz geben und jene »Feyerlichkeit und Würde« gewährleisten sollte, »welche erforderlich ist, wenn die Verehrung des Allerhöchsten Wesens auf die Herzen der in Andacht versammelten Glaubensgenoßen wahren Eindruck hervorbringen soll«.[19] Dazu kam, daß die Kultusgemeinde seit dem Inkrafttreten des Edikts von 1813 in mehreren Polizeiverfügungen nachdrücklich zur Errichtung einer Synagoge aufgefordert worden war. Um eine bessere Überwachung der Juden zu gewährleisten und die als »Geheimversammlungen« und »Winkelzusammenkünfte« verdächtigten Gottesdienste in den privaten Betsälen dauerhaft zu unterbinden, ordnete die Polizeidirektion im Februar 1817 schließlich an, daß Gottesdienste künftig nurmehr in einer »Schule« ausgeübt werden dürften, »alle Nebenschulen, alle heimlichen Zusammenkünfte hören auf – es ist also, da die gegenwärtige Schule sich hierfür nicht eignet, vorzüglich darauf Bedacht zu nehmen, daß hierfür ein schickliches Lokal ausgemittelt würde«.[20]

Erhebliche Schwierigkeiten bei der Suche nach einem geeigneten Bauplatz verzögerten die Realisierung dieses Vorhabens allerdings um Jahre. Kontroversen entzündeten sich vor allem an der Frage, wo die Synagoge errichtet werden solle. Die Behörden favorisierten einen Neubau außerhalb des Stadtzentrums. Ein von dieser Seite im Jahr 1816 propagierter Vorschlag, die Synagoge »nahe dem Theater am Isartor« zu bauen, stieß freilich bei der Kultusgemeinde auf wenig Gegenliebe. Das Grundstück wurde nicht nur wegen seiner abseitigen Lage abgelehnt; angesichts des benachbarten Theaters sowie einiger nahegelegener Schlachthöfe wurde es für eine religiöse Einrichtung als unwürdig erachtet.[21] Statt dessen brachte die Gemeinde ein im Besitz der Stadt befindliches brachliegendes Grundstück hinter dem Polizeigebäude an der Lederergasse ins Gespräch. Der Stadtmagistrat[22] wurde um Überlassung dieses Grundstücks gebeten.

Es war wohl die ablehnende Haltung der staatlichen Behörden und der städtischen Gremien in dieser Frage, die in der Folgezeit zu heftigen Auseinandersetzungen innerhalb des Gemeindevorstands über den geeigneten Synagogenstandort führten. Während eine Gruppe um den Zweiten Administrator Eduard Marx – der 1816 die Nachfolge von Moritz Ascher angetreten hatte – energisch für einen zentralen Standort innerhalb des städtischen Burgfriedens eintrat und sich weiterhin um das Grundstück an der Lederergasse bemühte, befürwortete eine pragmatisch gesinnte Gruppe um den Ersten Administrator Israel Hirsch Pappenheimer den von der Polizeidirektion vorgeschlagenen Standort an der Theaterstraße – der späteren Westenriederstraße.[23] Wie uns Emanuel Kirschner berichtet, wurde Marx bei seinen Bemühungen von der »entschiedenen Majorität« der Gemeindemitglieder unterstützt.[24]

Da innerhalb der Kultusgemeinde kein Konsens herbeigeführt werden konnte, ergriff Pappenheimer im Jahr 1822 die Initiative und erwarb für 6.300 Gulden einen an der Theaterstraße gelegenen Garten mit zwei Sommerhäuschen, Hütten und Ruhebänken als Bauplatz. Erweitert wurde dieses Grundstück noch durch den Zukauf eines Gartenanteils im Jahr 1824.[25] Gemeinsam mit dem Hofbankier Jacob von Hirsch und dem Kaufmann Löb Seligmann Lilienthal übernahm Pappenheimer die Haftung für die Finanzierung des Synagogenbaus. Eduard Marx – ein nach Meinung von Leo Baerwald »energisch nach Neuerun-

**In einer Eingabe bat Eduard Marx den Magistrat um Überlassung eines städtischen Grundstücks an der Lederergasse für den Bau der Synagoge, 23. März 1824**

»Mögen die von uns so hochgeehrten Herren Gemeindebevollmächtigten bei dieser Berathung erwägen, daß auch wir das Glück haben, Glieder ihrer Gemeinde zu seyn, daß sie auch unsere Vertreter sind, und als solche auch die Pflicht haben für unsere religiöse und moralische Verbesserung ebenso wie für ihre christlichen Gemeindemitglieder zu sorgen, und endlich daß ein gleicher Ruf zur Bürgerpflicht und ein gleicher Antheil an den Gemeindelasten uns auch gleiche Ansprüche auf die Benützung des Gemeindeeigenthums zur Befriedigung eines so dringenden Bedürfnisses begründet.
(...) muß ich vor aller jener Eigenschaften erwähnen, die ein zur Synagoge bestimmter Bauplatz haben muß, wenn er anders dem Zwecke entsprechen und das beabsichtigte Gute herbeiführen soll. Nach den Grundsätzen unserer Religion ist dem zarten Jünglinge wie dem schwächlichen Greise, dem schüchternen Mädchen wie dem entkräfteten Weibe, der Besuch der Synagoge heilig, jeder von uns ohne Rücksicht auf Stand und Vermögen soll eigentlich zu Fuß sowohl zu den Morgen- als häufiger Abend-Andachten, und zwar ohne Anhandnahme eines Lichtes dahin gelangen. Um daher diesen Besuch bei jeder Jahreszeit, bei jeder Witterung nach eingebrochener Nacht und vor Tagesanbruch auf das Möglichste zu erleichtern, ist es unumgänglich nothwendig, daß die Synagoge an einem Theile der Stadt situiert ist, der für keinen Bewohner derselben zu weit entfernt liegt, zu welchen der Zugang vorzüglich an den Feyertagen und Samstagen durch keine Märkte, Schrannenfuhren, oder sonstige starke Passage erschwehert (sic!), oder fast unmöglich gemacht wird, und wohin man ohne persönliche Gefahr und ohne Augenzeuge von unsittlichen Handlungen werden zu müßen, auch bei Nachtzeit gelangen kann.«

Jean Baptiste Métivier: Innenraumperspektive der Synagoge an der Westenriederstraße, Aquarell (1824/1825)

gen strebender Mann«[26] – verweigerte diesem Vorhaben jedoch seine Zustimmung, weil er den Platz für ein jüdisches Gotteshaus für »völlig unzweckmäßig« hielt.[27] Eindringlich plädierte er für ein in Stadtzentrum gelegenes, leicht zugängliches und vor allem – wegen der finanziellen Nöte der Gemeinde – preisgünstiges Grundstück. Im Frühjahr 1824 bat Marx den Magistrat erneut um den Bauplatz an der Lederergasse. Weil dieser, so seine Argumentation, »die erwünschte Lage hätte, und da solcher ohnehin ohne Benützung ist, und seine Umgebung durch das neue Gebäude wesentlich gewinnen würde, so dürfte mein Antrag darauf in jeder Hinsicht gerechtfertigt und solcher zu einem billigen Preis abgegeben werden«.[28] Der Stadtmagistrat reagierte zwar positiv auf die Bitte.[29] Das Kollegium der Gemeindebevollmächtigten lehnte den Wunsch von

München, 1850

## Baubeschreibung der Synagoge, 1876

»Die Synagoge in der Westenriederstraße (...) verräth durch ihr palastartiges Auessere im Hochrenaissancestyl ihren Cultzweck nicht. Sie grenzt mit einer Längsseite an die Strasse und schliesst sich mit beiden Schmalseiten an die beiderseits benachbarten Häuser an. Das Innere bietet einen Saal dar, welcher ein Tonnengewölbe aus Lattenwerk trägt, sehr unvortheilhaft dadurch wirkend, dass der Scheitel des letzteren den Scheitel der flachen Apsis, in welchem das Allerheiligste, fast berührt. Der Saal ist ringsum, mit Ausschluss der Apsis, von einer für die Frauen bestimmten Empore umzogen, die von hübschen Säulen aus rothem Tegernseermarmor mit weissen Palmenkapitälen getragen wird.«

Marx jedoch ab und verwies auf geplante Erweiterungen des Viktualienmarkts und mögliche eigene städtische Neubauprojekte auf dem fraglichen Grundstück. Zwar bemühte sich Marx noch im April 1824 in einer Eingabe an den Stadtmagistrat um eine Rücknahme dieses Votums, freilich ohne Erfolg.

Nachdem schließlich Anfang Juli 1824 die Regierung des Isarkreises den von Israel Hirsch Pappenheimer projektierten Synagogenbau an der Theaterstraße genehmigt hatte, waren auch innerhalb der Kultusgemeinde die Würfel für dieses Bauvorhaben gefallen. Wegen seiner ohnehin geringen Erfolgsaussichten standen die Marx'schen Pläne nicht mehr zur Diskussion. Die erforderlichen Maßnahmen zur Vorbereitung der Bauarbeiten wurden rasch vollzogen. An der feierlichen Grundsteinlegung für die neue Synagoge am 26. Juli 1824 nahmen neben führenden Repräsentanten der Kultusgemeinde auch Angehörige des Stadtmagistrats und der Gemeindebevollmächtigten teil. Wegen der noch unbesetzten Rabbinerposition – Hessekiel Hessel war kurz zuvor, am 28. Mai 1824, verstorben – wurde die Zeremonie von Hirsch Israel Pappenheimer eröffnet und durchgeführt. Wohl aus Protest blieb Eduard Marx der Veranstaltung fern.

### Der Architekt: Jean Baptiste Métivier (1781-1853)

Métivier, geboren am 1. April 1781 in Rennes, entstammte einer bekannten Künstler- und Architektenfamilie. 1811 kam er nach München wo er dank der Förderung seines Landsmanns Montgelas erste Aufträge erhielt und sich rasch große Wertschätzung für seine Arbeiten erwerben konnte. Es war auch Montgelas, der ihm 1816 eine Position als Inspektor der königlichen Baukommission verschaffte. 1818 erfolgte die Ernennung zum »Hofbaudecorateur«, die den Anfang einer jahrzehntelangen harmonischen und fruchtbaren Zusammenarbeit mit Leo von Klenze begründete. Seit 1824 wirkte Métivier als königlicher Hofbaurat. Neben einer Reihe von Bauten für angesehene Persönlichkeiten in München (u.a. für Graf Montgelas am Karolinenplatz und die Gräfin Bayerstorff in der Brienner Straße) war Métivier auch für die Gestaltung der Innenräume im Palais des Prinzen Karl von Bayern sowie für den Bau des neuen Schlosses des Fürsten von Thurn- und Taxis in Regensburg verantwortlich. Große Anerkennung erhielt

Jean Baptiste Métivier (1781-1853)

Métivier für den »originellen« Bau der neuen Münchner Synagoge, deren klassizistische Ausführung von den Zeitgenossen hochgelobt und in Reiseführern und Architekturführern gewürdigt wurde.
Jean Baptiste Métivier verstarb 1853 in München.

# Programm

zum

# feierlichen Trauergottesdienst

für die

**allerhöchstselige Königin Wittwe**

## Friederike Wilhelmine Caroline

von Bayern.

---

Gehalten

**in der Synagoge zu München**

am

**2. December Abends 5 Uhr.**

**München, 1841.**

Druck der Dr. C. Wolf'schen Buchdruckerei.

»Programm zum feierlichen Trauergottesdienst für die allerhöchstselige Königin Wittwe Friederike Wilhelmine Caroline von Bayern in der Synagoge zu München«, 2. Dezember 1841

Außenansicht der Synagoge an der Westenriederstraße, lavierte Bleistiftzeichnung von C. A. Lebschee (undatiert)

Architekt der Synagoge war der renommierte königliche Hofbaurat Jean Baptiste Métivier. Wie es zu dieser Auftragserteilung kam, bliebt unklar. Métivier hatte sich bislang nicht durch den Bau von Sakralbauten ausgewiesen. Nach knapp zweijähriger Bauzeit war der in zeittypischer klassizistischer Ausführung angelegte Bau mit jeweils 160 Männer- und Frauenplätzen fertiggestellt.[30] Nicht nur der abgelegene Standort, auch die schlichte Bauausführung, die sich in die Linie der umliegenden Profanbauten unauffällig einfügte und nach Außen kaum etwas vom religiösen Charakter des Gebäudes offenbarte, muß wohl als Indiz für die anhaltende soziale Ausgrenzung der jüdischen Gemeinde zu dieser Zeit interpretiert werden. Harold Hammer-Schenk, der sich am intensivsten mit den sozialen und religiösen Konnotationen des Münchner Synagogenbaus beschäftigt hat, hat zu Recht darauf hingewiesen, daß auch im Synagogenbau an der Theaterstraße die »staatlich verordnete Zurückhaltung der Juden« zum Ausdruck kam.[31]

Freilich war die seitens der staatlichen Autoritäten und großer Teile der nichtjüdischen Umwelt definierte Ächtung der Juden zu dieser Zeit schon in Auflösung

## Bericht des Münchner Stadtchronisten über die feierliche Einweihung der Synagoge am 21. April 1826

»**Freitag. 21.4.**
Um vier Uhr Nachmittag zogen, festlich gekleidet, die Schulknaben mit ihren Lehrern, dann die ledigen Individuen und die bey der Grundsteinlegung der Synagoge zugegen gewesenen Knaben und Mädchen, ferner der Synagogendiener mit dem Assistenten und dem Vorsänger aus dem israelitischen Gemeindehaus durch den großen Hofraum in die Synagoge. Ihrem Zuge folgte eben dahier unmittelbar der von sechs Unverheiratheten getragene Himmel, worunter diejenigen, welche die Gesetzesrollen trugen, einhergingen. Den Beschluß machte der Rabiner, die beiden Administratoren, der Gemeinde-Ausschuß und die verheiratheten Gemeindeglieder. Gegen fünf Uhr erschienen S. Majestät der König und die Königin mit Gefolge und wurden von dem Rabiner mit der Tora am Arm, von den Administratoren und dem israelitischen Gemeindeausschuß ehrfurchtsvollst empfangen.
(...)
Nach vorher gegangenen vorschriftsmäßigen Ceremonien wurde von den Mitgliedern des k. Hoforchesters ein von dem königl. Kapellmeister Stunz componierter Psalm ausgeführt nach welchem der Rabinats-Candidat Hirsch Aub eine deutsche Rede hielt. Nach derselben wurde eine von dem k. Hofmusik-Intendanten Freyherrn von Poißl in Musik gesetzte Hymne gleichfalls von den Mitgliedern der Hofcapelle vorgetragen, nach welcher die Gebete für den König, die Königin und das königliche Haus abgehalten wurden. Die sehr reich und geschmackvoll dekorirte Synagoge war zum Erdrücken voll, obgleich der Eintritt nur gegen Abgabe von Karten erlaubt war.«

Medaille zur Einweihung der neuen Synagoge am 21. April 1826

Synagoge an der Westenriederstraße, Sepiazeichnung von L. Huber (1889)

begriffen. Daß der Übergang von der huldvollen, jederzeit zu verweigernden Duldung hin zur sukzessive gewährten staatsbürgerlichen Gleichberechtigung schon vollzogen war, wird nicht zuletzt durch die Anwesenheit der höchsten Repräsentanten des bayerischen Königshofes bei den Einweihungsfeierlichkeiten der Synagoge am 21. April 1826 dokumentiert. Neben König Ludwig I. und seiner Gattin Therese nahmen auch höchste Hof- und Staatsbeamten an der Zeremonie teil, die dadurch zu einem außerordentlichen gesellschaftlichen Ereignis in der Haupt- und Residenzstadt wurde. Musikalisch umrahmt wurde die Einweihung von der Hofkapelle, die eine vom Hoftheater- und Hofmusikintendanten von Poißl komponierte Hymne spielte.

All dies waren nicht nur Zeichen majestätischen Wohlwollens, sondern deutliche Signale einer zunehmenden Ak-

Littera A.

**Gebeth für den König und das Königl. Haus.**

Er, der den Königen Heil, und den Fürsten Regierung verleihet; Er, dessen Reich aller Welten Reich ist, der seinen Knecht David von der Bosheit Schwert rettete; der einen Weg durch's Weltmeer, durch mächtige Fluthen bahnt, segne, behüte und beschütze unsern allergnädigsten Landesherrn

Ludwig, König von Bayern,

Seine glorreiche Herrschaft hebe sich hoch empor!

(Die Gemeinde) Amen!

König aller Könige! mit deiner großen Gnade schau von deinem heiligen Wohnsitze auf Ihn herab, erhalte und bewahre Ihn vor jedem Uebel und Leiden: Möge Er noch unzählige Jahre Sein erhabenes Zepter führen, und in allen Unternehmungen glücklich seyn!

(Die Gemeinde) Amen!

Segne und beschütze der Frauen Würdigste, unsere erhabene Landesmutter und Königin

Therese Charlotte Louise!

(Die Gemeinde) Amen!

Die Fülle deiner hohen Güte ströme über unsern huldreichen Kronprinzen

Maximilian.

(Die Gemeinde) Amen!

Sende dein Heil dem ganzen erlauchten Königshaus, und setze es zum ewigen Segen ein.

(Die Gemeinde) Amen!

Allgütiger! durch deine Allbarmherzigkeit verbreite deinen himmlischen Schutz über alle Bewohner Bayerns. Friede und Gerechtigkeit blühe im Lande, und ewige Eintracht und Zufriedenheit beglücke alle Erdenbewohner. Möge auch Israel Gunst und Wohlwollen bei allen Völkern finden, und stets glücklich leben!

So sey dein heiliger Wille. Amen.

(Die Gemeinde) Amen!

Das »Gebeth für den König und das Königl. Haus« in der Synagogenordnung von 1825 dokumentiert die Loyalität und treue Verehrung der Münchner Juden gegenüber dem Wittelsbacher Königshaus

zeptanz der jüdischen Gemeinde.[32] Das Entgegenkommen der Wittelsbacher, das dem Selbstbewußtsein der Münchner Juden ganz entscheidende Impulse gab, wurde von der Kultusgemeinde mit dauerhafter Loyalität, ja »treuer Achtung« (Selig) gegenüber dem bayerischen Herrscherhaus beantwortet. Staatliche Festtage, aber auch Krankheiten oder Todesfälle hochgestellter Persönlichkeiten waren häufig Anlaß für besondere Gottesdienste. So fand zum Stadtjubiläum 1858 in der Synagoge ein Festgottesdienst statt. Und nur wenige Tage später wurde ein Festgottesdienst zu Ehren des Namenstages des Königs zelebriert. Als kurz darauf der Staatsminister Aschenbrenner schwer erkrankte, beteten die Gläubigen in der Synagoge für dessen Wiedergenesung.[33] Dieses auch in der Öffentlichkeit wahrnehmbare »Treuebekenntnis zum Herrscherhaus war zugleich auch ein Treuebekenntnis zum Staat, und die Juden hörten nicht auf immer wieder zu betonen, daß sie staatstreue Mitbürger sein wollten. Nur so schien das langfristige Ziel einer endgültigen Gleichberechtigung erreichbar.«[34]

## 3. Zwischen Orthodoxie und Reform – Konfliktlinien im Münchner Judentum des 19. Jahrhunderts

Eine zentrale Zielsetzung staatlicher Politik in Deutschland zu Beginn des 19. Jahrhunderts war die »bürgerliche Verbesserung« der Juden, die aufgrund ihres Festhaltens an den eigenen religiösen Traditionen und Lebensgewohnheiten als gesellschaftliche Außenseiter, »als Staat im Staate« und deshalb als bedrohlicher Faktor wahrgenommen wurden. Mit einem modernen Staatsgedanken und Gesellschaftsverständnis schien die an ganz

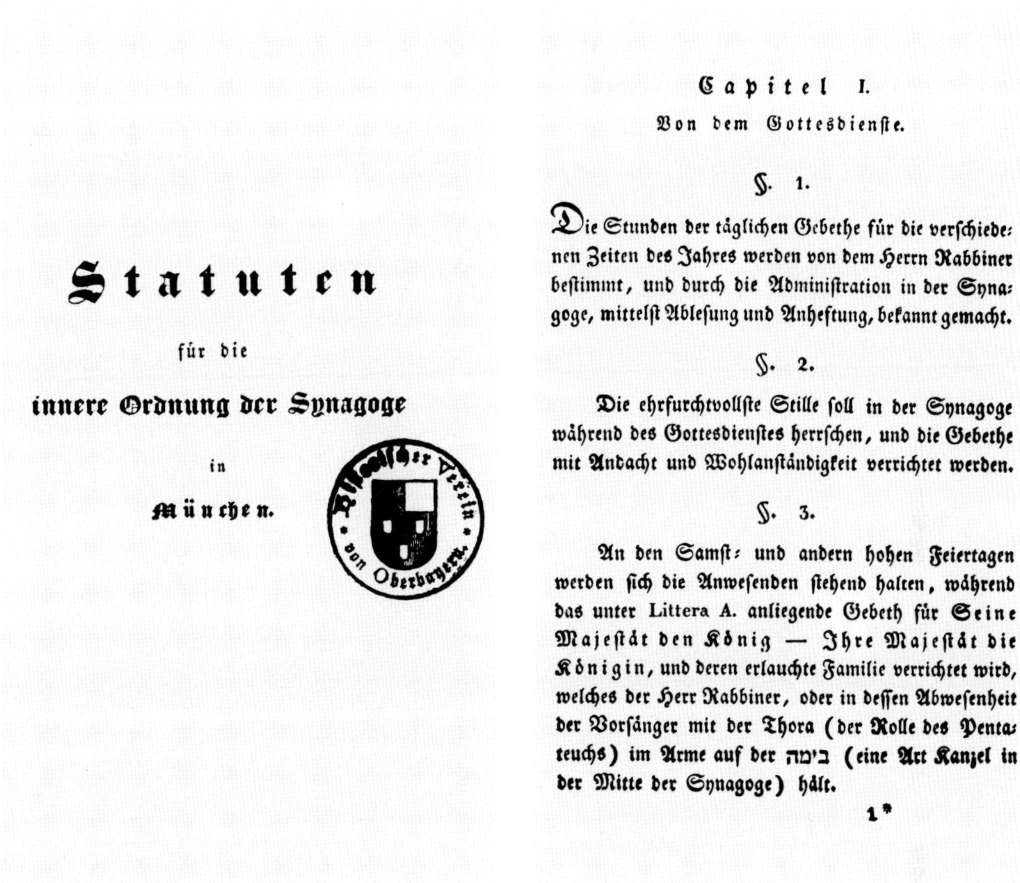

Statuten

für die

innere Ordnung der Synagoge

in

München.

Capitel I.

Von dem Gottesdienste.

§. 1.

Die Stunden der täglichen Gebethe für die verschiedenen Zeiten des Jahres werden von dem Herrn Rabbiner bestimmt, und durch die Administration in der Synagoge, mittelst Ablesung und Anheftung, bekannt gemacht.

§. 2.

Die ehrfurchtvollste Stille soll in der Synagoge während des Gottesdienstes herrschen, und die Gebethe mit Andacht und Wohlanständigkeit verrichtet werden.

§. 3.

An den Samst- und andern hohen Feiertagen werden sich die Anwesenden stehend halten, während das unter Littera A. anliegende Gebeth für Seine Majestät den König — Ihre Majestät die Königin, und deren erlauchte Familie verrichtet wird, welches der Herr Rabbiner, oder in dessen Abwesenheit der Vorsänger mit der Thora (der Rolle des Pentateuchs) im Arme auf der בימה (eine Art Kanzel in der Mitte der Synagoge) hält.

1*

Mit der Synagogenordnung vom 23. Mai 1825 wurde das Verhalten der Gläubigen während der Gottesdienste reglementiert

anderen Bindungen orientierte jüdische Lebenswelt nicht vereinbar. Durch erzieherische Maßnahmen und eine schrittweise Öffnung der restriktiven Judengesetzgebung sollte die Eingliederung der randständigen jüdischen Bevölkerungsgruppe erreicht werden. Trotz der restriktiven Elemente, wie wir sie etwa aus dem bayerischen »Judenedikt« von 1813 unschwer herauslesen können, waren diese Maßnahmen verlockende Angebote an die Juden, ihre hergebrachte Lebensweise und – damit verbunden – ihr religiöses Selbstverständnis zugunsten der von christlich-bürgerlichen Werten geprägten nichtjüdischen Umwelt und Majorität aufzugeben. Jüdisches »Wohlverhalten« war der Preis, um den dieser Anpassungsprozeß seitens der staatlichen Autoritäten und der nichtjüdischen Eliten beschleunigt oder verlangsamt werden konnte. So entwickelte sich im deutschen Judentum eine »Kultur der Anpassung«[35], die als entscheidender Motor für die religiöse Reformbewegung und als Auslöser für den innerjüdischen Konflikt zwischen Orthodoxie und Reform anzusprechen ist.

In der Münchner Kultusgemeinde sind – wie auch in anderen Großstadtge-

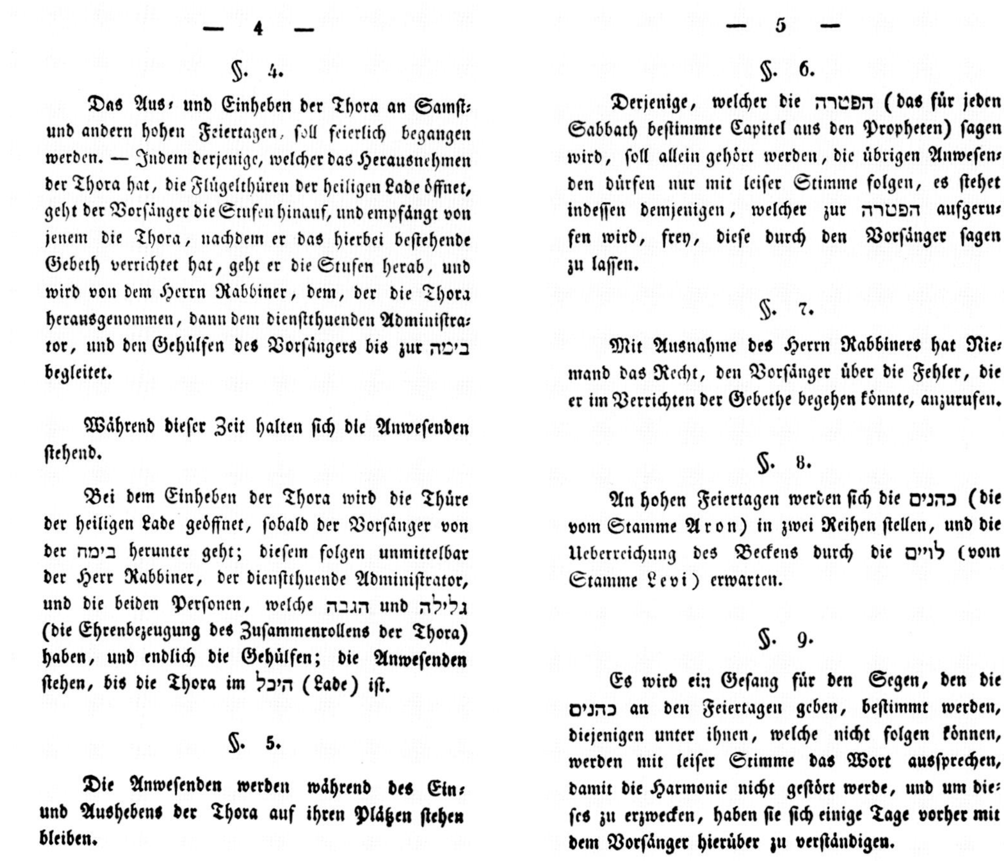

— 4 —

§. 4.

Das Aus- und Einheben der Thora an Samst- und andern hohen Feiertagen, soll feierlich begangen werden. — Indem derjenige, welcher das Herausnehmen der Thora hat, die Flügelthüren der heiligen Lade öffnet, geht der Vorsänger die Stufen hinauf, und empfängt von jenem die Thora, nachdem er das hierbei bestehende Gebeth verrichtet hat, geht er die Stufen herab, und wird von dem Herrn Rabbiner, dem, der die Thora herausgenommen, dann dem diensthuenden Administrator, und den Gehülfen des Vorsängers bis zur בימה begleitet.

Während dieser Zeit halten sich die Anwesenden stehend.

Bei dem Einheben der Thora wird die Thüre der heiligen Lade geöffnet, sobald der Vorsänger von der בימה herunter geht; diesem folgen unmittelbar der Herr Rabbiner, der diensthuende Administrator, und die beiden Personen, welche הגבה und גלילה (die Ehrenbezeugung des Zusammenrollens der Thora) haben, und endlich die Gehülfen; die Anwesenden stehen, bis die Thora im היכל (Lade) ist.

§. 5.

Die Anwesenden werden während des Ein- und Aushebens der Thora auf ihren Plätzen stehen bleiben.

— 5 —

§. 6.

Derjenige, welcher die הפטרה (das für jeden Sabbath bestimmte Capitel aus den Propheten) sagen wird, soll allein gehört werden, die übrigen Anwesenden dürfen nur mit leiser Stimme folgen, es stehet indessen demjenigen, welcher zur הפטרה aufgerufen wird, frey, diese durch den Vorsänger sagen zu lassen.

§. 7.

Mit Ausnahme des Herrn Rabbiners hat Niemand das Recht, den Vorsänger über die Fehler, die er im Verrichten der Gebethe begehen könnte, anzurufen.

§. 8.

An hohen Feiertagen werden sich die כהנים (die vom Stamme Aron) in zwei Reihen stellen, und die Ueberreichung des Beckens durch die לוים (vom Stamme Levi) erwarten.

§. 9.

Es wird ein Gesang für den Segen, den die כהנים an den Feiertagen geben, bestimmt werden, diejenigen unter ihnen, welche nicht folgen können, werden mit leiser Stimme das Wort aussprechen, damit die Harmonie nicht gestört werde, und um dieses zu erzwecken, haben sie sich einige Tage vorher mit dem Vorsänger hierüber zu verständigen.

meinden dieser Zeit – bereits in den frühen 20er Jahren des 19. Jahrhunderts jene Entwicklungslinien erkennbar, die auf die spätere Aufspaltung der Gemeinde in einen reformorientierten und einen orthodoxen Flügel zulaufen. Die treibende Kraft der Reformbewegung zwischen 1820 und 1845 war der »kgl. dänische Commerzienrath« Eduard Marx, dessen Ziel, so Werner Cahnmann, die »Errichtung einer modernen Gemeinde« war. Marx »war ein entschiedener Reformer, von unhistorischer Denkart wie alle führenden Männer der emanzipatorischen Bewegung und von rücksichtsloser Energie in der Durchsetzung dessen, was er verwirklichen konnte. Überkommene Rechte und Gewohnheiten galten ihm nichts, wenn sie dem Plan entgegenstanden, den sein klarer, ordnender Geist entworfen hatte. So ist er der eigentliche Schöpfer der Münchener Gemeinde geworden«.[36] Die Synagogenordnung vom 23. Mai 1825 war eines jener neuen Elemente, durch das eine erste Annäherung an die Gepflogenheiten des christlichen Gottesdienstes vollzogen wurde. In dieser Ordnung hatte der Gemeindevorstand das Verhalten der Gläubigen während des Gottesdienstes genauestens festgelegt. Gefordert wurde »ehrfurchtsvollste Stille« in der Synagoge und eine Verrichtung der Gebete »in Andacht und Wohlanständigkeit«.

— 26 —

§. 6.

Die Vertauschung der Plätze unter Miethleuten muß von der Administration beståttiget werden.

§. 7.

Jeder, der einen Platz als Eigenthum, oder einen gemietheten Platz besitzt, darf nur ein Individuum rückwärts zu sich stellen lassen, da indeß alle Plätze nach der Morgenseite gerichtet sind, so gebiethet es der Anstand, daß auch der Rückstehende eine solche Richtung zu nehmen hat.

§. 8.

Dem Herrn Rabbiner wird ein, seiner Würde angemessener, Platz vorbehalten werden.

Capitel IX.

Allgemeine Anordnungen.

§. 1.

Alles Zusammenstellen in der Synagoge, und vor derselben auf der Straße, ist verbothen.

§. 2.

Beim Eintreten in die Synagoge begiebt sich jeder auf seinen Platz, und bleibt daselbst in Ordnung und Anstand, bis der Gottesdienst zu Ende ist.

§. 3.

Von einem Platze zum andern gehen, ist untersagt, eben so wie das Sprechen, und das übermäßige laute Bethen.

— 27 —

§. 4.

Wer die Ordnung stört, wird zurecht gewiesen, entweder durch den Herrn Cassier, Controlleur, oder durch den dienstthuenden Administrator; im öftern Wiederholungsfalle wird er aus der Synagoge hinausgewiesen.

§. 5.

An Samstag und allen übrigen Feiertagen hat jeder, der in die Synagoge eingelassen werden will, als Kopfbedeckung mit einem Hute zu erscheinen; Kinder unter 13 Jahren sind hievon ausgenommen.

§. 6.

Den Lehrern mit ihren Zöglingen wird ein besonderer Platz angewiesen werden.

§. 7.

Kinder unter vier Jahren können nicht in die Synagoge zugelassen werden, außer bei einem Sterbefalle ihres Vaters oder ihrer Mutter, wo sie mit drei Jahren zugelassen werden.

§. 8.

Kinder unter 13 Jahren dürfen nicht an סוכות (Lauberhüttenfest) die Ceremonie הקפה mit dem לולב (den Umgang) mit machen.

§. 9.

Frauen werden nicht mit unbedecktem Haupte in die Synagone zugelassen.

Untersagt wurde das »Zusammenstellen in der Synagoge, und vor derselben auf der Straße«. Auch das willkürliche Umhergehen in der Synagoge, Sprechen und »übermäßige laute Bethen« wurde verboten.[37] Diese doch recht bestimmten Formulierungen der Synagogenordnung erlauben Rückschlüsse auf das Verhalten der Gläubi-gen während der Gottesdienste in dieser Zeit. Vermutlich gilt auch für München, was Peter Ortag unlängst über die Gottesdienste bis zum Beginn des 19. Jahrhunderts angemerkt hat: »So folgte die Gemeinde dem geistlichen Geschehen weitaus emotionaler und undisziplinierter, als es in den Kirchen, erst recht den protestantischen, üblich war.«[38] Deutlichere Worte findet der Münchner Kantor Emanuel Kirschner. Nach seinem Urteil war die neue Synagogenordnung »ein Streben, des Schweißes der Edlen wert; denn wie überall in unserem Vaterlande, trug damals auch in München der liturgische Gesang die Ghettospuren ästhetischer Rückständigkeit an sich. Er glich einem verwahrlosten Garten, in dem wohl unter wuchernden Ranken, unter wild wachsendem Gestrüpp, Tonblüten von wundersam leuchtender Pracht in unverwüstlicher Kraft Herz und Ohr erregten und bewegten, die aber einer ordnenden, veredelnden Hand entraten mußten«.[39]

Erstes Münchner Gebetbuch mit deutscher Übersetzung, initiiert und finanziert von Israel Hirsch Pappenheimer, 1827 Titelblatt

### Die Einführung des Synagogenchores sorgte 1832 für heftigen Streit zwischen Traditionalisten und Reformern, Eingabe von Gegnern des Synagogenchores vom 16. Mai 1832

»Hinsichtlich dieses Gebetes [Schma Israel], welches die Einheit Gottes bekennt, und worauf sich hauptsächlich unsere ganze Religionsverehrung stützt, ist ausdrücklich vorgeschrieben, daß solches mit der sorgfältigsten Andacht und Nachdruck von jedem einzelnen Israeliten gläubig ausgesprochen und hierdurch persönlich der allwaltenden Gottheit die innigste Verehrung ihrer Größe und Allmacht dargebracht werden soll. Stattdessen hört die Gemeinde nur Musik und Gesang, und gleich einer Oper, in welcher der Hauptheld oder die Primadonna stets den Anfang, der Chor aber den Refrain dem Gehör des musikalischen Publikums vorträgt, wo unzähligemal dieselben Worte deshalb vorgetragen werden, um die liebliche Komposition des Verfertigers, die etwa obwaltende Melodik ins Gedächtnis zurückgerufen, ist unsere Synagoge nun zwar ein Gegenstand der Unterhaltung für Musikfreunde, aber kein Tempel der Gottesandacht mehr.
Soweit ist es aber auch schon gekommen, daß, während die Musik aufhört, während der Gesang ausruht, die Choristen gleichsam, um auch ihre Augen mit neuen sinnlichen Genüssen zu laben, unter Gebrauch aller möglicher Lorgnetten und Perspektiven, die anwesenden Frauenzimmer mustern, und es bedarf nur noch, daß Eis und sonstige Erfrischungen in den Pausen verabreicht werden, um die Ähnlichkeit mit einem Theater und Konzert gänzlich zu vollenden.«

### Stellungnahme von Rabbiner Hirsch Aub zu den Auseinandersetzungen zwischen Reformern und Orthodoxen in München

»Höchstens könnte mir von manchen Modernen und Neuerungssüchtigen zum Vorwurf gemacht werden, daß ich den umwälzenden und zerstörenden Grundsätzen nicht zugetan war und bin. In meiner Synagoge ist der herkömmliche Ritus noch ganz beibehalten; nichts desto weniger ist aber zugleich die äußere Form durch anständiges Benehmen, durch geordneten Vortrag und Gesang wie nicht minder durch Chorgesänge und Predigt verschönert und verbessert.«

Ein weiterer Reformansatz war die 1827 erfolgte Drucklegung eines Gebetbuchs mit deutscher Übersetzung, von dem sich der Initiator der Publikation, der Gemeindevorsteher Israel Hirsch Pappenheimer, eine »innere Verbesserung des Gottesdienstes« und eine »wärmere Teilnahme des Herzens am Gebete« versprach.[40] Die vergleichsweise moderaten Neuerungen wurden von der Gemeinde – wie es scheint – ohne nennenswerte Widerstände akzeptiert. Die im Jahr 1830 unter der maßgeblichen Führung von Eduard Marx durchgesetzte Stärkung der Gemeindeadministration und die Einführung der weltlichen Führung – was zwangsläufig mit einer Schwächung der Position des Rabbiners verbunden war – führte allerdings beinahe zur Abspaltung der orthodoxen Gemeindemitglieder.[41] Auch die gemeinsame Initiative von Eduard Marx und Rabbiner Hirsch Aub im Jahr 1832 zur

»Verherrlichung des Gottesdienstes« einen Synagogenchor zu gründen, stieß bei zahlreichen Gemeindemitgliedern auf heftigen Widerstand. Die Einführung des Chorgesangs sei eine gravierende Veränderung des traditionellen Ritus und mit Störungen der Gebete der Gläubigen verbunden, so die Kritik.[42] Besonderes Mißfallen erregte die Tatsache, daß künftig einige Gebete nicht mehr von den Gläubigen selbst, sondern vom Chor gesungen werden sollten. Die Widerstände der orthodoxen Minderheit gegen den Synagogenchor blieben aber letztlich erfolglos, auch wenn mit harten Worten gegen den Chorgesang und seine Initiatoren polemisiert wurde: »Unter dem Vorwande der Verherrlichung« würden Gemeindeverwaltung und Rabbiner »unser Gotteshaus gleichsam in einen Liederkranz umwandeln, echt religiöse Gesinnungen eitlem Pomp und äußerem Prunke« opfern.[43] Eine drohende Spaltung der Gemeinde konnte schließlich durch einen Kompromiß bezüglich der Zahl der vom Chor zu rezitierenden Gebete und – etwa beim Schma Israel – einen gemeinsamen Gebetsvortrag von Chor und Gemeinde verhindert werden. Die Gegner des Chores ließen sich schließlich überzeugen, daß der Chor »nicht das Gebet der Gemeinde verdrängen, sondern die betende Gemeinde durch seinen Gesang unterstützen (solle). Lautes Beten könne nur durch geregelten Gesang wohlgefällig wirken, aber die schreiende Gemeinde bringe nur einen widrigen Eindruck hervor«.[44]

Für die folgenden Jahrzehnte beobachten wir eine Art friedlicher Koexistenz der religiösen Überzeugungen. Zumindest schweigen die Quellen über tiefgreifende Auseinandersetzungen innerhalb der Gemeinde. Eine »eingreifende Reform der Liturgie« fand nicht statt, obwohl, wie Rabbiner Perles im November 1876 anmerkte, »die Geneigtheit hierzu bei einem großen Teile der Gemeinde vorhanden war«.[45] Erst in den frühen 70er Jahren brechen die alten Konfliktlinien wieder auf, jetzt allerdings mit einer bislang unbekannten Dramatik und Leidenschaftlichkeit. Das Bedürfnis nach einer »zeitgemäßen Regelung des Gottesdienstes trat immer stärker und unabweisbarer hervor«, so Joseph Perles im Rückblick.[46] Ein etwas klareres Bild von den Widersprüchen innerhalb der Gemeinde und den Kräfteverhältnissen zwischen Orthodoxie und Reform vermitteln uns die Wahlen zur Gemeindeverwaltung in den 70er Jahren, die ganz im Zeichen des Streits um die geplante Installierung einer Orgel in der Synagoge standen. Die Bemühungen der liberalen Gemeindemitglieder um eine gottesdienstliche Reform, die Wünsche nach einem »würdigeren und anständigeren« Gottesdienst[47] waren in den letzten Jahren intensiviert und wieder mit größerem Nachdruck verfolgt worden. Überaus heftige Erschütterungen brachten der Gemeinde jetzt die von liberaler Seite geplante Einführung des Orgelspiels im Gottesdienst. Diese für orthodoxe Juden revolutionäre Neuerung wurde von einem nicht unerheblichen Teil der Gemeinde abgelehnt. Das Orgelspiel, so wurde argumentiert, verstoße gegen das Musizierverbot, gegen das sabbatliche Arbeitsverbot und sei eine unerlaubte Imitation nichtjüdischer Gottesdienstformen. Dieser »Orgelstreit« war freilich keine Münchner Besonderheit, sondern läßt sich in den meisten größeren Gemeinden Deutschlands nachweisen.

Die Gemeindewahl vom 3. Dezember 1871 stand nicht nur für eine Richtungsentscheidung in der umstrittenen Orgelfrage, sondern war auch für die weitere

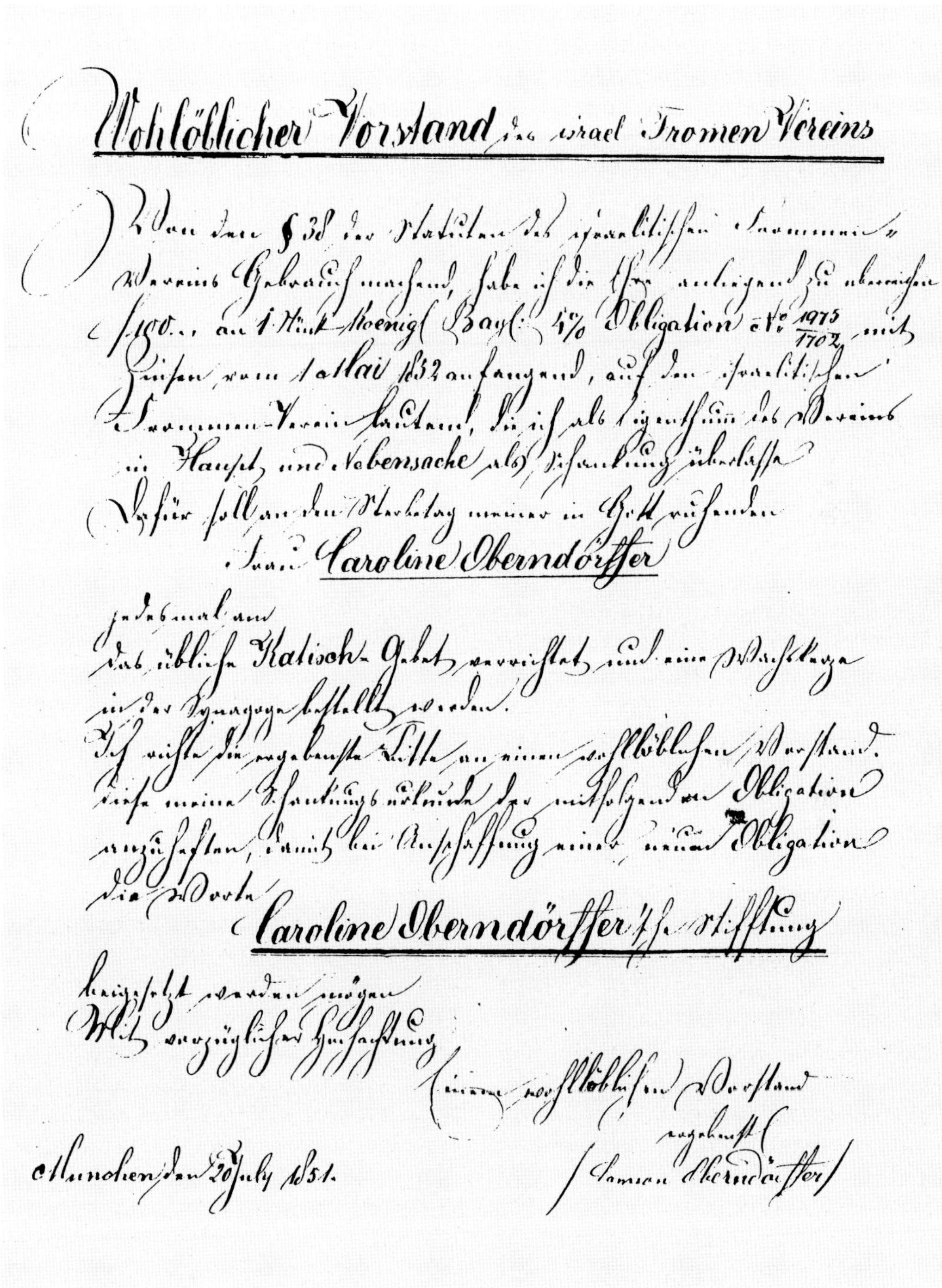

Wohllöblicher Vorstand des israel. Frommen Vereins

Von dem § 38 der Statuten des israelitischen Frommen Vereins Gebrauch machend, habe ich die Ehre anliegend zu übersenden f. 100.. in 1 Stück Koenigl. Bayr. 4% Obligation No 1975/1702 mit Zinsen vom 1 Mai 1852 anfangend, auf den israelitischen Frommen-Verein lautend, die ich als Eigenthum des Vereins in Haupt- und Nebensache als Schenkung überlasse.

Dafür sollen an den Sterbetag meiner in Gott ruhenden Frau Caroline Oberndörffer jedesmal das übliche Katisch-Gebet verrichtet und eine Wachskerze in der Synagoge bestellt werden.

Ich richte die ergebenste Bitte an einen wohllöblichen Vorstand diese meine Schenkungsurkunde der mitfolgenden Obligation anzuheften, damit bei Anschaffung einer neuen Obligation die Worte

Caroline Oberndörffer'sche Stiftung

beigesetzt werden mögen

Mit vorzüglicher Hochachtung

Einem wohllöblichen Vorstand ergebenst

Samson Oberndörffer

München den 20 July 1851.

Stiftung von 100 Gulden für den Israelitischen Frommen-Verein durch den Kaufmann Samson Oberndörffer zum Gedenken an seine verstorbene Frau Caroline Oberndörffer, 20. Juli 1851. An den Sterbetagen von Caroline Oberndörffer sollte dafür das Kaddisch-Gebet »verrichtet und eine Wachskerze in der Synagoge bestellt werden«.

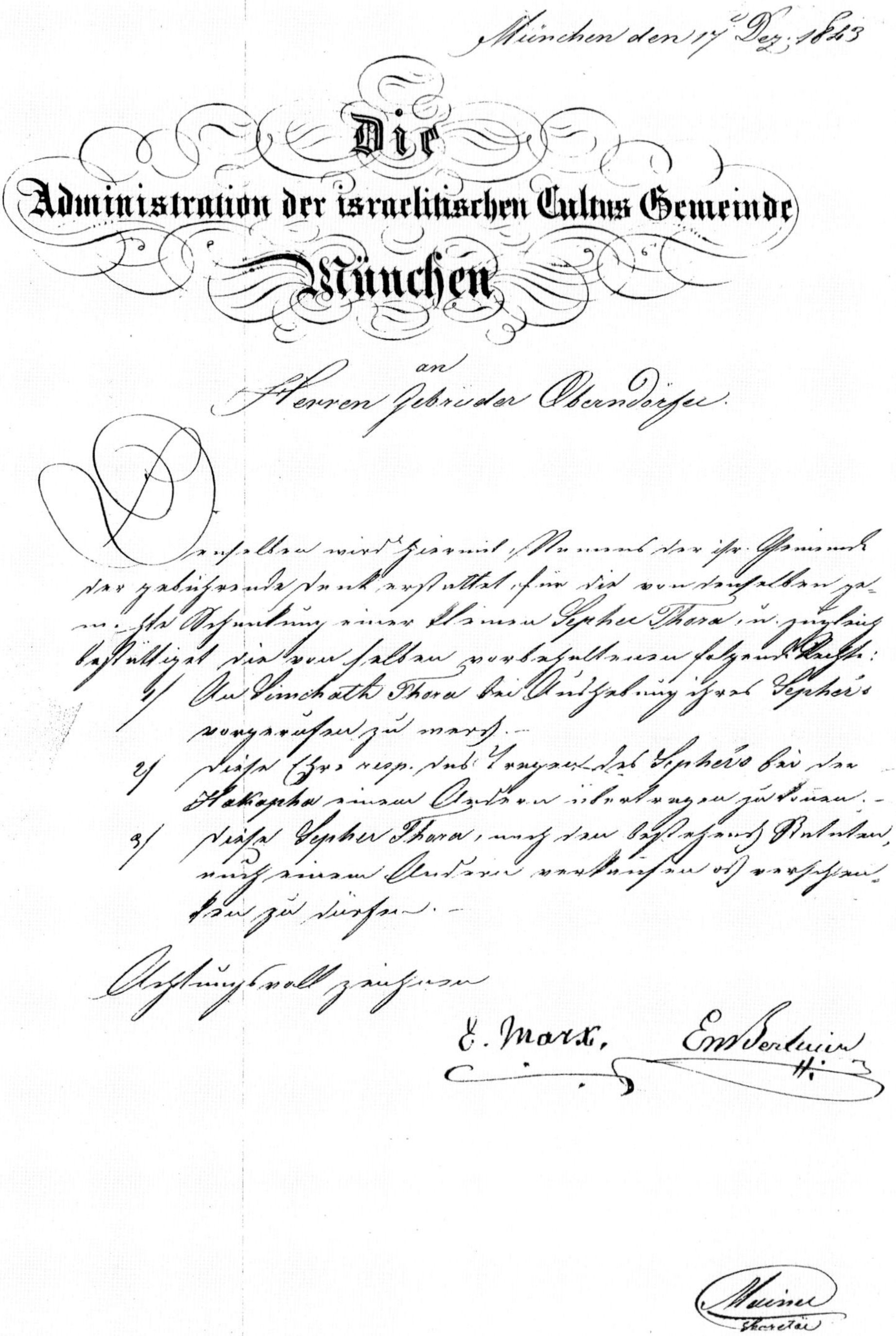


Schenkung einer Sefer Thora durch die Gebrüder Oberdörffer an die Israelitische Cultusgemeinde München, November/Dezember 1843. Die Stifter erwarben dadurch das Privileg, an Simchat Thora (letzter Tag von Sukkot) in der Synagoge zur Aushebung der Thora vorgerufen zu werden.

## Wahlaufruf der Liberalen gegen die Orthodoxie anläßlich der Gemeindewahl vom 14. April 1878

»Erscheint alle an der Wahlurne, zersplittert Eure Stimmen nicht, jede einem liberalen Candidaten entzogene Stimme nützt dem Gegner, der theils ganz schwarz, oder was noch schlimmer ist, unter dem Deckmantel des Liberalismus erscheint.
Thut Eure Pflicht: kein freisinniger Mann darf sich abhalten lassen, seine Stimme abzugeben; eine kleine Partei sogenannter Altmünchner will durch Gimpelfang wieder ans Ruder kommen, nicht um Ersparungen zu machen, nicht um unsere schwer erkämpften Errungenschaften in Bezug auf Reform aufrecht zu erhalten, sondern um ihre Pläne zu verwirklichen, welche darin bestehen: Erbauung einer zweiten kleinen Synagoge für conservativen Gottesdienst; Hinausschiebung, ja Abschaffung des Projektes der Herstellung einer großen Haupt-Synagoge, selbst wenn solche durch lebhaften Kauf u. Zeichnung gutgeheißen wurde.
Die Partei würde nicht erst fragen, sie würde Geld, viel Geld ausgeben, ohne (...) die Majorität der Gemeindemitglieder gefragt zu haben, dieß wäre ihnen Nebensache, die Erreichung ihres Zweckes Alleiniges Ziel.
Laßt Euch also nicht ein X für ein U vormachen, der Charakter und die Intelligenz der vorgeschlagenen Liberalen bürgt dafür, daß nichts zum Schaden der Gesammtgemeinde unternommen wird.«

## Stellungnahme orthodoxer Gemeindemitglieder zur Wahl der Gemeindeverwaltung im Dezember 1871

### »Oeffentliche Erklärung

In Folge des Berichtes der »Neuesten Nachrichten« von einem Wahlkampfe zwischen der orthodoxen und liberalen Partei sehen wir uns zu der Erklärung veranlaßt, daß sich lediglich ein Kampf zwischen der sogenannten Fortschrittspartei und der sogenannten gemäßigten Fortschrittspartei entwickelte, während die orthodoxe Partei weder eine Versammlung constituierte, noch ein Wahlprogramm feststellte, kurz, sich von jeder Agitation heraushielt, indem die Wahl der hiesigen Cultusverwaltung für dieselbe schon längst gleichgültig geworden ist.

Entwicklung der Gemeinde und das Miteinander der religiösen Richtungen von weitreichender Bedeutung. Den Wahlberechtigten standen drei Listen zur Auswahl. Neben der orthodoxen Liste waren auch von zwei liberalen Gruppierungen Kandidatenvorschläge vorgelegt worden. Eine »gemäßigte Fortschrittspartei« trat programmatisch für »die bisherige Einigkeit in der Gemeinde neben Einführung gemäßigter Reformen« ein.[48] Andere, unzufrieden mit dem verhaltenen Reformeifer dieser liberalen Gruppierung, plädierten für eine entschiedenere Modernisierung und legten eine eigene Kandidatenliste vor. Aus der Wahl ging jedoch der Wahlvorschlag der gemäßigten Liberalen mit einer klaren Mehrheit als Sieger hervor; das Nachsehen hatten radikale Reformer und – erstmals – die Orthodoxen, die bislang in der Kultusverwaltung die Majorität besessen hatten. Das Wahlergebnis war ein deutliches Zeichen, daß der orthodoxe Flügel innerhalb der Ge-

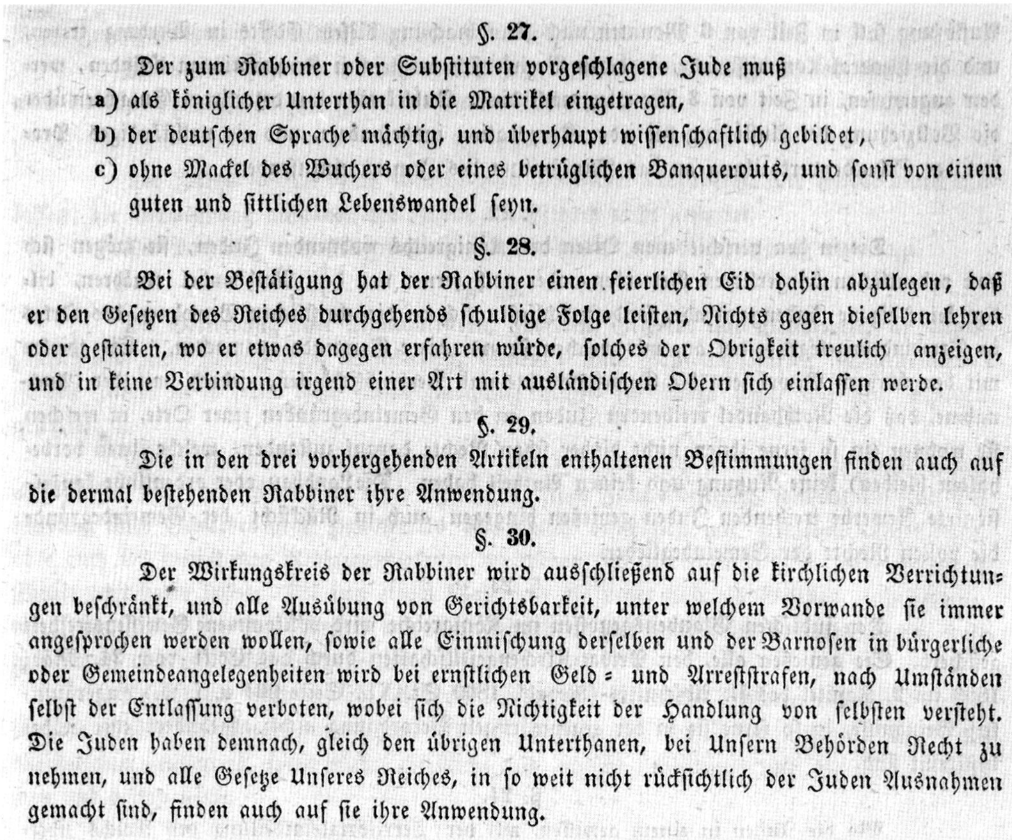

§. 27.

Der zum Rabbiner oder Substituten vorgeschlagene Jude muß

a) als königlicher Unterthan in die Matrikel eingetragen,
b) der deutschen Sprache mächtig, und überhaupt wissenschaftlich gebildet,
c) ohne Mackel des Wuchers oder eines betrüglichen Banquerouts, und sonst von einem guten und sittlichen Lebenswandel seyn.

§. 28.

Bei der Bestätigung hat der Rabbiner einen feierlichen Eid dahin abzulegen, daß er den Gesetzen des Reiches durchgehends schuldige Folge leisten, Nichts gegen dieselben lehren oder gestatten, wo er etwas dagegen erfahren würde, solches der Obrigkeit treulich anzeigen, und in keine Verbindung irgend einer Art mit ausländischen Obern sich einlassen werde.

§. 29.

Die in den drei vorhergehenden Artikeln enthaltenen Bestimmungen finden auch auf die dermal bestehenden Rabbiner ihre Anwendung.

§. 30.

Der Wirkungskreis der Rabbiner wird ausschließend auf die kirchlichen Verrichtungen beschränkt, und alle Ausübung von Gerichtsbarkeit, unter welchem Vorwande sie immer angesprochen werden wollen, sowie alle Einmischung derselben und der Barnosen in bürgerliche oder Gemeindeangelegenheiten wird bei ernstlichen Geld- und Arreststrafen, nach Umständen selbst der Entlassung verboten, wobei sich die Richtigkeit der Handlung von selbsten versteht. Die Juden haben demnach, gleich den übrigen Unterthanen, bei Unsern Behörden Recht zu nehmen, und alle Gesetze Unseres Reiches, in so weit nicht rücksichtlich der Juden Ausnahmen gemacht sind, finden auch auf sie ihre Anwendung.

Das Judenedikt von 1813 forderte nicht nur die feierliche Eidesleistung des Rabbiners, sondern auch dessen bedingungslose Loyalität gegenüber den staatlichen Autoritäten

meinde zu diesem Zeitpunkt bereits spürbar an Einfluß verloren hatte. Nach dieser Niederlage überließ die Orthodoxie – weitgehend resigniert – den Fortschrittlichen das Feld der Gemeindepolitik.

Dennoch war die konfliktgeladene Konfrontation nicht ausgeräumt, sondern sollte sich in den folgenden Jahren noch verschärfen. Mit der Installierung der Synagogenorgel – das Instrument erklang das erste Mal am Vorabend des Pessachfestes am 8. April 1876[49] – war gewissermaßen auch der entscheidende Impulse für eine institutionelle Trennung der Gemeinde in einen liberalen und einen orthodoxen Flügel gegegen. Für die Anhänger des alten Ritus war die gottesdienstliche Orgelbegleitung auf keinen Fall akzeptabel. In der Folgezeit wurde ihr Wunsch nach einem eigenen Betsaal mit immer größerem Nachdruck vorgetragen. Im April 1876 war es schließlich soweit: Die Kultusverwaltung stimmte einem »besonderen Gottesdienst« zu und richtete zu diesem Zweck im ersten Stock des Thannhauser'schen Saales an der Hartmannstraße 3 ein Betlokal ein.[50] Allerdings sollten noch Jahre vergehen, bis die orthodoxen Gemeindemitglieder ihren Wunsch nach einer eigenen Synagoge verwirklichen konnten. Erst im Jahre 1892 wurde in der Herzog-Rudolf-Straße ein orthodoxes Gotteshaus eingeweiht.

## 4. Die Rabbiner

### *Hessekiel Hessel, 1755 (Sulzbürg) – 1824 (München)*[53]

Hessekiel Hessel wurde im Jahr 1755 in Sulzbürg bei Neumarkt (Oberpfalz) als Samuel Hessel geboren. Wie viele bayerische Rabbiner seiner Zeit besuchte auch er die renommierte Talmudschule in Fürth. Weitere Studien absolvierte er in Frankfurt. In seinem Heimatort Sulzbürg war er 20 Jahre als Vorsänger tätig. Um die Jahrhundertwende ist er zudem für zweieinhalb Jahre als Vorsänger und Rabbiner in Uhlfeld bei Neustadt nachweisbar. Im April 1802 verpflichtete ihn die Münchner Kultusgemeinde als Vorsänger und Rabbiner. In dieser Funktion wurde Hessel vom Kgl. General-Commisariat des Isarkreises im Mai 1815 bestätigt und seine Eintragung in die Matrikel unter der Nummer 48 angeordnet: »Der bei der hierortigen Judenschaft seit dem J. 1802 als Rabbiner funktionierende Samuel Hessel, nun Hessekiel Hessel, wurde in Rücksicht seiner Qualifikation und guten Aufführung in dieser Eigenschaft allergnädigst bestättigt, und wird also nunmehr in die Matrikel eingetragen werden.«[54]

Über Hessels Wirken in München sind kaum schriftliche Zeugnisse überliefert. Als Rabbiner der Münchner Gemeinde gehörte er aber zweifellos zu den treibenden Kräften für einen Synagogenneubau. Die feierliche Grundsteinlegung in der Westenriederstraße am 26. Juni 1824 erlebte er jedoch nicht mehr. Hessekiel Hessel verstarb wenige Wochen zuvor, am 28. Mai 1824, in München. Er wurde auf dem Israelitischen Friedhof an der Thalkirchner Straße bestattet.

Grabstein von Hessekiel Hessel auf dem Alten Israelitischen Friedhof an der Thalkirchner Straße

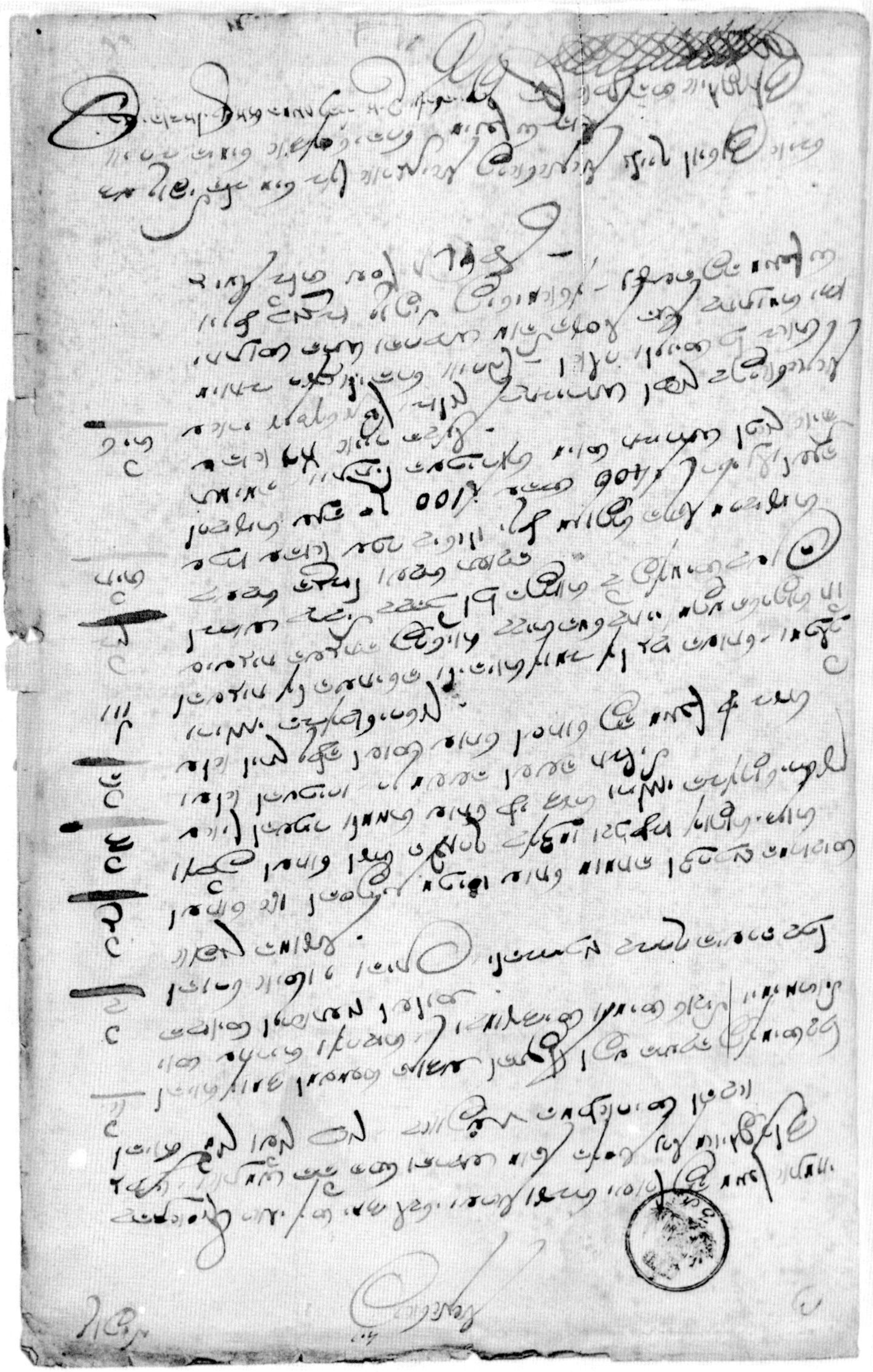

Bestätigung von Löb Isaac Wertheimer und Abraham Uhlfelder über die Beschäftigung von Hessekiel Hessel als Rabbiner der Münchner Gemeinde, April 180?, hebräisch

## *Hirsch Aub, 1796 (Baiersdorf) – 1875 (Nürnberg)*[51]

Hirsch Aub wurde am 10. Januar 1796 im mittelfränkischen Baiersdorf als Sohn des Rabbiners Joseph Aub geboren. Nach dem Studium an der Talmudhochschule in Prag und an der Universität München (1826/27) legte Aub die Rabbinerprüfung vor der Kreisregierung von Oberfranken ab. Unter 14 Bewerbern setzte er sich in München als Nachfolger des verstorbenen Hessekiel Hessel durch. Am 29. Dezember 1825 schloß die Israelitische Cultusgemeinde mit Aub einen Dienstvertrag, der – neben freier Wohnung im Gemeindehaus – eine feste Besoldung von 600 Gulden, eine jährliche Gratifikation von 200 Gulden und sonstige Einnahmen von durchschnittlich 200 Gulden p. A. beinhaltete. Anfang 1826 nahm Aub seine Tätigkeit als Rabbiner in München auf. Eine seiner ersten Amtshandlungen war die feierliche Eröffnung der neu erbauten Synagoge an der Westenriederstraße.

Annähernd 45 Jahre stand Aub im Dienst der Münchner Gemeinde. Nach dem Urteil von Hendrikje Kilian nahm er in den teilweise sehr heftig geführten Auseinandersetzungen um die Reformbestrebungen innerhalb des Judentums »eine vermittelnde Position ein. Von seinen Zeitgenossen als ›gemäßigt fortschrittlich‹ charakterisiert, behielt er weitgehend die alte Gottesdienstform bei, unterstützte jedoch einige Neuerungen«.[52] Die rege Beteiligung Aubs am Gemeindeleben

Grabstein von Hirsch Aub auf dem Alten Israelitischen Friedhof an der Thalkirchner Straße

Rabbiner Hirsch Aub, undatiert

trug in der Gründung des Synagogenchors, der Gründung eines »Lesevereins«, eines »Israelitischen Aussteuervereins«, eines »Frommenvereins« und im langjährigen Vorsitz des »Unterstützungsvereins für israelitische Ackerbau- und Handwerkslehrlinge« reiche Früchte. Als ein entschiedener Vorkämpfer für die rechtliche Gleichstellung der Juden in Bayern hatte Aub zudem großen Anteil an der Aufhebung des Matrikelgesetzes im Jahr 1861.

Zu seinem 40jährigen Dienstjubiläum im Jahr 1865 wurde Aub auch von staatlicher Seite mit der Verleihung des »Ritterkreuzes I. Klasse des Verdienstordens vom Heiligen Michael« eine hohe Ehre zuteil. Aus Altersgründen suchte Aub Ende 1870 bei der Gemeindeverwaltung um die Versetzung in den Ruhestand nach. Am 2. Juni 1875 verstarb er in Nürnberg.

## *Max Emanuel Lilienthal, 1814 (München) – 1882 (Cincinnati)*[55]

Max Emanuel Lilienthal wurde am 6. November 1815 als zweiter Sohn des Kaufmanns Löb Seligmann Lilienthal geboren. Im August 1838 wurde er an der Universität München mit einer Arbeit »Über den Ursprung der jüdisch-alexandrinischen Religionsphilosophie« (die er dem Münchner Rabbiner Hirsch Aub »als Zeichen inniger Verehrung und Hochachtung« widmete) in jüdischer Theologie promoviert. Seine Ausbildung zum Rabbiner erhielt er unter Moses Wittelsbacher und Wolf Hamburger in Fürth.

Auf Empfehlung von Ludwig Philippson, dem Herausgeber der Allgemeinen Zeitung des Judenthums, wurde Lilienthal Ende des Jahres 1839 zum Leiter einer neu errichteten, nach modernen Gesichtspunkten geführten Knabenschule der Jüdischen Gemeinde in Riga ernannt. Schnell vermochte sich Lilienthal Respekt und Anerkennung zu verschaffen. Aus einer Bekanntschaft mit dem russischen Unterrichtsminister Uvarov ergab sich 1840 ein Ruf nach St. Petersburg, wo Lilienthal im Rahmen der von der Regierung geplanten allgemeinen Reform des jüdischen Schulwesens die Funktion eines Beraters und sachverständigen Vermittlers zwischen Regierung und jüdischen Interessenvertretern übernehmen sollte. Lilienthals Reformbemühungen als Referent für jüdische Angelegenheiten im Ministerium für Volksaufklärung in St. Petersburg stießen jedoch auf den Widerstand der jüdischen Orthodoxie und blieben letztlich erfolglos. 1845 verließ er enttäuscht Rußland und kehrte nach München zurück.

Am 15. Mai 1845 stellte sein Vater, der in München ansässige Negotiant Löb Seligmann Lilienthal, vor dem Münchner

Max Lilienthal, 1851

Stadtmagistrat einen Antrag auf Ansässigmachung und Verehelichung seines Sohnes. Im Juli 1845 wurde Max Emanuel Lilienthal sowohl die Erlaubnis zur Ansässigmachung über die Matrikelzahl wie auch zur Verehelichung erteilt. Die Ehe mit Babette Nettre (geb. am 19. Februar 1821 in Würzburg) wurde noch im selben Jahr in München geschlossen.

Daß Lilienthal während seiner Zeit in München als Rabbiner für die Münchner Gemeinde tätig wurde, ist sehr wahrscheinlich, denn er veröffentlichte schon 1839 eine Sammlung mit »Predigten für Sabbathe und Festtage«, die er als Rabbinatskandidat offenbar in München gehalten hat. Vermutlich noch im Jahr 1845 wanderte das Ehepaar Lilienthal in die Vereinigten Staaten aus.[56] Zunächst in New York (wo er als Rabbiner tätig war) und später in Cincinnati profilierte sich Lilienthal als einer der wichtigsten Protagonisten der jüdischen Reformbewegung. 1847 gründete er in New York den ersten amerikanischen Rabbinerverband »Bet Din«; 1850 rief er die »Hebrew Union School« ins Leben. Auch nach seiner Übersiedlung nach Cincinnati, wo er 1855 das Rabbinat übernahm, blieb Lilienthal aktiv. 1875 war er einer der Mitbegründer des »Hebrew Union College«, an dem er Geschichte und Literatur lehrte. Neben Isaac Mayer Wise und David Einhorn gilt Lilienthal »dank seiner von Aufklärung und Liberalismus geprägten Geisteshaltung, seiner Überzeugungskraft und Beredsamkeit« als der »bedeutendste Repräsentant des amerikanischen Reformjudentums«. In Cincinnati verstarb er am 5. April 1882.

### *Joseph Perles, 1835 (Baja/Ungarn) – 1894 (München)57*

Joseph Perles stammt aus einer alten Rabbinerfamilie. Er wurde am 25. November 1835 im ungarischen Baja als Sohn des Rabbinatsverwesers Baruch Ascher Perles geboren. Nach ersten theologischen Studien bei seinem Vater und dem Besuch des Gymnasiums in Baja wechselte Perles 1855 nach Breslau, um an der dortigen Universität das neu gegründete Jüdisch-Theologische Seminar zu besuchen. Im Jahr 1859 wurde er mit einer Studie zum jüdischen Ursprung der ältesten syrischen Bibelübersetzung (»Meletemata Peschitthoniana«) zum Dr. phil. promoviert. Wenig später – im April 1862 – erhielt er als einer der ersten Absolventen der noch jungen Lehranstalt in Breslau das Rabbinerdiplom.

Die erste berufliche Station als Rabbiner war die israelitische Brüdergemeinde Posen, wo er bis zum Jahr 1871 – seiner Berufung als Oberrabbiner nach München – wirkte. Für das Münchner Rabbinat hatte

Joseph Perles, 1894

**PROGRAMM** N: 16.

der am

Donnerstag, den 25. Mai 1871

Abends 6 Uhr

in der

Synagoge zu München

stattfindenden

**Installirung des Rabbiners**

Herrn Dr. Perles.

Druck von Koch & Hilf, Theatinerstrasse 10.

Programm zur Amtseinführung von Rabbiner Joseph Perles am 25. Mai 1871

Perles einen Ruf als Nachfolger Abraham Geigers – eines der bedeutendsten Vertreter des deutschen Reformjudentums – in Berlin und eine Dozentur an der neu gegründeten Landesrabbinerschule in Budapest ausgeschlagen. Schon in Breslau und Posen hatte sich Perles durch eine Reihe von weithin beachteten Veröffentlichungen einen Ruf als exzellenter Kenner der jüdischen Philologie erworben. In München mit seiner reichhaltig ausgestatteten Hofbibliothek eröffneten sich dem leidenschaftlichen Forscher und Archäologen neue Möglichkeiten zum Studium alter hebräischer Handschriften, zur rabbinischen Sprach- und Altertumskunde und zur hebräisch-aramäischen Lexigraphie. Von großer Bedeutung war insbesondere Perles' erstmalige Entdeckung der lateinischen Übersetzung des verschollen geglaubten Hauptwerks von Maimonides, dem »More Newuchim« (Führer der Unschlüssigen) in einer Münchner Handschrift. Perles bleibendes Verdienst war »Erkanntes wiederzuerkennen, Vergessenes zu beleben, verwehte und verblichene Spuren zu deuten und zum Sprechen zu bringen und die Sprachdenkmäler der verschiedenen Völker und Epochen, die (...) im Boden des jüdischen Schrifttums zurückgeblieben sind, ans Licht zu ziehen und in ihrem wahren Sinn zu erschließen«, wie David Kaufmann in einem Nachruf auf den verstorbenen Gelehrten bemerkte.[58]

Das Münchner Rabbinat von Joseph Perles war vor allem geprägt durch das rasche Wachstum der hiesigen Gemeinde und die damit verbundenen Veränderungen und Herausforderungen sozialer und religiöser Natur. Perles, obgleich kein Verfechter weitreichender Refor-

Israelitische Cultusgemeinde in München.

TRAUER-ANZEIGE.

Wir widmen hiemit den Gemeindemitgliedern die betrübende Kunde von dem heute Morgen 7 Uhr erfolgten Ableben des treubesorgten geistlichen Führers der Gemeinde,

Seiner Ehrwürden des Herrn Rabbiners

Dr. JOSEF PERLES

und knüpfen hieran die Mittheilung, dass am **Dienstag den 6. März Vormittags 11 Uhr** in der **Synagoge** eine **Gedächtniss-Feier** und **am gleichen Tage Nachmittags 3 Uhr** im Friedhofe die **Beerdigung** stattfinden wird.

**München,** den 4. März 1894.

Die Verwaltung.

Traueranzeige der Israelitischen Kultusgemeinde zum Tod von Joseph Perles

men, vermochte aufgrund seiner großen Autorität und seiner weithin respektierten Persönlichkeit zwischen den widerstreitenden religiösen Richtungen ausgleichend und vermittelnd zu wirken. Tief verwurzelt in jüdischem Denken und jüdischer Tradition galt Perles seinen Zeitgenossen doch auch als »Muster eines modernen Rabbiners«.[59] Wichtigstes Ereignis seines mehr als zwanzigjährigen Wirkens in München war der Bau der neuen Hauptsynagoge an der Herzog-Max-Straße, der drittgrößten Synagoge ihrer Zeit in Deutschland.

Joseph Perles verstarb am 4. März 1894 in München nach längerer Krankheit.

### *Rosalie Perles, 1839 (Breslau) – 1932 (Königsberg)*[60]

Über die Frauen an der Seite der Münchner Rabbiner und Kantoren im 19. Jahrhundert legen die Quellen nur ein sehr dürftiges historisches Zeugnis ab. Wir wissen fast nichts über den Lebensweg und das Schicksal jener Frauen, die zwar als »Biederweiber« (Emanuel Kirschner) und »Priesterin des Hauses« in den Rabbiner- und Kantorenhaushalten für das familiäre Wohlergehen sorgten, freilich öffentlich – wenn überhaupt – nur selten und lediglich in ganz bestimmten gesellschaftlichen Segmenten in Erscheinung traten. Das Frauenbild im deutschen Judentum des 19. Jahrhunderts beruhte nach wie vor auf einem traditionellen Rollenverständnis. Außerhalb des familiären Rahmens bestanden weibliche

Rosalie Perles (undatiert)

Betätigungsfelder vor allem im Wohltätigkeits- und Fürsorgewesen. Die bürgerliche Emanzipationsbewegung, die seit der Mitte des Jahrhunderts nachdrücklich eine stärkere politische und wirtschaftliche Gleichberechtigung der Frau einforderte, fand in der jüdischen Lebenswelt nur eine begrenzte Resonanz. Erst relativ spät, mit der Gründung des »Jüdischen Frauenbundes« im Jahr 1904, entstand in Deutschland ein starke Organisation, die das gestiegene Selbstbewußtsein der jüdischen Frauen auch wirkungsvoll nach außen dokumentierte.

Eine der wenigen Münchner Rabbinerfrauen, die durch eigene literarische Arbeit auf sich aufmerksam machte, war Rosalie Perles. Am 1. Dezember 1839 als Tochter des hochgebildeten Breslauer Kaufmanns Simon Baruch Schefftel geboren, heiratete Rosalie am 2. Juni 1863 den späteren Münchner Rabbiner Joseph Perles, der mit seinen Forschungen zur rabbinischen Sprach- und Altertumskunde zu einem der bedeutendsten Gelehrten seiner Zeit zählte. Neben ihrem sozialen Engagement in der Führung des Münchner Frauenvereins und als Gründerin des »Vereines zur Bekleidung armer israelitischer Schulkinder« widmete sich Rosalie Perles auch publizistisch-literarischen Interessen. Sie verfaßte kulturhistorische Skizzen im »Jahrbuch für jüdische Geschichte und Literatur« und veröffentlicht eine Sammlung mit Predigten ihres 1894 verstorbenen Mannes. Durch ihre Übersetzungen machte sie zudem Werke der englischen Literatur einem deutschen Leserkreis zugänglich, darunter Bücher von Travers H. Herford und George Moore.

Ihre letzten Lebensjahre verbrachte Rosalie Perles in Königsberg, wo ihr Sohn Felix Perles als Rabbiner wirkte. Sie verstarb im März 1932. *A.H.*

## Anmerkungen

[1] Vgl. dazu vor allem KILIAN 1989. – SCHWARZ 1980. – TREML 1988.

[2] So der enthusiastische Kommentar zu Max IV. Joseph in: Allgemeine Deutsche Biographie, Bd. 21, Leipzig 1885, S. 32.

[3] Kurfürstliches Rescript vom 26.1.1801, abgedruckt in DÖLLINGER 1835-1839, Bd. 6, S. XI.

[4] So auch der Titel eines Gutachtens, das von Johann Christoph Freiherr von Aretin im Jahr 1802 für die bayerische Regierung verfaßt wurde (BayHStA F 2810 Nr. 1281); gedruckt als ARETIN 1803.

[5] StaatsAM RA Fasz. 2092 Nr. 33891, Kurfürstliche Entschließung vom 17.7.1805.

[6] COHEN 1930, S. 270.

[7] CAHNMANN 1937, S. 187.

[8] Abgedruckt in DÖLLINGER, Bd. 6.

[9] So ECKSTEIN 1926, S. 37f.

[10] KILIAN 1989, S. 20 u. 39ff.

[11] KILIAN 1989, S. 43 u. 229, Anm. 42.

[12] Vgl. StadtAM Stadtchronik vom 16.11.1861, S. 114.

[13] Vgl. M. Weinberg, Episoden aus der Geschichte der Juden in Bayern, in: Bayerische Israelitische Gemeindezeitung Nr. 1 vom 1.1.1926.

[14] § 28 des Edikts vom 10. 6.1813, in: Döllinger, S. 6.

[15] § 24 des Edikts vom 10. 6.1813, in: Döllinger, S. 5.

[16] KILIAN 1989, S. 12.

[17] Ebenda, S. 2.

[18] Vgl. dazu und zum folgenden ausführlich KILIAN 1989, S. 105 ff. – SCHÖPFLICH 1926 (BIGZ), S. 222. – Zur Deutung der Bezeichnung »Israelitische Kultusgemeinde« vgl. Krochmalnik 1995, S. 25f.

[19] StadtAM Kultusstiftungen 1148, Schreiben der Administration des jüdischen Cultus an den Stadtmagistrat vom 7.1.1819.

[20] StaatsAM, RA Fasz. 2091 Nr. 33888, Mitteilung der Polizeidirektion München vom 17.2.1815.

[21] Vgl. HAMMER-SCHENK 1988, S. 173. – Bei dem Theater handelte es sich um das 1811/12 erbaute Königliche Hoftheater.

[22] Beim Stadtmagistrat (12 Mitglieder) handelte es sich um ein Verwaltungsorgan, das vom Kollegium der Gemeindebevollmächtigten (36 Mitglieder) gewählt wurde. Dieses wurde von der Bürgerschaft gewählt und hatte die Funktion eines Beratungsorgans. Die Gemeindebevollmächtigten mußten dem höchstbesteuerten Drittel der Bürgerschaft angehören.

[23] Die Straßenumbenennung nach dem Münchner Geschichtsschreiber Lorenz von Westenrieder erfolgte im Jahr 1848. Die Deutung von RAUCH 1994, S. 12, wonach die Auseinandersetzungen auf das Konfliktmuster Orthodoxie vs. liberale Richtung zurückzuführen sind, erscheint insofern zweifelhaft, als auch Israel Hirsch Pappenheimer Neuerungen gegenüber durchaus aufgeschlossen war und nur schwerlich einer streng orthodoxen Observanz zugerechnet werden kann. Dies zeigt ein von ihm angeregtes und finanziertes Gebetbuch mit deutscher Übersetzung und nicht zuletzt auch die unter seiner Ägide erarbeitete reformorientierte Synagogenordnung von 1826 (ähnlich wie RAUCH auch HAMMER-SCHENK 1988, S. 52f.).

[24] KIRSCHNER 1926.

[25] Häuserbuch der Stadt München, Bd. IV, S. 558.

[26] BAERWALD 1982, S. 24.

[27] StadtAM Kultusstiftungen 1148, Schreiben von Eduard Marx an den Stadtmagistrat vom 15.3.1824.

[28] Ebenda.

[29] StadtAM Kultusstiftungen 1148, Schreiben der Gemeindebevollmächtigen an den Stadtmagistrat vom 2.4.1824.

[30] Zu Baubeschreibung und architektonischen Besonderheiten der Synagoge vgl. vor allem MÉTIVIER 1826 sowie HAMMER-SCHENK 1988, S. 174ff. – DISCHINGER 1980, S. 112-114. – RAUCH 1994, S. 11ff. – HERMANN 1999, S. 20ff.

[31] HAMMER-SCHENK 1988, S. 175. – vgl. auch HAMMER-SCHENKs grundlegende Studie von 1981.

[32] Schon Max I. Joseph hatte durch die Stiftung von vier Säulen für den Innenraum sein Wohlwollen für die Münchner Gemeinde zum Ausdruck gebracht.

[33] StadtAM Stadtchronik vom 26.9.1858, 19.12.1858 u. 12.10.1858.

[34] So SELIG 1988, S. 57.

[35] So Julius H. Schoeps, Zur Geschichte des deutsch-jüdischen Verhältnisses, in: SCHOEPS (Hrsg.) 1998, S. 202.

[36] BAERWALD/FEUCHTWANGER (Hrsg.) 1937, S. 43f.

[37] StadtAM HV, Vereins-Bibliothek 31999.

[38] ORTAG 1995, S. 43.

[39] KIRSCHNER 1926.

[40] Bittschrift Pappenheimers vom 12.4.1826, zit. nach KILIAN 1989, S. 275, Anm. 12.

[41] BAERWALD/FEUCHTWANGER (Hrsg.) 1937, S. 21f.; vgl. dazu StadtAM, Kultusstiftungen 1149, Statuten der Israelitischen Kultusgemeinde München vom 28. März 1834.

[42] Dazu ausführlich KILIAN 1989, S. 123ff.

[43] StaatsAM RA Fasz. 2090 Nr. 33874, Eingabe von Gemeindemitgliedern an König Ludwig I. vom 16.5.1832, zit. nach KILIAN 1989, S. 276, Anm. 16.

[44] BAERWALD/FEUCHTWANGER (Hrsg.) 1937, S. 64.

[45] Joseph Perles, Vorwort zur 1. Auflage der Israelitischen Gebetordnung der israelitischen Gemeinde in München, München 31907, S. VI.

[46] Ebenda, S.VII.

[47] StadtAM Stadtchronik 1875, Bd. IV, S. 1398f., Bericht der Verwaltung der israelitischen Cultusgemeinde in München 1875.

[48] StadtAM Stadtchronik vom 1.12.1871, S. 1849f.; vgl. auch die Berichterstattung in den »Neuesten Nachrichten« vom 2. und 3.12.1871.

[49] Das Instrument – gefertigt von der Münchner Orgelbaufirma Max März und Söhne – war eine zweimanualige Orgel mit 16 Registern. Das Pfeifenmaterial der Orgel fand beim Orgelbau für die neue Synagoge an der Herzog-Max-Straße wieder Verwendung; vgl. JOCHER 1995, S. 211-211. – Dieser gibt als Tag der Einweihung den 9.4.1876 an.

[50] StadtAM Stadtchronik vom 5.4.1876, S. 349.

[51] Nach KILIAN 1988, S. 109 f.. – Encyclopaedia Judaica, Berlin 1934, Bd. 3, Sp. 647. – The Jewish Encyclopaedia, New York, Vol. 2, S. 296.

[52] KILIAN 1989, S. 378.

[53] Nach KILIAN 1989, S. 383 f. – StadtAM EBA 1813/88.

[54] StadtAM, EBA 1813/88, Mitteilung vom 10.6.1815 an die »Verwaltung des Kultus der Judenschaft in München«.

[55] Nach Franz Menges: Max Lilienthal. In: Neue Deutsche Biographie (NDB), Bd. 14, Berlin 1985, S. 560. – Deutsche Biographische Enzyklopädie (DBE), Bd. 6, München 1997, S. 396. – Jüdisches Lexikon, Bd. III, Sp. 1115 f. – Encyclopaedia Judaica, Berlin 1934, Bd. 10, Sp. 969ff. – Encyclopaedia Judaica, Jerusalem 1972, Vol. 11, Sp. 243ff. – The Jewish Encyclopaedia, New York, Vol. 8, S. 86f. – WININGER 1925-1936, Bd. 4, S. 118f. – GINSBURG 1939. – StadtAM, EBA 1831/509. – StadtAM, PMB (L 146) – StadtAM, Polizeidirektion München 512, 513
Unserer besonderer Dank gilt Herrn Tobias Grill, der uns wichtige Quellen zu Max Lilienthal zugänglich gemacht hat.

[56] Das Emigrantenverzeichnis bei BLENDINGER 1964, S. 464ff., führt Lilienthal schon nicht mehr auf.

[57] Nach Adolf Brüll: Joseph Perles. In: Allgemeine Deutsche Biographie, Bd. 53 (Nachträge bis 1899), Leipzig 1907, S. 10f. – Encyclopaedia Judaica, Jerusalem 1972, Vol. 13, Sp. 293f. – The Jewish Encyclopaedia, New York, Vol. 9, S. 642 – WININGER 1925-1936, Bd. 5, S. 7f. – D. Kaufmann: Nachruf auf Joseph Perles. In: Münchener Allgemeine Zeitung vom 17.3.1894. – Felix Perles: Zum 25. Todestage von Joseph Perles, Sonderabdruck aus der »Allgemeinen Zeitung des Judentums«, 83. Jg. (1919), Nr. 9-11. – StadtAM, EBA 1877/83.

[58] In: Münchner Allgemeine Zeitung, Nr. 64 vom 17.3.1894.

[59] So BACHER 1895.

[60] Nach Pnina Navè-Levinson, Die Frau im Judentum, in: SCHOEPS (Hrsg.) 1998, S. 266ff. – Marion Müller: Frauenbewegung. In: Ebenda, S. 265f. – Encyclopaedia Judaica, Jerusalem 1972, Vol. 13, Sp. 294. – The Jewish Encyclopaedia, New York, Vol. 9, S. 643. – WININGER 1925-1936, Bd. 5, S. 7. – Emanuel Kirschner, Rosalie Perles zu ihrem neunzigsten Geburtstag, in: Bayerische Israelitische Gemeindezeitung, Nr. 24 (1929), S. 400f.

# Die Synagoge an der Herzog-Max-Straße

## 1. Eine »Zweite Synagoge« für München?

Ende der 1860er Jahre war die jüdische Gemeinde Münchens so stark gewachsen, daß die Errichtung einer »zweiten Synagoge« als ein dringendes Bedürfnis erkannt und immer häufiger in den Gemeindegremien diskutiert wurde. Die Münchner Bevölkerungsstatistik zählte 1868 immerhin 2.068 jüdische Bewohner und ein anhaltendes Wachstum der Gemeinde war abzusehen.[1] Ein ganz wesentliches Moment für diese starke Entfaltung der Münchner Gemeinde in der zweiten Hälfte des 19. Jahrhunderts waren die seit der Aufhebung des Matrikelzwangs (1861) erleichterten Zuzugsmöglichkeiten. Besonders aus den bayerischen Landgemeinden Schwabens und Frankens suchten viele Juden jetzt ihr Glück in den Städten, wo sie sich bessere Arbeits- und Lebensmöglichkeiten erhofften. In einem zeitgenössischen Bericht lesen wir dazu: »Die in Bayern seit den letzten Jahren gewährte Freizügigkeit hatte zur Folge, daß viele auf dem Land wohnhaft gewesene Israeliten in die Städte zogen, und so kommt es, daß die dort selbst mitunter vor wenig Jahren erbauten Synagogen oft leer und öde stehen. Selten wird daher jetzt auf dem Land eine neue gebaut.«[2] Anders in den Städten, wo die mitgliederstarken Kultusgemeinden mit ihren Einrichtungen rasch an Kapazitätsgrenzen stießen. So war es in München wegen der beengten Platzverhältnisse in der Synagoge an der Westenriederstraße notwendig geworden, an den hohen Feiertagen »Filialgottesdienste in gemieteten Schulräumen, dann in einem Saal an der Holzstraße, im Odeonsaal und in den Kaimsälen« zu organisieren.[3] Schon Mitte der 60er Jahre faßte der Gemeindevorstand daher den Beschluß zum Bau einer »zweiten Synagoge« im Münchner Westen. Viele der Neubürger hatten sich in diesem Teil der Stadt niedergelassen. Ihnen wollte man den weiten Weg zur Westenriederstraße künftig ersparen.

**Entwicklung der jüdischen Bewohner Münchens 1810-1925[4]**

| *Jahr* | *Juden in München* | *Gesamteinwohnerzahl* | *Anteil der jüdischen Bevölkerung in Prozent* |
|---|---|---|---|
| 1810 | 380 | 40.000 | 0,95 |
| 1818 | 479 | 55.800 | 0,85 |
| 1830 | 825 | 77.500 | 1,1 |
| 1840 | 1.423 | 80.000 | 1,7 |
| 1867 | 2.097 | 150.000 | 1,4 |
| 1880 | 4.144 | 227.400 | 1,8 |
| 1885 | 4.854 | 259.200 | 1,9 |
| 1890 | 6.108 | 331.000 | 1,8 |
| 1895 | 7.167 | 400.000 | 1,8 |
| 1900 | 8.739 | 490.000 | 1,8 |
| 1910 | 11.083 | 596.000 | 1,9 |
| 1925 | 10.068 | 680.000 | 1,5 |

Allerdings war es um die Finanzlage der Kultusgemeinde eher schlecht bestellt, so daß ein ambitioniertes Synagogenbauprojekt ohne fremde Unterstützung kaum verwirklicht werden konnte. Um den eigenen Kostenaufwand für den Neubau in einem erträglichen Rahmen zu halten, wandte sich der Gemeindevorstand am 30. Januar 1866 an den Münchner Stadtmagistrat mit der Bitte, die Stadt »wolle (...) diesem Unternehmen einen Beitrag geneigtest bewilligen«.[5] Als hilfreich wurde eine Summe von 30.000 Gulden genannt. Bereits wenige Tage später signalisierte der Stadtmagistrat seine Bereitschaft, dieses Gesuch zu unterstützen, wollte freilich über die Höhe eines möglichen Zuschusses noch keine Angaben machen.[6] Bislang hatte die Kultusgemeinde freilich noch keinen geeigneten Bauplatz gefunden und auch in der Folgezeit blieben die Bemühungen um ein passendes Grundstück erfolglos. Drei Jahre verstrichen, bis der Vorstand wieder mit der Stadt Verbindung aufnahm. Am 25. Juni 1869 bat man den Magistrat um Überlassung eines Baugrundstückes am Maximiliansplatz. Die Kultusgemeinde erklärte sich bereit, »allen billigen Anforderungen bei dem Bau sich zu fügen, soweit es die finanziellen und religiösen Verhältnisse der Gemeinde gestatten, und fügte bei, daß der beabsichtigte Neubau keine Unzierde für die Stadt werden solle«.[7] Im Stadtmagistrat wurde diesem Ansuchen - trotz des Widerstandes von Stadtbaurat Zenetti, einiger Ratsmitglieder und des Collegiums der Gemeindebevollmächtigten[8] – zunächst stattgegeben. Am 6. August 1869 revidierte der Magistrat jedoch dieses Votum und schloß sich der ablehnenden Haltung der Gemeindebevollmächtigen an. Der Kultusgemeinde wurde wie schon 1866 lediglich »ein aus der Gemeindekasse zu leistender entsprechender Zuschuß zu den Baukosten« in Aussicht gestellt.[9]

Die weiteren Planungen gestalteten sich schwierig und zogen sich in die Länge. Zwar konnte die Gemeinde um die Jahreswende 1870/71 ein Grundstück auf dem Wittelsbacherplatz an der Finkenstraße kaufen. Und schon im April 1871 wurde das auf dem Areal befindliche Gasthaus »Neusigl-Garten« (Wittelsbacherplatz 2) geschlossen und der für den Neubau erforderliche Abbruch vorbereitet. Allerdings wurde der Kultusgemeinde dann doch die erforderliche baupolizeiliche Genehmigung verweigert.[10] Nach diesem kurzen und enttäuschenden Planungsintermezzo faßte der Gemeindevorstand im Jahr 1876 den Beschluß, den Synagogenbau auf dem um Zukäufe erweiterten Areal der Synagoge an der Westenrieder- bzw. Frauenstraße zu errichten. Aber auch diese Pläne mußten verworfen werden, da die Kosten für die notwendigen Fundamentierungsarbeiten auf dem Gelände den knapp kalkulierten Bauetat der Gemeinde erheblich überfordert hätten.[11]

Erst im Jahr 1882 war die Bauplatzsuche von Erfolg gekrönt. Auf persönliche Intervention von König Ludwig II. stellte die königliche Krongutsverwaltung gegenüber der Maxburg für 348.000 Mark ein Grundstück zur Verfügung – immerhin eines der begehrtesten Baugrundstücke im innerstädtischen Bereich der Haupt- und Residenzstadt.[12] Dieser Baugrund war nicht nur wegen seiner zentralen Lage ideal. Er ermöglichte auch die Errichtung eines freistehenden repräsentativen Sakralbaus und erfüllte damit »eine Bedingung, die für die Wirkung eines Großbaus, nicht nur im ausgehenden 19. Jahrhundert, zu den wichtigsten Erfordernissen gehörte«.[13]

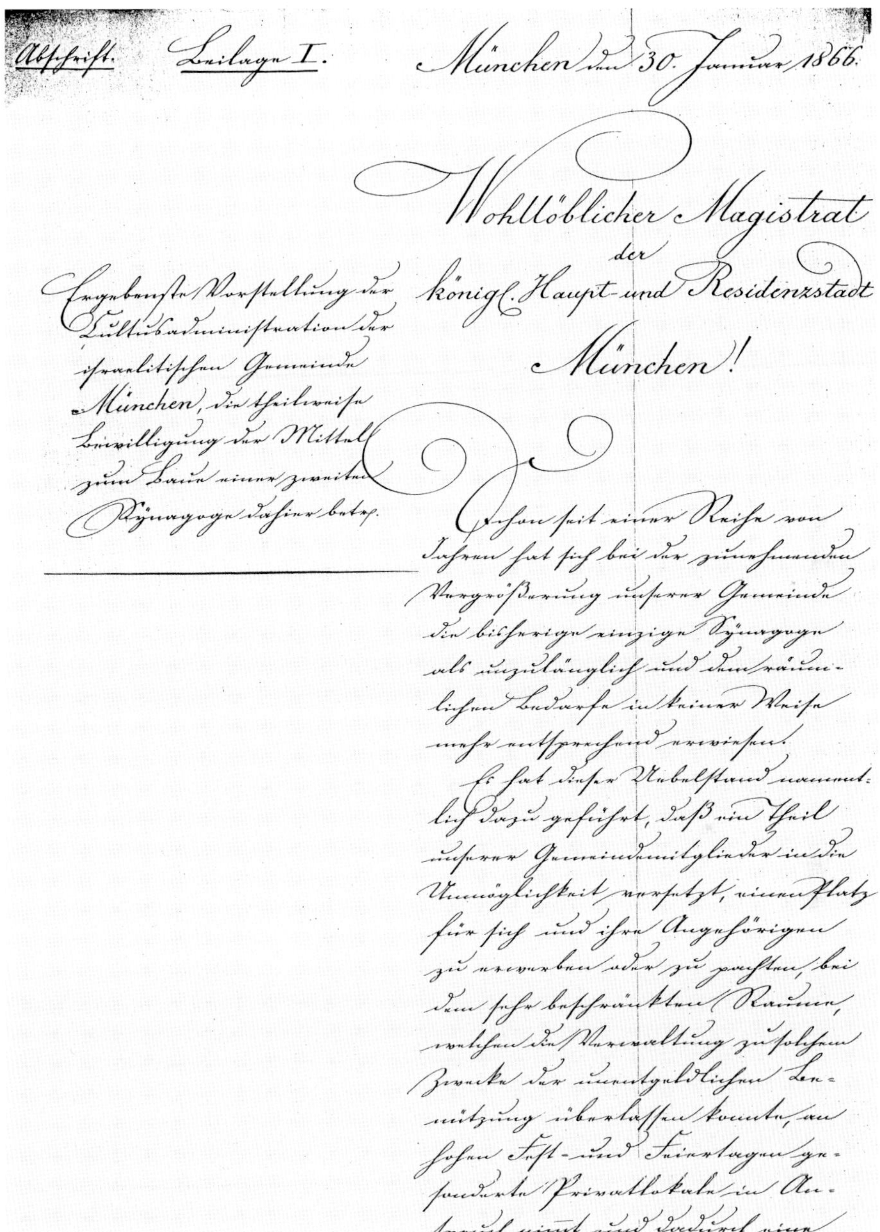

Abschrift. Beilage I. München den 30. Januar 1866.

Wohllöblicher Magistrat der königl. Haupt- und Residenzstadt München!

Ergebenste Vorstellung der Cultusadministration der israelitischen Gemeinde München, die theilweise Bewilligung der Mittel zum Bau einer zweiten Synagoge daher betr.

Schon seit einer Reihe von Jahren hat sich bei der zunehmenden Vergrößerung unserer Gemeinde die bisherige einzige Synagoge als unzulänglich und dem räumlichen Bedarfe in keiner Weise mehr entsprechend erwiesen.

Es hat dieser Uebelstand namentlich dazu geführt, daß ein Theil unserer Gemeindemitglieder in die Unmöglichkeit versetzt, einen Platz für sich und ihre Angehörigen zu erwerben oder zu pachten, bei dem sehr beschränkten Raume, welchen die Verwaltung zu solchen Zwecke der unentgeldlichen Benützung überlassen konnte, an hohen Fest- und Feiertagen gemiethete Privatlokale in Anspruch nimmt und dadurch eine Zersplitterung oder gar Trennung

Die Israelitische Cultusgemeinde erbittet vom Münchner Stadtmagistrat einen Zuschuß zum Bau einer »zweiten Synagoge« in Höhe von 30.000 Gulden, 30. Januar 1866

**München**, den 14. Mai 1882.

Auf Grund des Ihnen mit unserm Rundschreiben vom 20. Juni 1880 übermittelten Prospektes vom gleichen Tage hatten Sie die Güte, auf das von unserer Gemeinde zu emittirende **vierprozentige Synagogenbau-Anlehen von Mark 600,000** einen Betrag von

Mark:

zu zeichnen.

Wie Ihnen schon bekannt geworden sein dürfte, ist uns nun in der jüngsten Zeit die Erwerbung eines Bauplatzes gelungen, welcher wegen seiner äußerst günstigen Lage und sonstigen Beschaffenheit nach allseitigem Urtheil geeigneter erscheint, als das ursprünglich hiezu bestimmte Terrain.

**Seine Majestät unser erhabener König Ludwig II.** haben nämlich mit Allerhöchstem Signate vom 7. April 1882 Sich bewogen gefunden in Verbescheidung unseres diesbezüglichen Gesuches zu genehmigen,

„daß ein Theil des Restkomplexes der Herzog-Maxburg an die israelitische Cultusgemeinde dahier **zum Zwecke der Erbauung einer Synagoge** veräußert werden dürfe."

Die Synagogenbau-Angelegenheit geht durch diese Wendung ihrer definitiven und glücklichen Lösung entgegen und nehmen wir deßhalb Anlaß, nunmehr zur Einhebung des Synagogenbau-Anlehens – und zwar zunächst **einer Rate von 20%** – zu schreiten.

Wir richten deßhalb an Sie das Ersuchen, Sie wollen den nach Ihrer Zeichnung sich ergebenden Betrag von

Mark:

an einem der nachgenannten Tage des nächsten Monats nämlich:

**Montag, den 12. Juni,**
**Dienstag, den 13. Juni,**
**Mittwoch, den 14. Juni,**
**während der Vormittagsstunden von 9–12 Uhr,**

oder, falls es Ihnen genehm sein sollte, auch schon vor diesen Terminen in unserem Sekretariate **Westenriederstraße 8**/2 einzahlen.

**Die Verzinsung der eingezahlten Beträge beginnt mit dem 15. Juni 1882.**

Der I. Vorstand:
**Dr. Ortenau.**

Der Sekretär:
**Dr. Kohnstamm.**

Bekanntmachung der Israelitischen Kultusgemeinde München vom 14. Mai 1882 über den Erwerb eines Bauplatzes für die neue Synagoge, verbunden mit der Aufforderung an die Zeichner des Synagogenbau-Anlehens, den von ihnen gezeichneten Betrag einzuzahlen

Inzwischen war auch der Beschluß gefaßt, daß es in München keine »zweite Synagoge« geben würde. Die Kosten für die erforderlichen Sanierungsmaßnahmen an der annähernd 60 Jahre alten Synagoge in der Westenriederstraße hätten den finanziellen Rahmen der Kultusgemeinde gesprengt. Das geplante Gotteshaus an der Herzog-Max-Straße sollte daher als neue Hauptsynagoge an die Stelle der ehrwürdigen Westenriedersynagoge treten.

## 2. Bau der Synagoge an der Herzog-Max-Straße

Dank der energisch-zielbewußten Führung des aus Fürth stammenden Gemeindevorstehers Ignaz Ortenau schritten die Planungen jetzt rasch voran. Unter den eingereichten Architektenentwürfen setzten sich die Vorschläge des Münchner Architekten Albert Schmidt durch, der mit einem eindrucksvollen neuroma-

Albert Schmidt, Entwurf einer Synagoge für München (Westfassade), 1878

### Albert Schmidt (1841-1913), Architekt der Synagoge an der Herzog-Max-Straße

Albert Schmidt wurde am 16. September 1841 im thüringischen Sonneberg als Sohn eines Baumeisters geboren. Nach dem Besuch des Münchner Polytechnikums (seit 1860), wo er als Assistent von Rudolf Gottgetreu arbeitete, wirkte Schmidt zunächst als Architekturmaler. 1871 gründete er ein Architekturbüro. 1888 erfolgte seine Ernennung zum Professor. Er war Ehrenmitglied der Kgl. Bayerischen Akademie der Künste. Zu seinen wichtigsten Münch-ner Bauwerken gehören neben der Hauptsynagoge die St- Lukaskirche, die Deutsche Bank, und der Löwenbräukeller.
Albert Schmidt verstarb am 16. April 1913 in München.

nischen Langhausbau ein markantes städtebauliches Zeichen im Herzen der Stadt setzen wollte. Am 14. Februar 1884 begannen die Bauarbeiten und schon im Mai desselben Jahres konnte der Münchner Stadtchronist auf dem Areal an der Maxburgstraße eine »rege Thätigkeit« feststellen: »Die Hälfte der Grundfesten ist herausgemauert und eine Menge zugerichteter Quadersteine harrt ihrer Bestimmung.«[14] Im Sommer 1887 war die Synagoge nach annähernd dreijähriger Bauzeit fertiggestellt. Ausgestattet mit 1000 Männer- und 800 Frauenbetstühlen war sie – nach der Berliner und Breslauer Synagoge – das drittgrößte jüdische Gotteshaus ihrer Zeit in Deutschland. Kritiker würdigten den neuen Bau als »ein völlig selbständiges Werk von ausgeprägter Eigenart, ein Denkmal, nicht nur des Meisters, der es geschaffen hat, sondern auch der Zeit, in der es erstand«.[15] Und das Münchener Tagblatt notierte überschwenglich, daß das »architektonische Schmuckkästchen« München nun wieder »um eine köstliche Perle reicher geworden« sei.[16] Die ästhetische Wirkung der Westfassade der Synagoge wurde erst durch die Errichtung des Künstlerhauses (1896-1900) sichtbar beeinträchtigt.

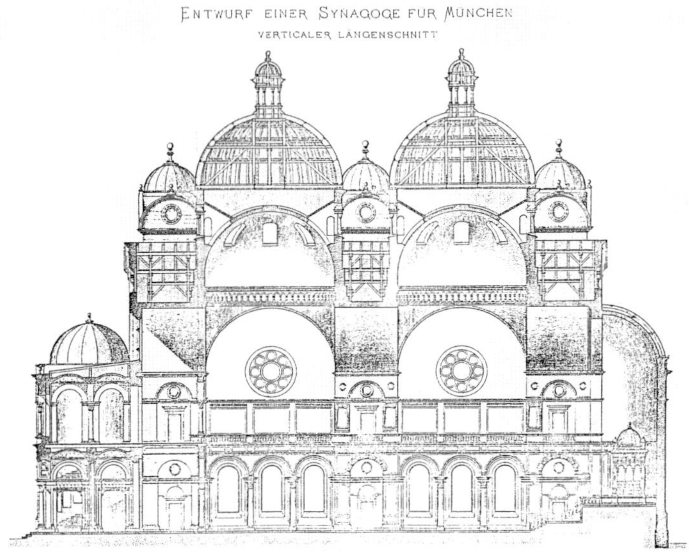

Albert Schmidt, Entwurf einer Synagoge für München (Seitenfassade), 1878

Tatsächlich war mit der neuen Synagoge ein Gebäude entstanden, das nicht nur unter den Gesichtspunkten der Baukunst und der architektonischen Gestaltung bemerkenswert ist. Das Bauwerk liest sich wie ein Symbol für das Selbstverständnis der jüdischen Gemeinde Münchens am Ende des 19. Jahrhunderts. Die Synagoge – an prominenter Stelle für jedermann weithin sichtbar – formulierte unmißverständlich einen Wandel im Verhältnis ihrer Erbauer zur nichtjüdischen Umwelt. Das imposante Bauwerk war eine stolze Demonstration der Zugehörigkeit zur Münchner Stadtgesellschaft. Die einstige Verbannung der jüdischen Gemeinde in ein äußerlich schlichtes, architektonisch unauffälliges Gotteshaus in der Vorstadt war zum Ende des Jahrhunderts weder für die Gemeinde akzeptabel noch von der nichtjüdischen Umwelt mehrheitlich so gewollt. Die ohne wirksamen jüdischen Widerspruch hingenommene Abdrängung an den Rand der katholisch dominierten städtischen Topographie in den ersten Dezennien des Jahrhunderts war in der ausgehenden zweiten Jahrhun-

Synagoge,
Ölgemäle,
nicht bezeichnet
und datiert

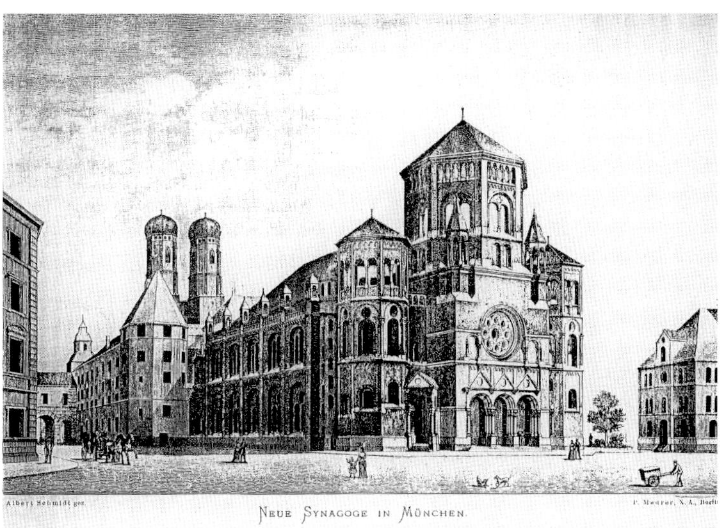


Albert Schmidt,
Außenansicht der
Synagoge, 1886

derthälfte einem selbstsicheren öffentlichen Bekenntnis gewichen. Und auch seitens der nichtjüdischen Umwelt, der staatlichen und städtischen Autoritäten wurden jüdische Religiosität und Kultur in wachsendem Umfang als zugehörige, vielleicht sogar selbstverständliche Elemente eines vielfältigen urbanen Lebens respektiert. Dieser Wandel von der Toleranz zur Akzeptanz ging freilich nicht so weit, daß der überkommene Anpassungsdruck auf die jüdische Gemeinde in den 1880er Jahren gänzlich verschwunden wäre. Auch dies zeigt der Synagogenbau an der Herzog-Max-Straße mit seiner starken gestalterischen Orientierung an christlichen Sakralbauten und dem weitgehenden Verzicht auf eine eigenständige architektonische Formensprache. So ist die neue Hauptsynagoge zwar ein markanter Ausdruck für das gewachsene Selbstbewußtsein der jüdischen Gemeinde. Andererseits werden hier auch die andauernden integrativen Bemühungen der Münchner Juden augenscheinlich.

Noch vor der offiziellen feierlichen Einweihung besichtigte am 6. Juli 1887 der Prinzregent die Synagoge, der seiner »Anerkennung über die Großartigkeit des Bauwerkes rückhaltlosen Ausdruck« gab.[17] Wenige Tage später wurde das Haus auch für die Münchner Bürger geöffnet, die gegen ein geringes Eintrittsgeld die Synagoge besichtigen konnten. Am 21. Juli 1887 wurde schließlich die Orgel – zum Teil aus Elementen der Orgel aus der Westenriederstraße gefertigt – einem ausgewählten Personenkreis präsentiert.

Am 10. September 1887 nahm die jüdische Gemeinde mit einem Gottesdienst Abschied von der Synagoge in der Westenriederstraße, die ihr mehr als sechs

### Rabbiner Leo Baerwald über die Synagoge an der Herzog-Max-Straße

»Kennzeichnend für den jetzt ausgeführten Bau ist folgendes: Besonders markant und in die Augen springend ist der Turm, der an der westlichen Front über der Vorhalle des Männerraumes und einem Teile der Frauen-Empore errichtet ist. Den Hauptteil der Synagoge bildet der dreischiffige, in 5 Joche gegliederte Hallenbau, der bei einer Länge von 50 m rund 30 m Breite hat. Das Mittelschiff hat eine Höhe von 18 m, die Seitenschiffe von 15 m. Die Seitenschiffe sind durch eine Empore geteilt, deren Boden ca. 71/2 m über dem Erdgeschoß liegt. In diesen Emporen befindet sich die größte Zahl der Frauensitze. Der quadratische, oben achteckig geformte Turm enthält eine weitere Frauen-Empore, die chorartige Apside im Osten umschließt die heilige Lade, Rabbiner- und Kantorenzimmer, darüber die Sänger- und Orgel-Empore. Je 2 Nebentürmchen an Ost- und Westseite, die den Bau reizvoll beleben, enthalten Aufgänge zu den Emporen.
(...)
Die edle Wirkung des Raumes wird gesteigert durch die aus gediegenem Material hergestellte Einrichtung. Die aus verschiedenartigem Marmor gebildeten Säulen, Stufen und Umkleidungen, die reichen Metallbeschläge der Türen, die bronzenen Leuchter betonen eindrucksvoll die Ostwand mit heiliger Lade, Estrade und Kanzel. Sie sind von wohltuender Harmonie in Farbe und Proportionen und wirken, ohne überladen zu sein, prächtig, da die Synagoge sonst große Schlichtheit aufweist und in den übrigen Ausstattungsstücken, den Vorhängen, dem Eichengestühl, den Ehrentafeln und Opferstöcken nur edle Formen und gediegenes Material sprechen läßt.«

Roman Feldmeyer (1895-1950) - Synagoge, 1936

Jahrzehnte als Gotteshaus gedient hatte. Obwohl der innige Wunsch nach einer großen, der Entwicklung und Bedeutung der Kultusgemeinde Rechnung tragenden Synagoge an der Herzog-Max-Straße endlich in Erfüllung gegangen war, vollzog sich die Trennung von dem alten Gotteshaus wohl für die meisten Gläubigen in einer zwiespältigen Atmosphäre aus Freude und Zuversicht, aber auch Wehmut und Trauer, wie Rabbiner Joseph Perles in seiner Abschiedspredigt freimütig bekannte: »Wehmüthig-freudige Gefühle bekämpfen sich in unserer aller Herzen. Wir stehen gehobenen Sinnes vor der Erfüllung eines seit Jahrzehnten gehegten Wunsches, vor der Erreichung eines lange verfolgen Zieles, vor der Einweihung einer den Bedürfnissen unserer Gemeinde entsprechenden großen, herrlichen Synagoge und wir können uns bei dem Abschiede von dieser alten Synagoge, dem bisherigen Mittelpunkt unseres Gemeindelebens, eines Gefühles der Rührung, der Ergriffenheit und lasset mich noch hinzufügen, eines Gefühles der tiefsten Dankbarkeit nicht erwehren.«[18]

Wenige Tage später, am 16. September 1887, erfolgte die feierliche Einweihung des neuen Gotteshauses. Die Zeremonie war für die Haupt- und Residenzstadt ein ganz außerordentliches Ereignis, an dem nicht nur die Angehörigen der Kultusge-

Alexander Liebmann -
Synagoge, 1925

# Einladung

zur Besichtigung

der **Neuen Synagoge**

am Freitag den 8. Juli 1887
Samstag „ 9. „
Sonntag „ 10. „

von Morgens 7—12 Uhr und
Nachmittags 1—7 Uhr.

**Albert Schmidt,**
Architekt.

Nach Vereinbarung mit Herrn
Bürgermeister Dr. v. Widenmayer
findet die Besichtigung durch die Mitglieder
bei der Collegien morgen Freitag Nachm. ½ 3 Uhr statt.
Zusammenkunft bei der Synagoge.

Einladungskarte
zur Besichtigung der
Neuen Synagoge,
Juli 1887

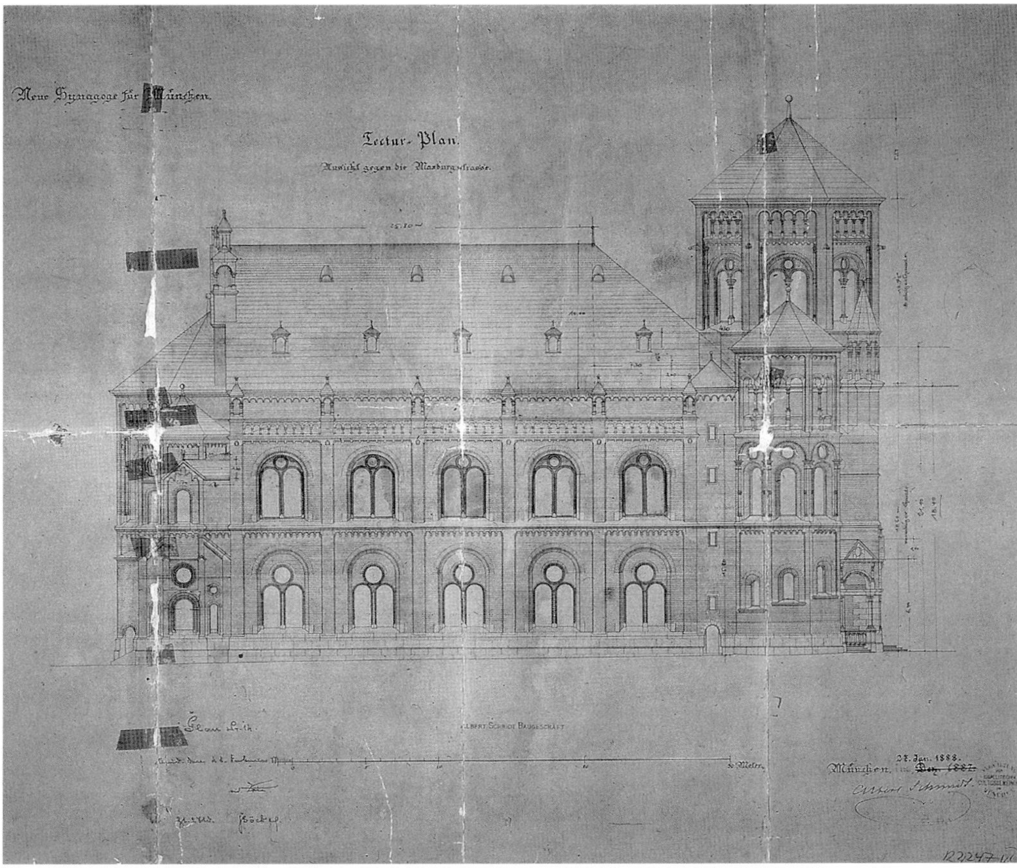


Synagoge an der Herzog-Max-Straße, seitliche Außenansicht

Synagoge an der Herzog-Max-Straße – Blick von der Frauenempore, 1889

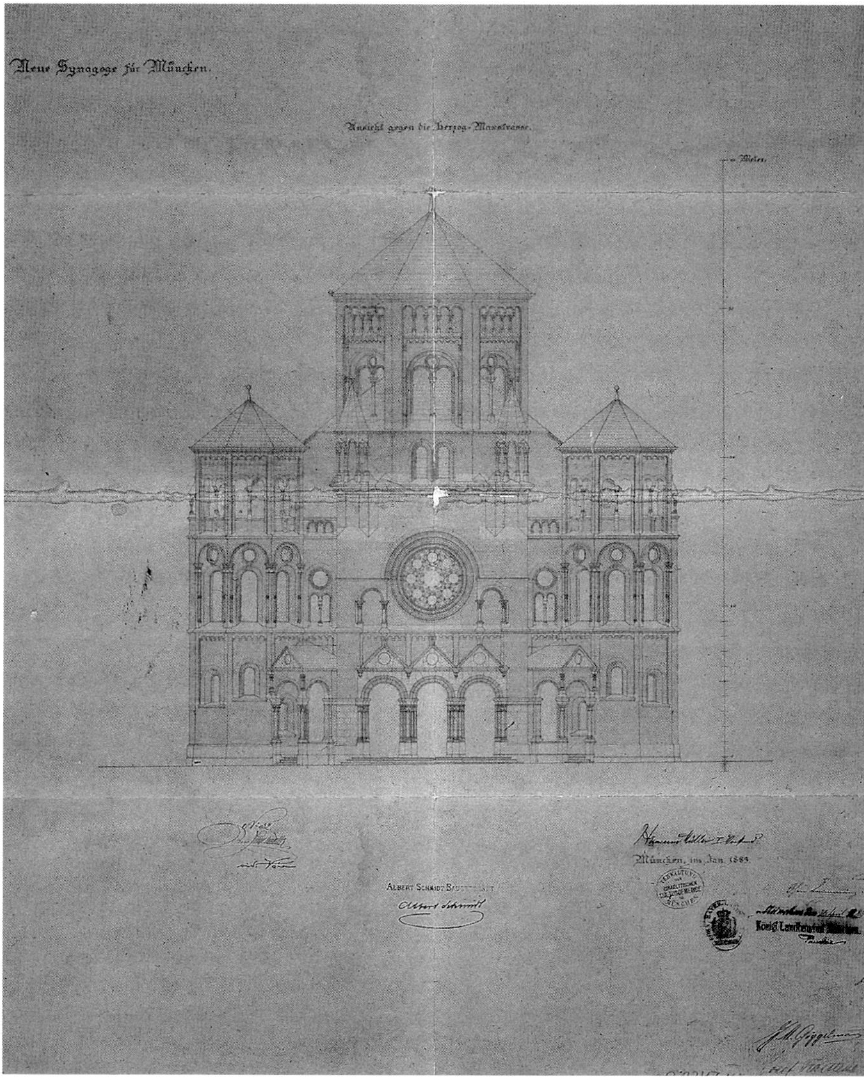


Synagoge an der Herzog-Max-Straße, Außenansicht – Vorderseite

meinde großen Anteil nahmen, sondern das auch in der Münchner Öffentlichkeit, insbesondere aber bei den offiziellen Repräsentanten von Staat und Stadt auf starkes Interesse stieß. Schon in den frühen Morgenstunden waren im Rahmen eines letzten Gottesdienstes die Thora-Rollen aus der alten in die neue Synagoge überführt worden. Danach wurde an dem neuen Gebäude der Schlußstein gelegt. Dieser enthielt eine Kapsel mit einer Urkunde über den feierlichen Akt sowie sämtliche Tageszeitungen und im Umlauf befindlichen Münzen.[19] Der eigentliche Festakt erfolgte am Abend. Unter den zahlreichen Anwesenden war auch der Münchner Stadtchronist Ernst von Destouches, der sehr detailliert über die Feierlichkeiten berichtete: »Abends 5 Uhr fand die feierliche Einweihung der neuen Synagoge statt. Vor der neuen Synagoge flatterten an langen Flaggenbäumen Fahnen in den bayerischen und städtischen Farben. Lange vor Beginn der Feier hatte sich ein zahlreiches Publikum auf dem Platze vor der Synagoge eingefunden, um die Auffahrt zu sehen. Die Synagoge selbst war matt beleuchtet und im Mittel- und den Seitenschiffen von den der Gemeinde angehörigen und den geladenen Herrn, einem von Knaben und weiß gekleideten Mädchen gebildeten Spalier, auf den Chören von den Damen besetzt. Die Feier wurde, nachdem die Staatsminister Dr. von Lutz und Freiherr von Crailsheim, der Regierungspräsident von Oberbayern, Freiherr von Pfeufer, auf der einen und die beiden Bürgermeister und die Spitzen der Gemeindebehörden auf der anderen Seite der ersten Bankreihe Platz genommen hatten, durch den feierlichen Einzug der Thorarollen eingeleitet. Derselbe wurde vom Musikchor herab von einem festlichen Marsch begleitet. Hierauf folgte unter fortwährenden liturgischen Gesängen die Benediction und das Anzünden der heiligen Lampe und das Oeffnen der heiligen Lade und nach einem neuerlichen Umzug mit den Thorarollen und der Schließung der heiligen Lade der feierliche Abgesang des 84. Psalms worauf

Synagoge an der Herzog-Max-Straße - Blick auf den Thora-Schrein, 1889

Hôtel Jochsberger
MÜNCHEN.

Druck von B. Heller, München.

# Fest-Essen

zu Ehren der auswärtigen Gäste

bei der

**Synagogen-Einweihung**

veranstaltet

von den Mitgliedern

der

israelitischen Cultus-Verwaltung.

MÜNCHEN, 17. Sept. 1887.

## MENU.

*Soupe Santé*
*Forellen, blau. — Sauçe indienne*
I. Trinkspruch
*Roast-beef à la jardinière*
II. Trinkspruch
*Stangenspargel à la hollandaise*
*mit Pökelzunge*
III. Trinkspruch
*Indian mit div. Salaten*
*Mélange — Compôts*
*Pudding à la Chipulada*
*Torte — Desserts — Obst*
*Caffee.*

## WEINE.

*Hofbräuhaus-Bier*

*Pfälzer-Regie*

*Bordeaux-Regie*

*Heidsieck Monopole.*

Speisekarte zum Festessen anläßlich der Einweihung der Synagoge, 17. September 1887

Synagoge an der Herzog-Max-Straße - Ansicht vom Lenbachplatz, 1889

Synagoge an der Herzog-Max-Straße - Hauptfassade, 1889

der Rabbiner, Dr. Josef Perles, die Festpredigt, vor der heiligen Lade stehend, begann. (...) Während der letzten Worte erstrahlte der Prachtbau plötzlich im glänzenden Lichte und mit der Absingung des 150. Psalms schloß die Einweihungsfeier.«[20]

Die Kosten für die neue Synagoge hatten die wirtschaftlichen Möglichkeiten der Kultusgemeinde bis an die Grenzen des Erträglichen belastet. Allein die Aufwendungen für den Synagogenbau summierten sich einschließlich der Kosten für Grunderwerbungen und Inneneinrichtung auf 1.370.745,35 Mark - für damalige Verhältnisse ein gewaltiger Betrag. Dazu kamen die Kosten für ein Gemeindehaus, die sich – verbunden mit den baulichen und ausstattungstechnischen Aufwendungen – auf 157.887,84 Mark beliefen.[21] Die Finanzierung dieser ambitionierten Bauvorhaben wurde in erster Linie durch die Verkauf von Betstühlen an die Gemeindemitglieder und durch die Begebung eines verzinsten Obligations-Anlehens sichergestellt.[22] Sach- und Geldspenden durch die Gemeindemitglieder erleichterten den Erwerb und die Beschaffung von Ritualgegenständen für die Synagoge. Besitzer von Betstühlen in der Synagoge an der Westenriederstraße erhielten in dem neuen Gotteshaus kostenlos einen gleichwertigen Ersatz. Neue Interessenten mußten allerdings zwischen 200 und 1.700 Mark für einen Betstuhl aufbringen. Die unterschiedlichen Gebühren für die Betstühle ergaben sich aus ihrer Situierung im Sakralraum, insbesondere aus ihrer Nähe zur Heiligen Lade und zum Vorbetertisch.[23]

Synagoge an der Herzog-Max-Straße - Blick auf den Thora-Schrein, 1889

Synagoge an der Herzog-Max-Straße – Ansicht eines Treppenhauses, 1889

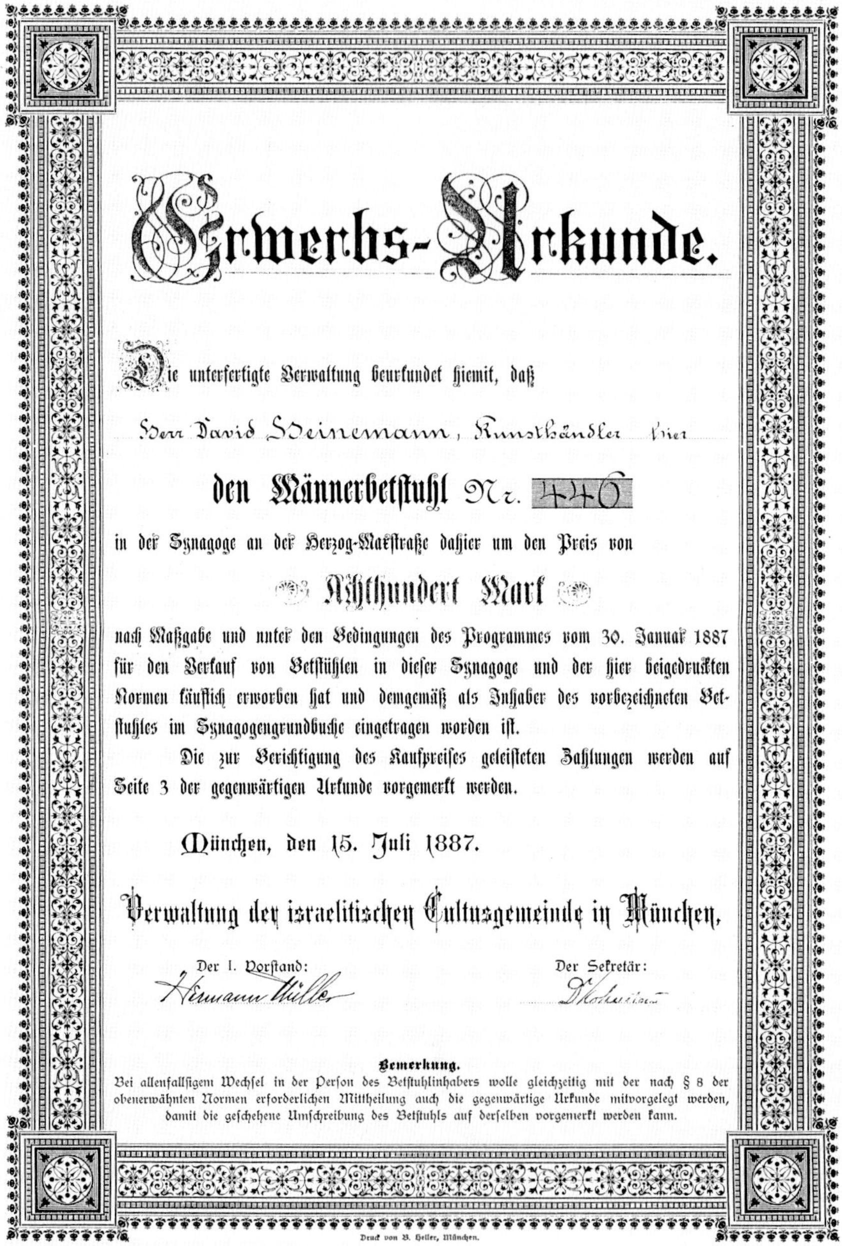

# Erwerbs-Urkunde.

Die unterfertigte Verwaltung beurkundet hiemit, daß

Herr David Heinemann, Kunsthändler hier

**den Männerbetstuhl** Nr. 446

in der Synagoge an der Herzog-Maxstraße dahier um den Preis von

**Achthundert Mark**

nach Maßgabe und unter den Bedingungen des Programmes vom 30. Januar 1887 für den Verkauf von Betstühlen in dieser Synagoge und der hier beigedruckten Normen käuflich erworben hat und demgemäß als Inhaber des vorbezeichneten Betstuhles im Synagogengrundbuche eingetragen worden ist.

Die zur Berichtigung des Kaufpreises geleisteten Zahlungen werden auf Seite 3 der gegenwärtigen Urkunde vorgemerkt werden.

München, den 15. Juli 1887.

**Verwaltung der israelitischen Cultusgemeinde in München.**

Der I. Vorstand: Hermann Müller

Der Sekretär: [illegible]

**Bemerkung.**

Bei allenfallsigem Wechsel in der Person des Betstuhlinhabers wolle gleichzeitig mit der nach § 8 der obenerwähnten Normen erforderlichen Mittheilung auch die gegenwärtige Urkunde mitvorgelegt werden, damit die geschehene Umschreibung des Betstuhls auf derselben vorgemerkt werden kann.

Druck von B. Heller, München.

Erwerbs-Urkunde für einen Männerbetstuhl in der neuerbauten Synagoge, 15. Juli 1887

Mit dem Wachstum der Gemeinde in diesen Jahren hatten natürlich auch ihre Aufgaben spürbar zugenommen. Die Anforderungen an eine zeitgemäße Verwaltung waren enorm gestiegen, so daß nicht nur eine personelle Verstärkung der Administration erforderlich war, sondern auch geeignete Räumlichkeiten als dringendes Desiderat erkannt wurden. Neben reinen Verwaltungsaufgaben erwarteten die Gemeindemitglieder ein besonderes Engagement in den Bereichen Schulwesen, Wohlfahrt und Soziales. Nach der erfolgreichen, aber auch kräftezehrenden Bewältigung des Synagogenbaus wurden im Jahr 1888 in unmittelbarer Nachbarschaft des Gotteshauses die Baumaßnahmen für ein neues Gemeindehaus in Angriff genommen. Es wurde 1889 fertiggestellt.[24] Bis zur erzwungenen Enteignung der Kultusgemeinde im Jahr 1938 waren in den Gebäuden Herzog-Max-Straße 3, 5 und 7 die Kanzlei der Münchner Kultusgemeinde, das Rabbinat, zwei Betsäle, die Wohlfahrtsstelle der Gemeinde, die Cosman-Werner-Bibliothek (gegründet 1906) sowie die Geschäftsstelle des Verbands der Bayerischen Israelitischen Gemeinden (gegründet 1920/21) untergebracht.

## 3. Religiöses Leben im Umfeld der Synagogen

Die neue Hauptsynagoge entwickelte sich rasch zu einem Mittelpunkt des religiösen und kulturellen Lebens der Münchner Juden. Neben den synagogalen Gottesdiensten wurde das Haus auch für eine Vielzahl kultureller Veranstaltungen wie Konzerte und Vorträge genutzt. Den beiden anderen Synagogen in der Herzog-Rudolf-Straße und der Reichenbachstraße vergleichbar, formierte sich im unmittelbaren Umfeld des Gotteshauses eine jüdische »Infrastruktur«, etablierten sich in den folgenden Jahren und Jahrzehnten zahlreiche Einrichtungen und Geschäfte, die für das religiöse Leben der Gläubigen, für die gesetzestreue Befolgung der Gebote von großer Bedeutung waren. Neben einem Ritual-

Israelitischer Kalender für München 1905/1906 – Anzeigen

Hochzeitsszeremonie in der Hauptsynagoge, 30er Jahre

Blick in den Aron ha-Kodesch der Hauptsynagoge mit Thora-Rollen, 30er Jahre

## Religiöse Einrichtungen und Geschäfte in München zwischen 1900 und 1933[26]

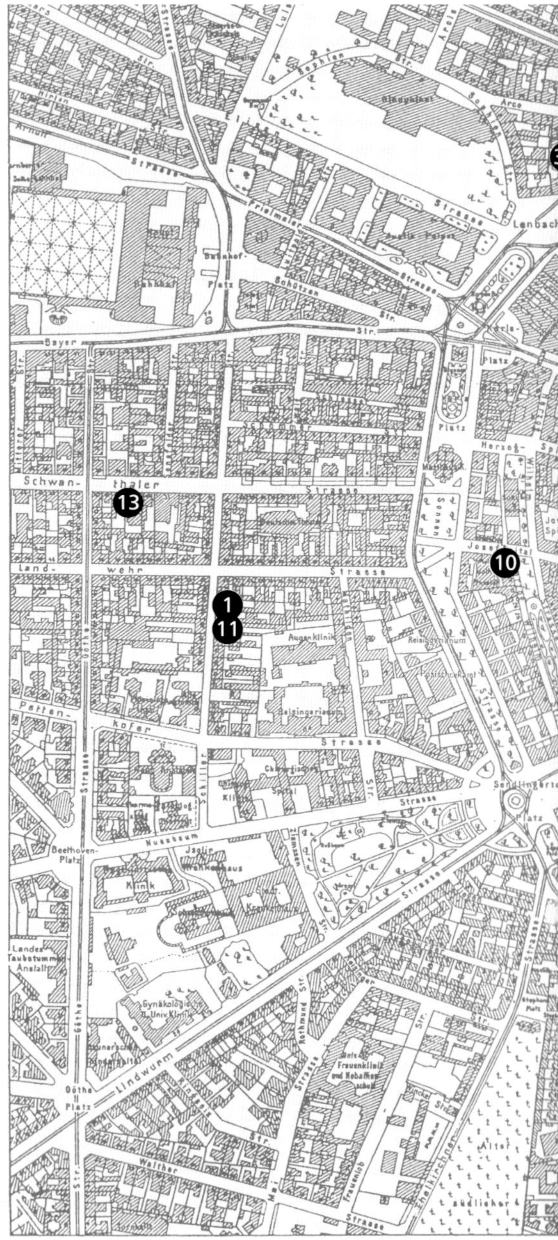


1 **Ritualbad** (Mikwe), Mathildenstraße 8

2 **Schächtlokal für Geflügel**
Westenriederstraße 4 – Rückgebäude

**Rituelle Speisehäuser**
3 Restaurant Müller Ehrenreich, Kapellenstraße 3
4 Sch. Rothschild, Herrnstraße 16/II
5 Hotel Restaurant Jochsberger, Hartmannstraße 3
6 Wiener Restaurant Ignatz Fleischmann, Buttermelcherstraße 4
7 Speiselokal Leon Feder, Westermühlstraße 21
8 Speiselokal Salo Mayer, Ickstattstraße 6
9 Speiselokal Benj. Hahn, Löwengrube 6/II
10 Restaurant Weiß, Herzog-Wilhelm-Straße 29
11 Mensa, Ritueller Mittagstisch, Ortsgruppe München des Jüdischen Frauenbundes für den Mittelstand, Mathildenstraße 9/II

12 **Koschere Speiseanstalt**
(Klenzestraße 4, gegründet 1906)

**Koschere bzw. rituelle Metzgereien**
13 Julius Lindauer, Schwanthalerstraße 37
14 B. Behrend, Rumfordstraße 16
15 Josef Bamberger, Westenriederstraße 20
16 Moritz Hamburger, Fürstenfelderstraße 17
17 David Levite, Sporerstraße 4
18 Siegfried Wolf, Frauenhoferstraße 1a
19 Wilhelm Wolf, Frauenstraße 23

**Verkaufstellen für rituelle Lebensmittel**
20 Louis Müller, Rumfordstraße 42
21 Abraham Schindler, Buttermelcherstraße 14
22 Isaak Jacob (Koscherer Milchhändler), Klenzestraße 15

### 23 Hauptsynagoge, Herzog-Max-Straße

**Cosmann-Werner-Bibliothek**
Herzog-Max-Straße 3/5
**Betsaal Adas Jeschurun**
Herzog-Max-Straße 3/5

24 Mazzenfabrik Moriz Brandeis, Altheimereck 7 (seit 1842)
25 Mazzoth-Verkaufsstelle Feinbäckerei und Mehlhandlung E. Brader, Herrnstraße 17

### 26 Synagoge der Ostjuden, Reichenbachstraße 27

**Betsaal Linath Hazedek und Agudas Achim**
Reichenbachstraße 27
Mazzoth-Verkaufsstelle Josef Kupfer, Reichenbachstraße 27/II

27 Mazzoth-Verkaufsstelle Gerson Landmann, Ickstattstraße 20

**»Israelitische Kultusartikel«**
28 Marcus Levinger, Rindermarkt 13 (1905/06)
29 Eugen Schwarz, Frauenplatz 2

**Buchhandlungen**
30 Hebräische Buchhandlung Ludwig Wertheimer, Westenriederstraße 4

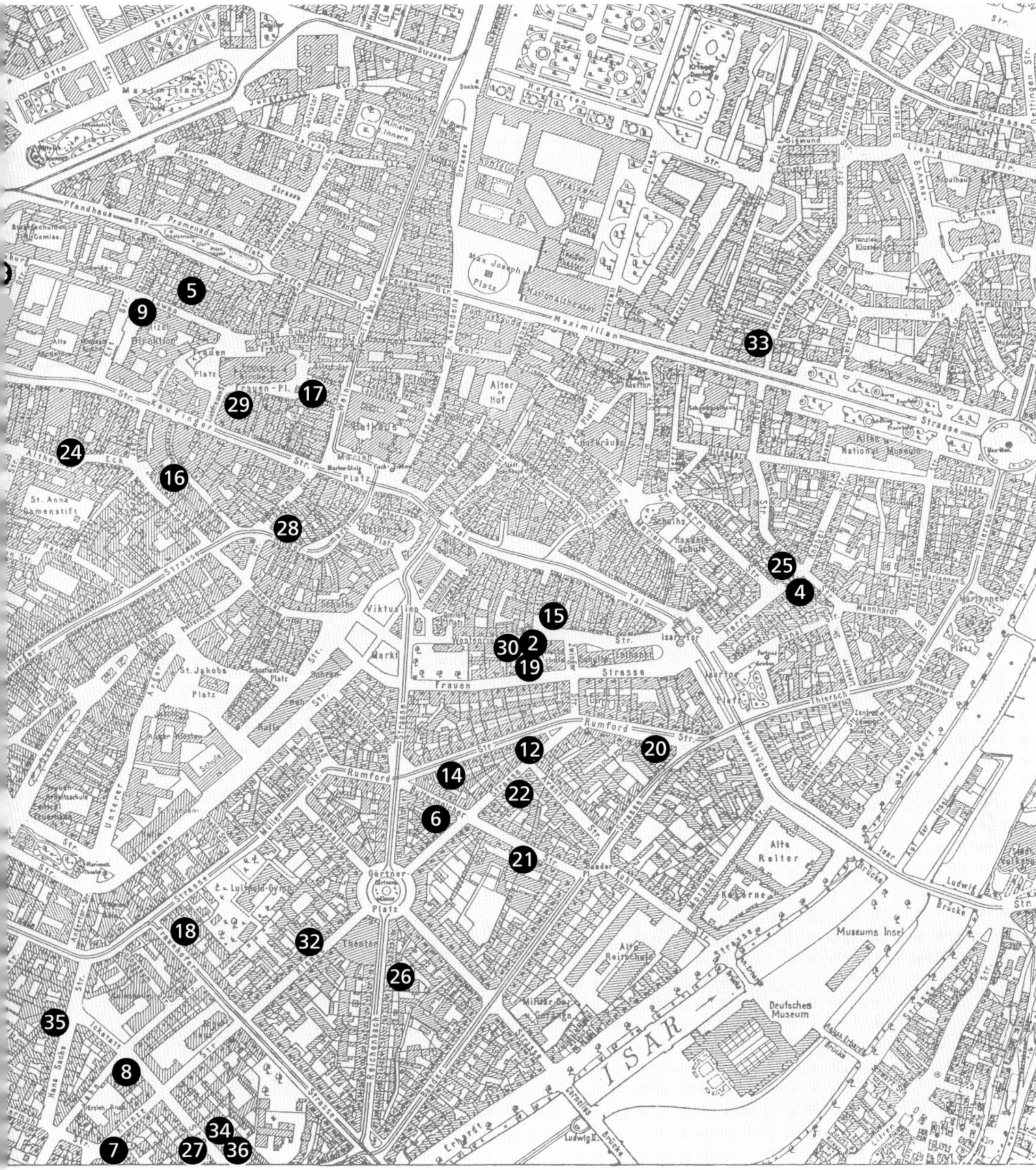


31 Ewer-Buchhandlung, Ottostraße 2

32 **Religionsschule Talmud-Thora e.V.**
Klenzestraße 34
**Betsaal Schomre Schabbos**
Klenzestraße 34/II

33 **Synagoge Ohel Jakob, Herzog-Rudolf-Straße 1**

**Unterrichtslokal für hebräische Sprachkurse**
Herzog-Rudolf-Straße 1

**Betsäle**

34 Schomre Schabbos, Ickstattstraße 13
35 Beis-Jakob, Hans-Sachs-Straße 8
36 Machsike Hadas, Ickstattstraße 11

bad (Mikwe) in der Mathildenstraße 8 und einem Schächtlokal für Geflügel im Rückgebäude der Westenriederstraße 4 lassen sich im Münchner Stadtgebiet für die Zeit vor 1933 mehrere rituelle Speisehäuser und Restaurants, zahlreiche koschere Metzgereien, Milchhändler, Bäcker, Läden für rituelle Lebensmittel sowie Mazzot-Verkaufsstellen nachweisen. Zwei hebräische Buchhandlungen sorgten für religiöse und profane Literatur. Dazu kam eine von dem Verein Talmud-Thora e.V. in der Klenzestraße 34 eingerichtete Religionsschule sowie ein Unterrichtslokal für hebräische Sprachkurse in der Herzog-Rudolf-Straße 1.[25] Jüdisches Leben war in diesen Jahren im Straßenbild der Innenstadt allgegenwärtig.

Um die Jahrhundertwende war die Münchner Gemeinde auf über 8.700 Mitglieder angewachsen. Die Hauptsynagoge war daher insbesondere an den hohen Feiertagen am Neujahrs- und Versöhnungstag nicht in der Lage, alle Gläubigen aufzunehmen. Wie schon zu Zeiten der Westenrieder-Synagoge war die Gemeinde gezwungen, »Filialgottesdienste« in eigens angemieteten Räumen zu organisieren. Als besonders geeignet für religiöse Zwecke hatte sich schon früher die »Tonhalle« in der Türkenstraße erwiesen, weil hier – neben einer Orgel zur musikalischen Umrahmung der Gottesdien-

Thora-Mantel aus der Hauptsynagoge

סדר תפלה

Israelitische Gebetordnung.

Unter Zugrundelegung des
Kirchenrat Dr. Maier'schen Gebetbuches
zum Gebrauche
der israelitischen Gemeinde in München
herausgegeben.

In zwei Bänden.

Erster Band.
תפלה לחול ולשבת ולשלש רגלים
Gottesdienst für Werktage, Sabbate und die drei Feste.

Dritte Auflage.

München.
Im Selbstverlage der israelitischen Kultusgemeinde in München.
1907.

Druck von H. Itzkowski, Berlin, Gipsstr. 9.

Israelitische Gebetordnung zum Gebrauche der israelitischen Gemeinde in München, 2 Bde., 1899/1907

Das Hochzeitspaar Else und Max Brück vor dem Hauptportal der Synagoge, 18. Januar 1920

ste – auch eine Empore für die Frauen vorhanden war. Insgesamt waren in der Tonhalle mehr als 1.200 Sitzplätze verfügbar. Mit dem Direktor des Konzerthauses, Hofrat Kaim, wurde im Dezember 1907 ein entsprechender Vertrag geschlossen, wonach der große Saal mit allen Nebenräumen, Galerien und Garderoben für die nächsten Jahre zu den hohen Feiertagen zur Verfügung gestellt werden sollte. Als Mietpreis wurden 800 Mark vereinbart.[27] Ob in dieser Zeit auch noch in anderen Sälen »Filialgottesdienste« abgehalten wurden, ist nicht bekannt.

Im Jahr 1910 zählte die Münchner Gemeinde 11.083 Mitglieder. Um für die gestiegene Zahl der gläubigen Juden eine

№ ........ München, den 13. Februar 1911 190

Verwaltung
der
Israelitischen Kultusgemeinde
in München.

Wir geben Jhnen hiermit bekannt, dass am

S a m s t a g, den 11. M ä r z l. J.

Vormittags 8 1/2 Uhr

aus Anlass des 90. Geburtsfestes

Seiner Königlichen Hoheit des Prinz - Regenten

in der Haupt - Synagoge Herzog Maxstrasse

ein feierlicher Schulgottesdienst für sämtliche Volks - und Mittelschüler abgehalten werden wird.

Es ist in Aussicht genommen, dass vor der Predigt das Predigtlied No. 105 und nach der Predigt die National- Hymne und zwar vom Synagogenchore und der gesamten Schuljugend gesungen werde.

Wir ersuchen Sie zwecks würdiger Durchführung dieses Gottesdienstes, die in Betracht kommenden Gesänge mit den Jhnen unterstellten Schülern und Schülerinnen einzuüben und für möglichst vollzähliges Erscheinen Jhrer Schüler Sorge tragen zu wollen.

Die Schüler haben beim Gottesdienste im linken Mittelschiff die Schülerinnen im rechten Mittelschiff Aufstellung zu nehmen.

Hochachtungsvoll!

Der I. Vorstand:

Justizrat.

Der Sekretär:

An

Herrn Dr. Leo Baerwald

Rabbinatssubstitut und Religionslehrer

H i e r.

Schulgottesdienst in der Hauptsynagoge anläßlich des 90. Geburtstages des Prinzregenten, 1911

**Israelitische Kultusgemeinde Augsburg**

Am Donnerstag, dem 20. Februar, abends 8.15 Uhr, spricht

M a r t i n   B u b e r

in der Synagoe über

Chassidismus

**Israelitische Kultusgemeinde München**

In München spricht M a r t i n  B u b e r am Samstag, den 22. Februar, abends 8.15 Uhr, in der Synagoge über

Gottesdienst und Andacht

Am Sonntag, den 23. Februar, hält Buber in Nürnberg einen Vortrag, ebenfalls in der dortigen Synagoge.

**Israelitische Cultusgemeinde München.**

**I.** Für die Zeit vom 19. d. Mts. bis 6. September 1877 werden in der Synagoge miethweise abgegeben:

a) 2 Männerbetstühle (Reihe IV von oben) zu je ℳ 60.

b) 44 Frauenbetstühle auf der mittleren Tribüne, und zwar:

2 in Reihe II zu je ℳ 60,
16 " " IV " " " 30,
13 " " V " " " 20,
13 " " VI " " " 6.

Bewerbungen sind schriftlich mit genauer Angabe des Namens und der Wohnung der Reflektanten, sowie der Preiskategorie einzureichen, oder von

**Sonntag den 10. d. Mts. bis Dienstag den 12. desf.**
**Vormittags von 9—12 Uhr**

in der Gemeindekanzlei (Frauenstraße 20/1) anzumelden.

Die Zutheilung der Plätze erfolgt durch Ausloosung

**am Mittwoch den 13. d. Mts., Nachmittags 4 Uhr.**

Von dem Ergebniß kann sofort in der Kanzlei Einsicht genommen werden.

**II.** Für die am Neujahrsfeste und am Versöhnungstage stattfindenden Filialgottesdienste werden Eintrittskarten à ℳ 4

**nächsten Donnerstag und Freitag und am darauffolgenden Sonntag und Montag**
**Vormittags von 9—12 Uhr**

in der Gemeindekanzlei abgegeben. 107714(2b

München, den 8. September 1876.

**Die Verwaltung.**

ISRAELITISCHE KULTUSGEMEINDE MÜNCHEN

**Trauergottesdienst**

**in der Hauptsynagoge zu Ehren der im Weltkrieg Gefallenen.**

Der diesjährige Trauergottesdienst zu Ehren der im Weltkrieg Gefallenen findet

**Sonntag, den 17. März 1935, vormittags 10 Uhr**

in der Hauptsynagoge Herzog-Max-Straße statt. Wir beehren uns, unsere Gemeindemitglieder, im besonderen die Frontsoldaten und die Angehörigen der Gefallenen, hierzu ergebenst einzuladen. Für diesen Gottesdienst sind die Rechte auf Eigentums- und Mietplätze aufgehoben.

München, den 5. März 1935.

Das Rabbinat | Der Vorstand
der Israelitischen Kultusgemeinde München
Dr. Baerwald | Dr. Neumeyer

**Synagogen-Frauen-Platz**

für Haupt-Synagoge München 1. Reihe für Dauer zu mieten gesucht. Angeb. u. Preis unter F. S. 77 an die „Isr. Gemeindezeitung"

**SYNAGOGENPLÄTZE**

Herren- und Frauenplätze p r e i s w e r t zu verkaufen. Anfragen unter Chiffre 962 an die Anz.-Abt. d. Blattes.

Inserate und Veranstaltungshinweise

angemessene religiöse Betreuung sicherzustellen, sah sich die Gemeinde gezwungen, die Zahl ihrer Kultusbeamten deutlich zu erweitern. Noch im Jahr 1905 waren bei der Gemeinde zehn Kultusbeamte fest angestellt, darunter ein Rabbiner, ein Rabbinatssubstitut, ein Aufsichtsbeamter für Ritualwesen, zwei Kantoren, drei Religionslehrer und zwei Kultusdiener.[28] 25 Jahre später hatte sich der Personalstand der Kultusbeamten mehr als verdoppelt. Für das Jahr 1930/1931 verzeichnet der »Münchener Israelitische Kalender« folgende Kultusbeamten:

*Leo Baerwald, Gemeinderabbiner*
*Israel Finkelscherer, Rabbinatsstellvertreter und Religionslehrer*
*Ernst Ehrentreu, orthodoxer Rabbiner*
*Samuel Wiesner, Stellvertreter des orthodoxen Rabbiners*
*Emanuel Kirschner, erster Kantor i. R.*
*Abraham Müller, Kantor und Religionslehrer*
*Moritz Neu, Kantor*
*Julius Lachmann, Kantor und Religionslehrer*
*Siegfried Keßler, Oberlehrer*
*Moritz Rosenfeld, Hauptlehrer*
*Jakob Krämer, Hauptlehrer*
*Heinrich Eisfeld, Kantor und Religionslehrer*
*David Davidovics, Kantor und Religionslehrer*
*Siegfried Glaser, Religionslehrer*
*Esther Kagan, Religionslehrerin*
*Josef Ettinger, Wohlfahrtsbeamter*
*Heinrich Glaser, Kultusbeamter*
*Karl Löwy, Kantor und Schächtbeamter*
*Benzion Großwirth, Schächtbeamter*
*Moses Philipson, Schächtbeamter*
*Josef Ziegler, Dirigent des Synagogenchors*
*Heinrich Schalit, Organist*

**ISRAELITISCHE KULTUSGEMEINDE MÜNCHEN**

**SYNAGOGE HERZOG-MAX-STRASSE**
**Sonntag, 1. Februar 1931, 18 Uhr**

**1. Thema mit Variationen (op. 150) . . . Jos. Rheinberger**
**Für Violine mit Orgel**

**2. Vortrag: Religion als Kulturbejahung**
**Rabbiner Dr. Baerwald**

**3. Phantasie und Fuge g-moll — . . . . . . . . . J. S. Bach**
**Violine: Referendar Dr. Saalheimer**
**Orgel: H. Schönnamsgruber**

**Die Synagoge ist geheizt** **Freier Zutritt für jedermann**

**Vorankündigung: Den nächsten Vortrag wird voraussichtlich am 15. Februar Herr Rabbiner Dr. Freudenthal-Nürnberg über das Thema: „Die goldene Regel" halten.**

Programmzettel zum Vortrag »Religion als Kulturbejahung« von Rabbiner Leo Baerwald am 1. Februar 1931

Der vor und um die Jahrhundertwende auf dem Boden nationalistischer und völkischer Ideologien verstärkt aufkeimende Antisemitismus stellte die Emanzipation und Integration der deutschen Juden unmißverständlich in Frage. Den Juden wurde mit fragwürdigen pseudowissenschaftlichen Begründungen fremdartige, rassisch minderwertige Eigenschaften zugeschrieben, die als existentielle Bedrohung für Volk und die Nation hochstilisiert wurden. In München hatte im Dezember 1891 mit dem »Deutsch-Sozialen Verein (DSV)« erstmals eine dezidiert antisemitische Partei ihre polizeiliche Zulassung beantragt. Andere Gruppierungen und Agitatoren folgten und entwickelten schon vor 1914 eine rege antisemitische' Hetzpropaganda, in der mit schrillen Worten vor einer jüdischen »Überfremdung« gewarnt und den deutschen Juden jegliche nationale Loyalität und Vaterlandsliebe kategorisch abgesprochen wurde.[29]

Die von einem amerikanischen Historiker unlängst publizierte Charakterisierung Münchens als »Hochburg des Antisemitismus« zeichnet die politische Landschaft Münchens im ausgehenden 19. Jahrhundert zwar reichlich plakativ.[30] Gleichwohl ist festzuhalten, daß der zunehmende Antisemitismus die Münchner Juden mit einer ernstzunehmenden neuen Bedrohung konfrontierte. Wie sensibel die hiesigen Juden auf die bösartige Hetze reagierten, soll an einem Beispiel verdeutlicht werden. 1897 wurden in Mün-

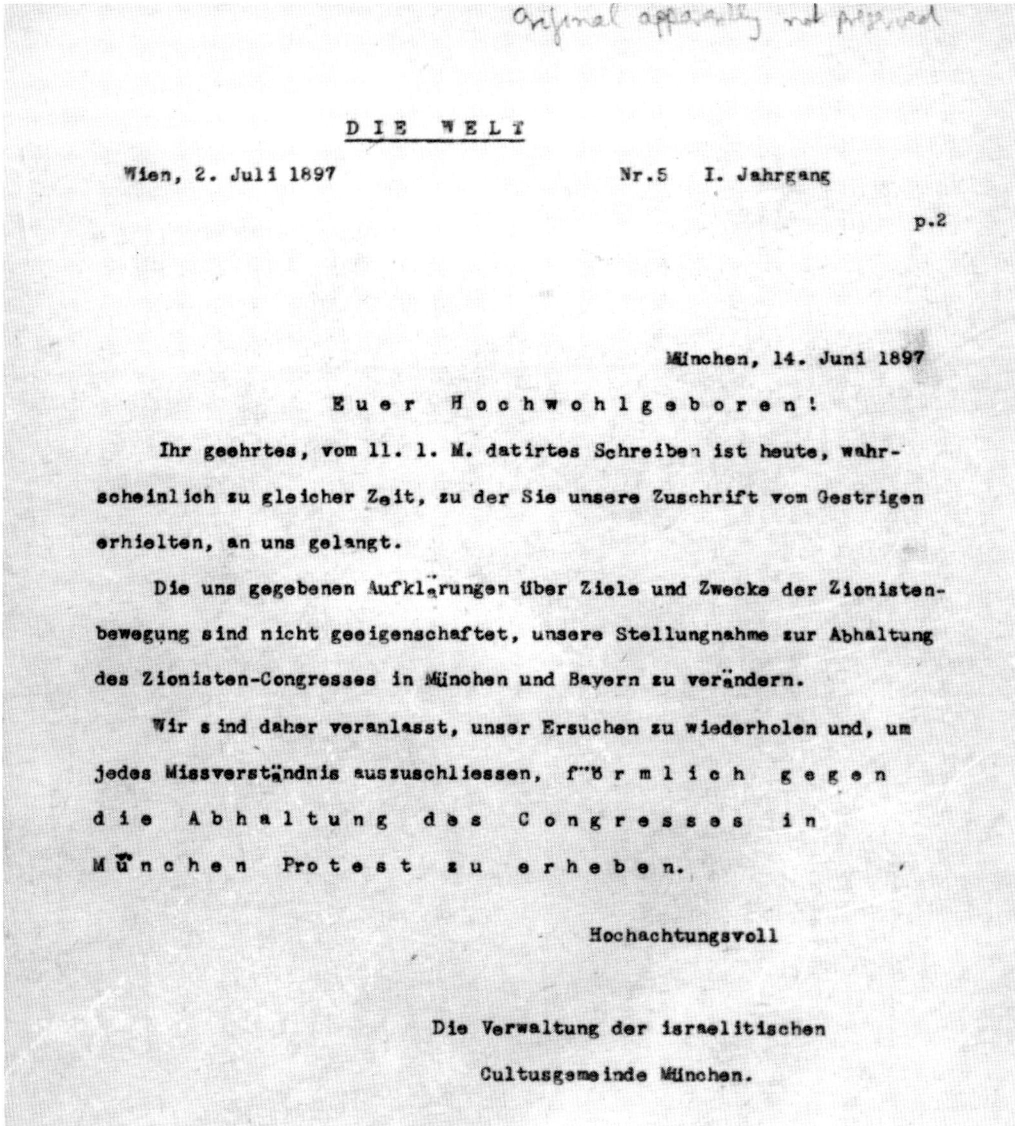

DIE WELT

Wien, 2. Juli 1897 Nr.5 I. Jahrgang

p.2

München, 14. Juni 1897

Euer Hochwohlgeboren!

Ihr geehrtes, vom 11. l. M. datirtes Schreiben ist heute, wahrscheinlich zu gleicher Zeit, zu der Sie unsere Zuschrift vom Gestrigen erhielten, an uns gelangt.

Die uns gegebenen Aufklärungen über Ziele und Zwecke der Zionistenbewegung sind nicht geeigenschaftet, unsere Stellungnahme zur Abhaltung des Zionisten-Congresses in München und Bayern zu verändern.

Wir sind daher veranlasst, unser Ersuchen zu wiederholen und, um jedes Missverständnis auszuschliessen, förmlich gegen die Abhaltung des Congresses in München Protest zu erheben.

Hochachtungsvoll

Die Verwaltung der israelitischen Cultusgemeinde München.

Zionistenkongreß 1897: Schreiben der Verwaltung der Israelitischen Cultusgemeinde München an Theodor Herzl, 14. Juni 1897

chen Theodor Herzls Bemühungen publik, den ersten Zionistenkongreß in die bayerische Haupt- und Residenzstadt einzuberufen. Herzl, der Führer der Zionistischen Bewegung, hatte sich für München als Veranstaltungsort entschieden, weil »diese Stadt als gastfreundlich gilt und ein geeigneter Verkehrsmittelpunkt ist«.[31] Der Vorstand der Israelitischen Kultusgemeinde reagierte auf diese Pläne äußerst ungehalten und formulierte entschiedenen Widerstand gegen das Vorhaben. Der zionistische Gedanke, der im Kern auf die Konstitution einer jüdischen Nation mit einem eigenen Staat zielte – nach den Plänen Herzls lag die »Heim-

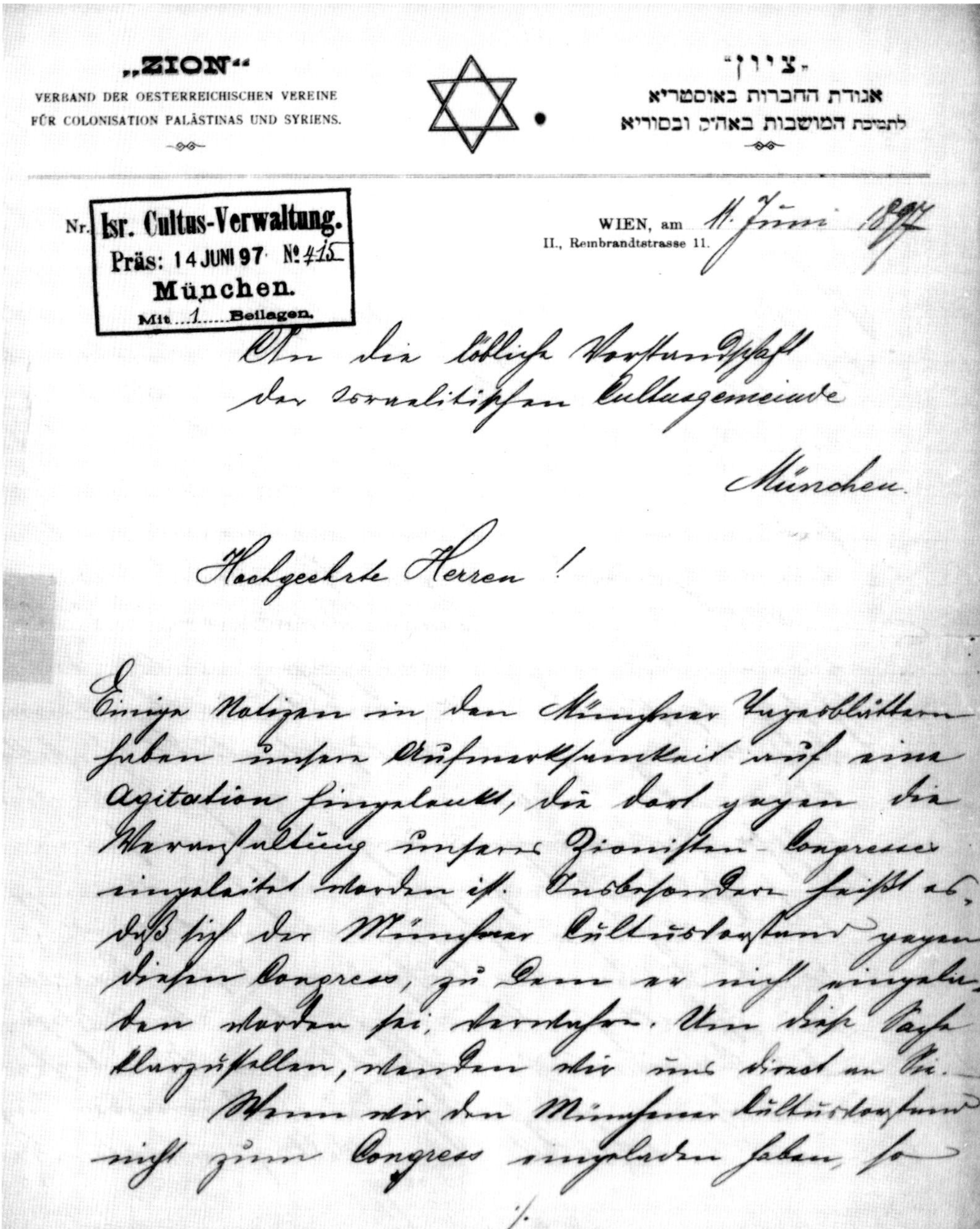
„ZION"

VERBAND DER OESTERREICHISCHEN VEREINE FÜR COLONISATION PALÄSTINAS UND SYRIENS.

"ציון"

אגודת החברות באוסטריא

לתמיכת המושבות באה"ק ובסוריא

Nr. Isr. Cultus-Verwaltung. Präs: 14 JUNI 97 № 415 München. Mit 1 Beilagen.

WIEN, am 11. Juni 1897

II., Rembrandtstrasse 11.

An die löbliche Vorstandschaft der israelitischen Cultusgemeinde

München.

Hochgeehrte Herren!

Einige Notizen in den Münchener Tagesblättern haben unsere Aufmerksamkeit auf eine Agitation hingelenkt, die dort gegen die Veranstaltung unseres Zionisten-Congresses eingeleitet worden ist. Insbesondere heißt es, daß sich der Münchner Cultusvorstand gegen diesen Congress, zu dem er nicht eingeladen worden sei, verwahre. Um diese Sache klarzustellen, wenden wir uns direct an Sie.

Wenn wir den Münchner Cultusvorstand nicht zum Congress eingeladen haben, so

Zionistenkongreß 1897: Schreiben von Theodor Herzl an den Vorstand der Israelitischen Cultusgemeinde München, 11. Juni 1897

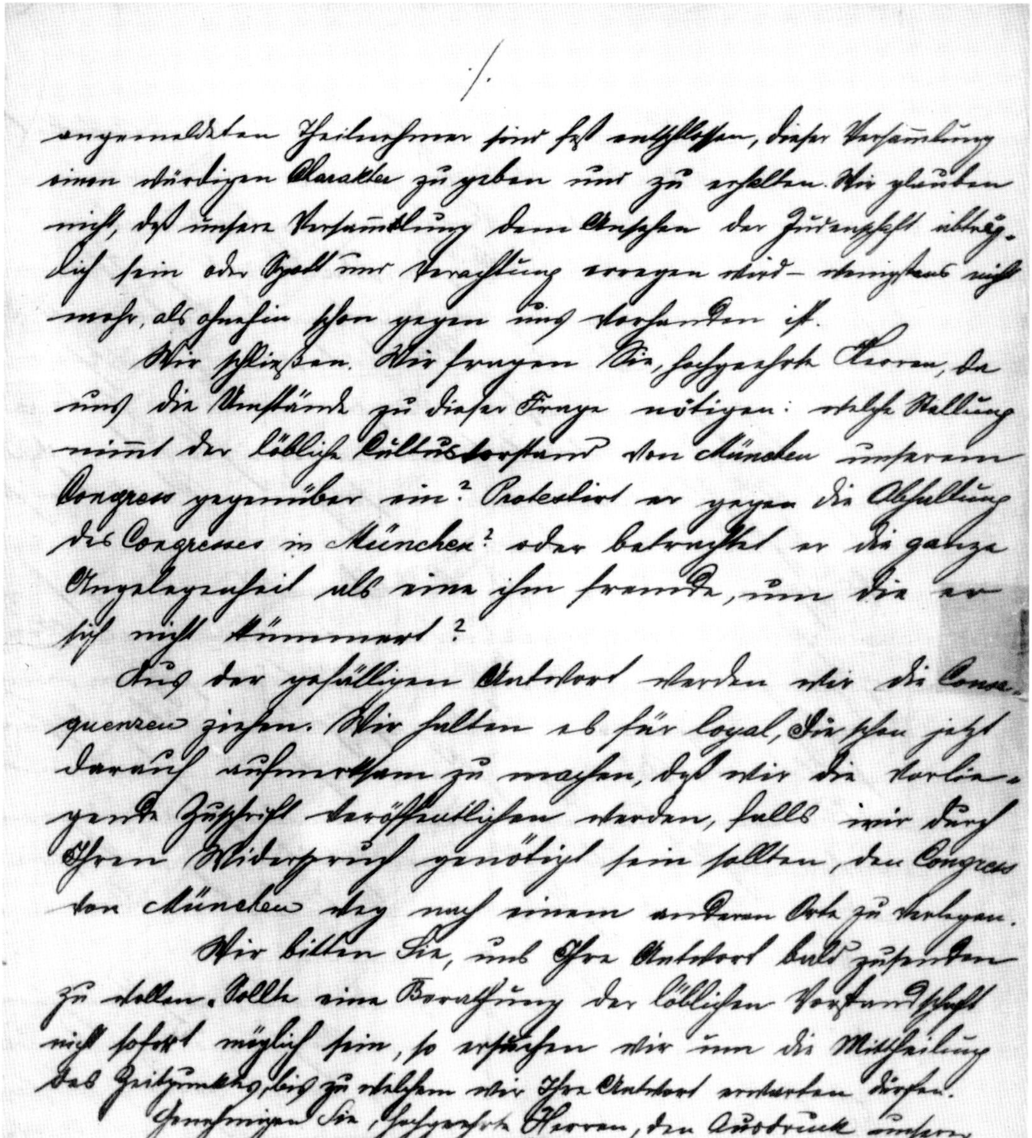

./.

angemeldeten Theilnehmer sind fest entschlossen, dieser Versammlung einen würdigen Charakter zu geben und zu erhalten. Wir glauben nicht, daß unsere Versammlung dem Ansehen der Judenschaft abträglich sein oder Spott und Verachtung erregen wird – wenigstens nicht mehr, als ohnehin schon gegen uns vorhanden ist.

Wir schließen. Wir fragen Sie, hochgeehrte Herren, da uns die Umstände zu dieser Frage nöthigen: welche Stellung nimmt der löbliche Cultusvorstand von München unserem Congress gegenüber ein? Protestirt er gegen die Abhaltung des Congresses in München? oder betrachtet er die ganze Angelegenheit als eine ihm fremde, um die er sich nicht kümmert?

Aus der gefälligen Antwort werden wir die Consequenzen ziehen. Wir halten es für loyal, Sie schon jetzt darauf aufmerksam zu machen, daß wir die vorliegende Zuschrift veröffentlichen werden, falls wir durch Ihren Widerspruch genöthigt sein sollten, den Congress von München weg nach einem anderen Orte zu verlegen.

Wir bitten Sie, uns Ihre Antwort bald zusenden zu wollen. Sollte eine Berathung der löblichen Vorstandschaft nicht sofort möglich sein, so ersuchen wir um die Mittheilung des Zeitpunktes, bis zu welchem wir Ihre Antwort erwarten dürfen.

Genehmigen Sie, hochgeehrte Herren, den Ausdruck unserer vorzüglichen Hochachtung

Die vorbereitende Commission des Zionistischen Congresses

Dr. [illegible]
Schriftführer

Dr. Theodor Herzl
Vorsitzender

Mitteilung der Israelitischen Kultusgemeinde an die emigrierten Gemeindemitglieder anläßlich der 50jährigen Jubelfeier der Einweihung der Synagoge, September 1937

Jsraelitische Kultusgemeinde
München

München, im September 1937.

An

unsere ehemaligen Gemeindemitglieder
und Freunde in der Ferne.

Unsere Gemeinde konnte am Vorabend des Rosch Haschonoh-Festes die 50.Wiederkehr des Tages begehen, an dem unsere Hauptsynagoge einst feierlich eingeweiht wurde. Eine aus diesem Anlass erschienene kleine Schrift ist unseren Gemeindemitgliedern zugegangen. Wir wollen sie auch Ihnen überreichen, weil wir wissen, dass Sie sich mit der Gemeinde München innerlich verbunden fühlen und dass Sie an ihrer Entwicklung in Gegenwart und Vergangenheit lebhaften Anteil nehmen.

Wiederholt ist in diesen Tagen all derer gedacht worden, die zu uns gehört haben und unserer Gemeinde die Treue bewahren wollen. Diesen Gedanken haben bei dem festlichen Gottesdienst am Rosch Haschonoh-Vorabend die beiden Unterzeichneten Ausdruck verliehen. In der Tat sollen nicht nur verwandtschaftliche und freundschaftliche Bande die Ausgewanderten mit den Zurückbleibenden verbinden, sondern die Kultusgemeinde, der sie entstammen, möge für sie eine geistige Heimat bleiben. Was Sie an religiösen und jüdischen Werten von hier mitgenommen haben, wird in der Fremde seine Kraft erweisen.

Auch Sie bitten wir unsere Gemeinde nicht zu vergessen und sich in der Ferne als ihr zugehörig zu betrachten. Berichten Sie uns von Ihrem Ergehen, halten Sie den Zusammenhang mit den anderen in Ihrer Nähe lebenden alten Gemeindemitgliedern aufrecht, bewahren Sie uns die Verbundenheit, die wir als unsere vornehmste Pflicht anerkennen und zu verwirklichen bemüht sind.

Möge es Ihnen gelingen vorwärts zu kommen und im Lande Ihrer Wahl Ihre Stellung und Persönlichkeit zu verwurzeln und zu entfalten!

So wünscht Ihnen Ihre alte Gemeinde ein glückliches neues Jahr.

Mit vorzüglicher Hochachtung

Dr. Baerwald Dr. Neumeyer

I S R .  K U L T U S G E M E I N D E  M Ü N C H E N .

Programm zur

50 jährigen Jubelfeier der Einweihung der Synagoge.

29. Elul 5697 — 5. September 1937

1) "Wie lieblich sind...." (für Chor und Kantor) — Lewandowski

2) F e s t p r e d i g t

3) Chor: "Heil dem Menschen..." — Lewandowski

4) A n s p r a c h e des Vorsitzenden d. Kultusgemd.

5) "Hallelujah" (Psalm 150) — Kirschner

Text zu 1) und 3)

Wie lieblich sind Deine Wohnungen,Ewiger Zebaoth! Es sehnte sich und schmachtete meine Seele nach den Höfen des Ewigen.Der Sperling und die Schwalbe finden ein Nest,zu bergen ihre Brut.So ruhe ich in Deinem Hause,Ewiger Zebaoth,mein Herr und Gott.

Heil ihnen,die in Deinem Hause weilen,immerdar Dich preisen.Heil dem Menschen,der seine Stärke suchet auf dem Pfad zu Dir,mein Gott.

Denn Sonne und Schirm ist Gott,der Ewige: ja, Gut und Ehre gibt der Ewige,er weigert Glück nicht denen,die in Unschuld wandeln.Herr Zebaoth! Heil dem Menschen,der auf Dich vertraut.

(Aus Psalm 84)

Text zu 5)

siehe Münchener Gebetbuch Teil 1, Seite 37
oder Teil 2, Seite 93

Programm zur 50jährigen Jubelfeier der Einweihung der Synagoge, 5. September 1937

stätte des jüdischen Volkes« in Palästina – war mit den integrativen Bemühungen der Mehrheit der bayerischen Juden und mit deren Selbstverständnis als deutsche Staatsbürger nach Auffassung führender jüdischer Funktionsträger nicht zu vereinbaren. Aus ihrer Sicht mußte alles unterlassen werden, was den antisemitischen Parolen von der »fremden jüdischen Rasse« neue Nahrung geben würde. Die Ablehnung des Zionistenkongresses war für die Münchner Juden insofern auch ein klares Bekenntnis zur eigenen kulturellen und nationalen Identität als deutsche Staatsbürger jüdischen Glaubens. Vor diesem Hintergrund wird die Reaktion des Münchner Gemeindevorstands verständlich, der im Juni 1897 in einem Brief an Herzl deutlich machte, daß für die zionistische Bewegung »nicht die geringsten Sympathien bestehen & und daß wir in der Abhaltung des Congresses in München oder Bayern geradezu eine Gefahr für unsere Glaubensgenossen erblicken«. Die bayerische Presse habe sich bereits mit der zionistischen Bewegung beschäftigt und in »böswilliger Weise« unterstellt, »daß die Juden Liebe & Anhänglichkeit zu ihrem Vaterlande nicht besitzen«. Deshalb müsse der Kongreß »unter allen Umständen« außerhalb Münchens und Bayerns abgehalten werden.[32] Gegen die örtlichen Widerstände konnte sich Herzl nicht durchsetzen. Bekanntlich wurde der erste Zionistenkongreß 1897 in Basel durchgeführt.

## 4. Der Abbruch der Synagoge im Juni 1938

Nach 1933 vollzog sich in München eine Entwicklung, in deren Verlauf Menschen schrittweise und von Nichtjuden weitgehend unwidersprochen aus dem öffentlichen Raum verdrängt und als eine verachtenswerte Gruppe »Gemeinschaftsfremder« diffamiert wurden. Die schlimmen Ereignisse des Jahres 1938 – der Abbruch der Hauptsynagoge und schließlich der Terror der Pogromnacht vom 9. zum 10. November – waren ein unseliger Höhepunkt auf dem Weg zur »Endlösung der Judenfrage«, der von den Nationalsozialisten bereits seit 1933 durch eine Vielzahl von Bestimmungen und Verordnungen bürokratisch vorgezeichnet worden war.[33] Gewaltsame Ausschreitungen gegen Menschen, gegen jüdische Geschäfte und Einrichtungen hatte es wiederholt gegeben. Schon am 1. April 1933 hatten die neuen Machthaber einen »Judenboykott« organisiert. In der Folgezeit wurde die Maßnahmen zur Ausgrenzung und Entrechtung jüdischer Bürger intensiviert und perfektioniert. Die Dimension des Terrors und der physischen Gewalt, der die jüdischen Gemeinden im Jahr 1938 traf, war indessen neu und kam für viele überraschend, wenngleich nicht wenige jüdische Männer und Frauen eine dunkle Ahnung vom Bevorstehenden hatten. Die staatliche Willkür, die beim Abbruch der Hauptsynagoge im Juni 1938 so unvermittelt über die Kultusgemeinde hereinbrach, machte unmißverständlich deutlich, daß die Entscheidungsträger in Partei und Staat nun dabei waren, letzte verbliebene Rücksichten aufzugeben, daß die ohnehin schon über alle Maßen perfiden rechtlichen und wirtschaftlichen Schikanen durch eine noch schonungslosere Form der Rücksichtslosigkeit weiter verschärft werden sollten.

Die Hoffnung von K. E. O. Fritsch aus dem Jahre 1887 den Wunsch ausgesprochen hatte, der Bau möge »vor widrigen Schicksalen bewahrt bis in ferne Jahrhunderte übergehen«, hat sich nicht erfüllt. Als erstes jüdisches Gotteshaus in Deutschland fiel die Synagoge an der Herzog-Max-Straße im Juni 1938 dem nationalsozialistischen Zerstörungswahn zum Opfer. Adolf Hitler persönlich hatte den Abbruch der Synagoge nach dem Besuch einer Veranstaltung im benachbarten Künstlerhaus am 7. Juni 1938 angeordnet. Am 8. Juni 1938 wurden die Repräsentanten der Kultusgemeinde über den bevorstehenden Abbruch informiert. Das Grundstück müsse, so die harsche Anweisung aus dem Bayerischen Innenministerium, für 100.000 Mark an die Stadt München verkauft werden. Die im Eigentum der Kultusgemeinde befindlichen benachbarten Grundstücke an der Herzog-Max-Straße 3, 5 und 7 mußten ebenfalls weit unter Preis (85.000 Mark) an die Stadt abgetreten werden. Widerstand gegen diese Maßnahmen war

- 9. Juni 1938

**Eilt!**

Betrifft:
Abbruch der Synagoge an der
Herzog=Max - Maxburgstrasse.

I. Vormerkung.

Auf höhere Anordnung soll die Synagoge bis zum 8.Juli d.J. abgebrochen sein. Das freiwerdende Gelände soll zu einem Parkplatz umgestaltet werden. Nach Verhandlungen mit der israelitischen Kultusgemeinde, die das Staatsministerium des Innern führte, wurde deren Einverständnis erzielt. Die Firma Moll hat vom Ministerium bereits den Auftrag, mit den Arbeiten zu beginnen; von der Firma wurde bei Einhaltung des Termins ein Preis von 200 000.- RM gefordert.
In der heutigen Beiräte-Sitzung wurde über diese Angelegenheit verhandelt und das Stadtbauamt beauftragt, als Auftraggeber mit der Fa. Moll einen Vertrag zu schliessen. Es soll versucht werden, den geforderten Preis noch herabzudrücken.

II. Herrn Oberbaurat Dr. K n o r r

unter Beziehung auf die eben stattgehabte fernmündliche Besprechung und mit dem Ersuchen, die Verhandlungen mit Moll sofort aufzunehmen, damit der Termin gewahrt werden kann.

Am 9. Juni 1938.

Der Stadtbaurat:
J.V.

Abbruch der Hauptsynagoge - Vormerkung des Münchner Stadtbaurats Meitinger, 9. Juni 1938

zwecklos. Eilends wurde noch am Vorabend des Abbruchbeginns ein Gottesdienst in der Synagoge durchgeführt. Zum letzten Mal erklang die Stimme des langjährigen, schon längst im Ruhestand befindlichen Kantors Emanuel Kirschner. In einem bewegenden Brief hat Kirschner seine Empfindungen während der Zeremonie niedergeschrieben. Dem letzten Gottesdienst wohnten auch zahlreiche deutsche Rabbiner bei, die sich anläßlich einer Versammlung des deutschen Rabbinerverbandes in München aufhielten, unter ihnen der Vorsitzende der »Reichsvereinigung der Juden in Deutschland«, Rabbiner Leo Baeck.[34]

Am nächsten Tag rückten Baumaschinen und Arbeitskräfte der mit dem Abbruch beauftragten Firma Leonhard Moll an. Bis zum »Tag der Deutschen Kunst« am 8. Juli 1938, so Hitlers Vorgabe, sollte das Gotteshaus aus dem Stadtbild verschwunden sein. Zwar rechnete Leonhard Moll aufgrund des »sehr harten und guten Mauerwerks« der Synagoge mit Verzögerungen des Zerstörungswerks.

**LEONHARD MOLL**

HOCHBAU, TIEFBAU, NEUZEITLICHER STRASSENBAU

Stammhaus: **München 2 SW, Lindwurmstraße 129/131**
Lagerplatz: Hansastr. 41 · Bahnstation: München-Laim, Industriegleis

Drahtanschrift: Moll Lindwurmstr. 129 — Fernruf: 7195 — Postscheck: München 6531

Banken: Deutsche Bank u. Disconto-Gesellschaft Filiale München, Konto Nr. 30144; Bayerische Hypotheken- u. Wechselbank München, Konto Nr. CC 77; Merck, Finck & Co., München

An die

Sonderbaubehörde
Ausbau der Stadt München,
Städt. Hochhaus

M ü n c h e n .

Blumenstraße 28a Zi.Nr. 706.

IHRE ZEICHEN — IHRE NACHRICHT VOM — MEINE ZEICHEN M/D. — TAG 9.6.38.

Betr. Abbruch derSynagoge.

Anbei übersende ich Angebot über den Abbruch der Synagoge an der Maxburgstraße.

Das Verlangen des Stadtbauamts, die Hausteine auszuscheiden und gesondert auf einen städt.Lage-rplatz zu fahren, würde den Termin der Abbrucharbeiten außerordentlich beeinflussen und verzögern. Jch bitte deshalb wenn irgend möglich von dieser Ausscheidung Abstand nehmen zu wollen.

Der Termin, das Gebäude bis zum Tag der Deutschen Kunst, d.i. der 8. Juli, vollständig abzubrechen, ist eine Aufgabe, die mir zu erfüllen, fast unmöglich erscheint, zumal ich ein sehr hartes und gutes Mauerwerk vermute, das die Abbrucharbeiten sehr hemmend beeinflussen wird. Jch will alles versuchen, um das Ziel zu erreichen, eine rechtsverbindliche Verpflichtung auf absolute Terminseinhaltung vermag ich jedoch nicht einzugehen, da die Platzverhältnisse in Bezug auf Abfuhr und die Gebäudehöhe am Turm sowie der große Arbeitermangel den Termin ebenfalls nicht unwesentlich beeinflussen.

Des weiteren bemerke ich, daß ich umfangreiche Sprengungen vornehmen muß, wodurch die Hausteine größtenteils zerstört werden.

Jch werde selbstverständlich meine ganze Kraft einsetzen, durch zweischichtige Arbeit wenn irgend möglich das Ziel zu erreichen.

Heil Hitler

Anlage !

Abbruch der Hauptsynagoge – Schreiben des Bauunternehmers Leonhard Moll an die Stadt München, 9. Juni 1938

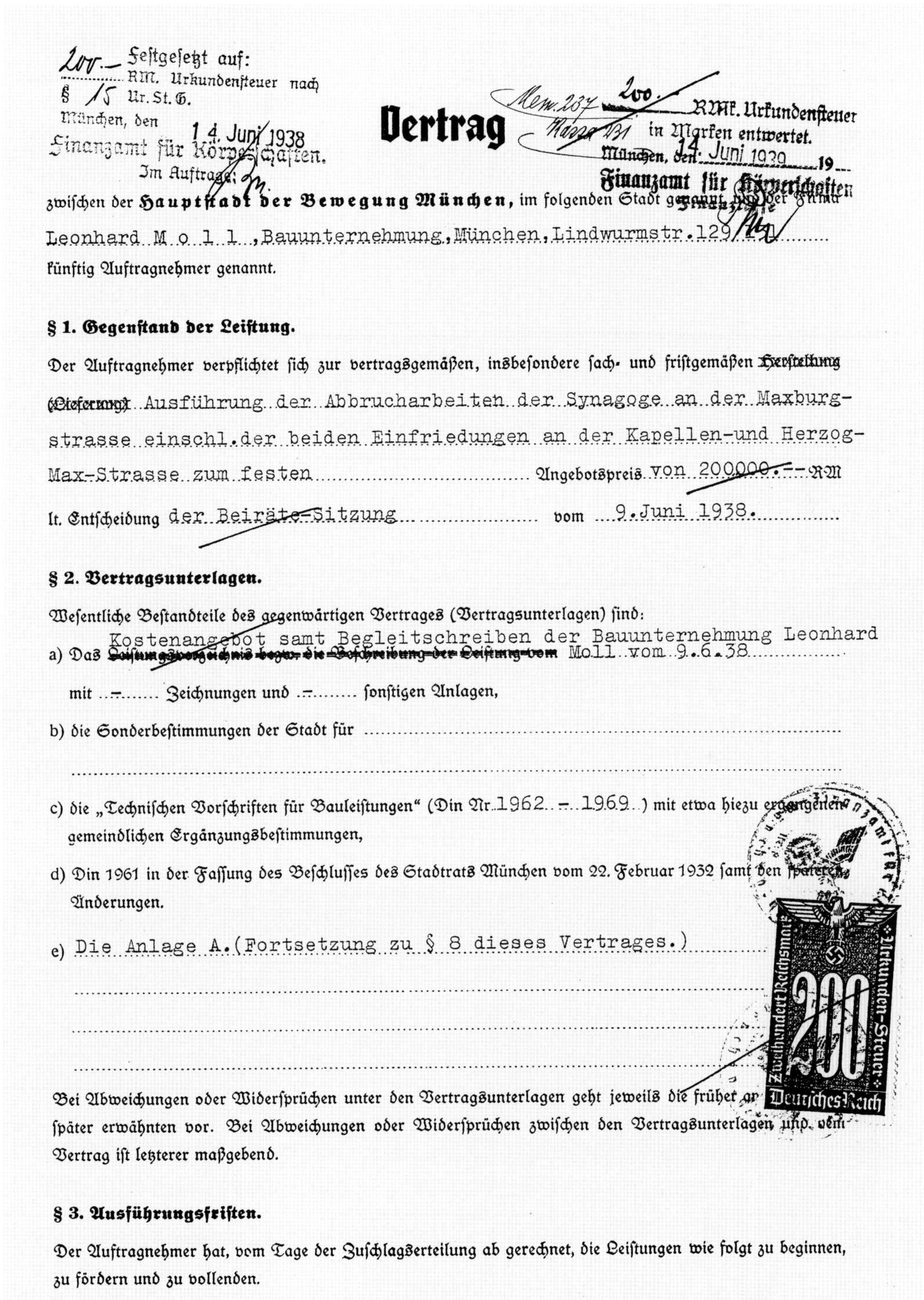

200.– Festgesetzt auf:
RM. Urkundensteuer nach
§ 15 Ur. St. G.
München, den 14. Juni 1938
Finanzamt für Körperschaften.
Im Auftrag:

Mem. 237 200.– RM. Urkundensteuer
Kasse 231 in Marken entwertet.
München, den 14. Juni 1938 19..
Finanzamt für Körperschaften

# Vertrag

zwischen der **Hauptstadt der Bewegung München**, im folgenden Stadt genannt, und der Firma

Leonhard M o l l , Bauunternehmung, München, Lindwurmstr. 129/131

künftig Auftragnehmer genannt.

**§ 1. Gegenstand der Leistung.**

Der Auftragnehmer verpflichtet sich zur vertragsgemäßen, insbesondere sach- und fristgemäßen ~~Herstellung (Lieferung)~~ Ausführung der Abbrucharbeiten der Synagoge an der Maxburgstrasse einschl. der beiden Einfriedungen an der Kapellen- und Herzog-Max-Strasse zum festen Angebotspreis von 200000.-- RM

lt. Entscheidung der Beiräte-Sitzung vom 9. Juni 1938.

**§ 2. Vertragsunterlagen.**

Wesentliche Bestandteile des gegenwärtigen Vertrages (Vertragsunterlagen) sind:

a) Das ~~Leistungsverzeichnis bezw. die Beschreibung der Leistung vom~~ Kostenangebot samt Begleitschreiben der Bauunternehmung Leonhard Moll vom 9.6.38

mit .–. Zeichnungen und .–. sonstigen Anlagen,

b) die Sonderbestimmungen der Stadt für

c) die „Technischen Vorschriften für Bauleistungen" (Din Nr. 1962 – 1969) mit etwa hiezu ergangenen gemeindlichen Ergänzungsbestimmungen,

d) Din 1961 in der Fassung des Beschlusses des Stadtrats München vom 22. Februar 1932 samt den späteren Änderungen.

e) Die Anlage A. (Fortsetzung zu § 8 dieses Vertrages.)

Bei Abweichungen oder Widersprüchen unter den Vertragsunterlagen geht jeweils die früher ~~or~~ später erwähnten vor. Bei Abweichungen oder Widersprüchen zwischen den Vertragsunterlagen und dem Vertrag ist letzterer maßgebend.

**§ 3. Ausführungsfristen.**

Der Auftragnehmer hat, vom Tage der Zuschlagserteilung ab gerechnet, die Leistungen wie folgt zu beginnen, zu fördern und zu vollenden.



Abbruch der Hauptsynagoge – Vertrag zwischen der Stadt München und der Baufirma Leonhard Moll, 11. Juni 1938 (Seite 1)

Synagoge an der Herzog-Max-Straße – Beginn der Abbrucharbeiten, Juni 1938

Dennoch versicherte der Abbruchunternehmer, daß er selbstverständlich seine ganze Kraft einsetzen werde, um »durch zweischichtige Arbeit wenn irgend möglich das Ziel zu erreichen«.[35]

Moll hielt Wort. Der Abbruch, für den er der Stadt 200.000 Mark in Rechnung stellte, konnte innerhalb der vorgegeben Frist abgeschlossen werden. Hohnvoll titelte schon am 26. Juni 1938 das NS-Hetzblatt »Stürmer«: »Ein Schandfleck verschwindet«. Das leere Synagogengrundstück wurde asphaltiert und in einen Parkplatz umgewandelt. Der vorgesehene Abbruch der Nebengebäude Herzog-Max-Straße 3-7 wurde nicht vollzogen. Sie wurden dem »Rasse- und Siedlungs-Hauptamt« der SS zur Verfügung gestellt, das dort infamerweise im Jahr 1940 eine Geschäftsstelle des »Lebensborn e.V.« unterbrachte.[36]

Synagoge an der Herzog-Max-Straße – Abbrucharbeiten, Juni 1938

Wenige Tage nach dem Abbruch der Hauptsynagoge wurde auf unmittelbare Veranlassung der NS-Führung die Matthäus-Kirche in der Sonnenstraße abgerissen. Die zeitliche Koinzidenz und das rigorose Vorgehen in beiden Fällen deuten darauf hin, daß die Abbruchmaßnahmen nicht spontan beschlossen wurden. Die Vermutung liegt zumindest nahe, daß hier die Handlungsdimensionen des Regimes sowohl gegenüber der jüdischen Gemeinde als auch gegenüber der (protestantischen) Kirche ausgelotet und die Reaktion der Öffentlichkeit auf diese neue Qualität staatlicher Aggression und Willkür getestet werden sollte. Immerhin handelte es sich in beiden Fällen um den ersten amtlich verfügten Abbruch von jüdischen bzw. christlichen Gotteshäusern in Deutschland. Die Beobachtung ihres »Experiments« dürfte für die NS-Führung durchaus aufschlußreich gewesen sein. Während sich gegen den Synagogenabriß - soweit erkennbar - keine nichtjüdische Stimme erhob (und die Juden eingeschüchtert und alleingelassen schwiegen), gab es gegen die Schleifung der Kirche in der Sonnenstraße ein breites Spektrum kritischer Stimmen bis hin zu unmißverständlichen Unmuts- und Protestäußerungen. Hier mußte das Regime erkennen, daß der staatlichen Unterdrückung der christlichen Konfessionen aus Rücksicht auf die öffentliche Meinung doch gewisse Grenzen gesetzt waren, ein allzu schonungsloses Vorgehen keineswegs problemlos exekutiert werden konnte. Dagegen unterblieb angesichts des Terrors gegen die Juden ein wahrnehmbarer Aufschrei der Empörung der nichtjüdischen Öffentlichkeit, der dem Regime möglicherweise als Warnung hätte dienen können. So signalisierte das Ausbleiben von Unmut und Widerspruch im Fall des Synagogenabrisses den Machthabern, daß die Toleranzgrenze bei

## Emanuel Kirschner über den Abbruch der Hauptsynagoge, 29. Juni 1938

»Meine Lieben!
Auch uns kommt heute alles Erlebte u. alles Geschehen wie ein fruchtbarer Traum vor, der leider schreckliche Wirklichkeit geworden ist. Ihr habt sicher schon vielerlei darüber gehört. Wir selbst konnten uns bisher noch nicht zu einem Brief an Euch, meine Lieben, aufraffen. Doch länger will ich nicht schweigen, vielmehr meiner Freude darüber Ausdruck geben, daß Ihr (...) völlig wiederhergestellt seid. Und nun zu uns und unserem furchtbaren Schicksal.
Mittwoch, 8.d.M., machten wir bei wundervoll sonnigem Wetter einen Ausflug nach Kleinheßelohe, wo wir seit Jahren nicht mehr gewesen waren. Um 6 Uhr kam ich heim u. fand Bärwald mit verstörter Miene am Tor stehen, neben ihm Rabbiner Wahnmann aus Oels, der während der Rabbinertagung unser Logiergast war u. Glaser, der mich fragte, ob ich noch nichts von der ... (hebräisch, unleserlich, vermutlich roa gesera) wisse. Auf meine verneinende Antwort erfuhr ich sodann, die Synagoge müsse abgebrochen werden, um einen Parkplatz zu schaffen, das gleiche Schicksal treffe auch unser Gemeindehaus, in dem wir wohnen, das bis spätestens in 4 Wochen geräumt sein müsse. Um 6 _ fände der Abschiedsgottesdienst statt. Wir verfügten uns in unsere Wohnung, wo nach wenigen Minuten Dr. Bruno Finkelscherer kam, um mich in Bärwalds Namen zu ersuchen als Abschluß des letzten Gottesdienstes in der Synagoge, die ich vor 51 Jahren mit eingeweiht hatte, den 102. Psalm zu rezitieren. Zunächst hielt ich dies für unmöglich, nicht nur, weil ich meine Stimme für eingerostet hielt, dann aber vor allem, weil ich aufs tiefste mich erschüttert fühlte. Als es soweit war, ging ich vor den Schulchan [Tisch zum Entfalten der Thorarolle auf dem Almemor], fing mit beschwertem Gemüt zu singen an, u. ein nes [Wunder] geschah, denn meine Stimme klang rein u. kräftig u. wenn mich das Trauergefühl übermannte, dann übertrug sich diese Stimmung auch auf die die Synagoge füllende Gemeinde, deren Augen, wie die meinigen, nicht tränenlos blieben. Der ergreifendste Moment sollte aber erst kommen, als wir mit der sefer thora im Arm das dem Untergang geweihte bejt haknesset [Synagoge] verließen. Wer nur irgendwie sich herandrängen konnte, küßte inbrünstig unter Schluchzen u. Stöhnen die sifrej thorot [Thorarollen], die dann ihren vorläufigen Aufbewahrungsort in der Bibliothek erhalten. Schon am nächsten frühen Morgen begann das Verwüstungswerk unter lärmendem Gehämmer, unter Abbröcklung u. wo das Gestein sich hart wie Granit erwies, nahmen die Arbeiter Zuflucht zu Sprengungen, die unser Haus vom Keller bis zum Dach erbeben ließen.«

Synagoge an der Herzog-Max-Straße – Abbrucharbeiten, Juni 1938

## Carl Oestreich über den Abbruch der Synagoge an der Herzog-Max-Straße

»Und nun kam das unerwartete, traurige Ende!

Es war ein heißer Sommertag des Jahres 1938. Am Vorabend der nun folgenden Ereignisse sah ich das Auto des »Führers« in Begleitung von vielen bis an die Zähne bewaffneten Geheimschutzleuten nahe der Synagoge. Als ich dies zuhause erzählte, sagte meine Frau: »Du wirst sehen, nun wird die Synagoge abgerissen!«

Am nächsten Morgen läutete das Telefon in unserem Gemeindebüro. Der damalige 1. Vorsitzende, Oberstlandesgerichtsrat Dr. Alfred Neumeyer, wurde zum sofortigen Erscheinen ins Ministerium des Innern befohlen. Mutig und ruhig wie immer, trat Dr. Neumeyer den schweren Gang an, uns in größter Sorge zurücklassend, mußten wir doch fürchten, daß unser verehrter Vorsitzender von einer dieser nicht gerade seltenen »Einladungen« zu den Nazi-Behörden nicht mehr zurückkehre. Nach einigen Stunden bangen Harrens atmeten wir erleichtert auf, als wir Dr. Neumeyer wieder sahen, äußerlich gefaßt, innerlich auf schwerste getroffen. Dem oft Gedemütigten war eröffnet worden, daß unsere Synagoge abgebrochen werden müsse, und zwar sofort! So habe es der Führer befohlen, da gäbe es keine Widerrede! Er wolle das Gebäude nicht mehr sehen! Dr. Neumeyer wurde aufgefordert, in einigen Stunden mit den beiden anderen Vorsitzenden der Gemeinde wieder zu erscheinen, um die Einzelheiten festzulegen.

In der obersten Baubehörde des Innenministeriums trafen wir, Dr. Neumeyer, Dr. Perlmutter und ich einige uns verlegen dünkende Beamte an. Das Wort führte einzig ein Obersturmbannführer, dessen Name mir leider entfallen ist, dessen Arroganz ich aber nie vergessen werde.* Er wiederholte den Befehl des Führers, die Übereignung an die Stadt München habe sofort zu erfolgen. Den Preis bestimme das Innenministerium.

Wir betonten, die Synagoge sei uns um keinen Preis feil, wir müßten deshalb davon absehen einen Preis zu nennen. Der Obersturmbannführer überhörte diese Antwort. Noch heute nach 20 Jahren klingen mir seine Worte im Ohr: »Sie werden überrascht sein, ich habe den Preis auf 100.000 RM festgesetzt.« Wir konnten nicht unterlassen, darauf hinzuweisenn, daß das Gelände allein ein Vielfaches dieser Summe wert sei. Aber alles, den Abbruch und den Preis für das uns unersetzliche Gebäude müsse das Ministerium verantworten, nicht wir.«

* Innenstaatssekretär Max Köglmaier

Synagoge an der Herzog-Max-Straße – Abbrucharbeiten, Juni 1938

Gedenkstein am Platz der ehemaligen Hauptsynagoge

der Behandlung der Juden noch lange nicht erreicht war. Zweifellos ebnete diese Wahrnehmung auch den Weg zu den reichsweiten Terrorakten in der Nacht vom 9. zum 10. November 1938.

Das Synagogengrundstück an der Herzog-Max-Straße wurde erst im Jahr 1955 an die Kultusgemeinde zurückerstattet. An den Neubau einer Synagoge war aus verschiedenen Gründen nicht zu denken. Die Kultusgemeinde veräußerte Teile des Grundstücks und der früheren Verwaltungsgebäude an den Karstadt-Konzern. Das eigentliche Synagogengrundstück wurde 1964 von der Stadt gekauft, die sich bereit erklärte, hier »eine Grünanlage anzulegen und im Einvernehmen mit der Israelitischen Kultusgemeinde ein Denkmal zu errichten«. Im Jahr 1967 erhielt die Karstadt AG die Möglichkeit, unter dem Grundstück eine Tiefgarage ein-

## Alfred Neumeyer über den Abbruch der Synagoge an der Herzog-Max-Straße

»Wiederholt wurde uns gesagt, daß die Nachbarschaft unserer Hauptsynagoge in München gegenüber dem Künstlerhaus in der Herzog Max Str. von dem Führer unangenehm empfunden werde. Am 8. Juni 1938 wurde ich zum Ministerium des Inneren vorgeladen . Am Abend vorher war der Führer bei einer Festlichkeit im Künstlerhause zugegen gewesen. Es wurde mir von den Ministerialreferenten eröffnet, daß die Synagoge als Verkehrshindernis am nächsten Tage abgetragen werden müsse. Ich konnte einwenden, daß ein irgendwie erheblicher Verkehr hier nicht stattfinde, daß die Synagoge mit der Frauenkirche im Hintergrund ein bekanntes schönes Stadtbild sei, und daß der Schöpfer des Künstlerhauses dessen Charakter und Maße ganz auf die beiden anderen Bauwerke abgestellt habe. Die Herren konnten dem nicht widersprechen und führten mich zu dem Staatssekretär[1]. Dieser gabe den gemessenen Befehl, die Synagoge abzutragen, die evangelische Hauptkirche[2] müsse als im Zuge der Untergrundbahn liegend auch niedergelegt werden, es werde eine Entschädigung gewährt, die innere Ausstattung könne entfernt werden. Auf meine Vorstellung gab man mir Bedenkzeit für einige Stunden, damit ich unseren Vorstand hören könnte. Dem Vorstand war ohne weiteres klar, daß ein Widerstreben nutzlos sei und schwere Nachteile mit sich bringen könne. Ich gab darum am Nachmittag mit verhaltenem Protest die Zustimmung. Es wurde nunmehr auch die Abtragung der angrenzenden von demselben Architekten erbauten Verwaltungsgebäude für einen späteren Zeitpunkt gefordert und insgesamt eine Entschädigung von 100.000 Mark gegeben. Die Abtragung der Synagoge mußte durch eine Münchener Baufirma[3] am nächsten Tage geschehen und bis zum 9. Juli, dem Tage der deutschen Kunst, vollendet sein. Der Staatssekretär war von unserem Verhalten sichtlich befriedigt, und die Beziehungen zu dem politisch maßgebenden Innenministerium waren für längere Zeit gesichert. Der evangelischen Kirchenbehörde wurde vom Ministerium gesagt, sie könne sich an uns ein Beispiel nehmen. Am Nachmittag versammelte sich in größter Bewegung mit Dr. Baerwald und einigen Rabbinern, die zu der Tagung nach München gekommen waren, die ganze Gemeinde in dem Gotteshaus. Es wurden die Awino Malkenu [Gebet im täglichen Gottesdienst] gesagt, ein letztes Kaddisch [aramäisch-hebräischer Gebetshymnus], und die Thorarollen wurden in feierlichem Zuge in das Verwaltungsgebäude getragen. Am Tage darauf begann der Abbruch des Gotteshauses. Ich stand mit unserem Oberkantor, Prof. Kirschner, auf der Treppe des Verwaltungsgebäudes und schaute auf das Werk der Zerstörung. An unser Ohr tönte der Ruf: »Achtung, es wird gesprengt«. Dem greisen Mann, in dessen Person der Gottesdienst in seiner edelsten Form verkörpert war, stürzten die Tränen aus den Augen. (Er hat drei Monate später sein Leben beschlossen.) Unsere Jugend entfernte aus dem Gotteshaus, was mit ihm nicht fest verbunden war. Die kostbare Orgel, die erst mehrere Jahre vorher beschafft wurde, übernahm das erzbischöfliche Ordinariat für eine neuerbaute Kirche zu dem von der Orgelbaufirma bezeichneten Preise.[4] Die Herren waren dankbar für die Überlassung des Werkes, weil sie eine so vollendete Orgel bei dem Mangel an gutem Material nicht mehr hätten beschaffen können. Sie waren auch geneigt, das Betgestühl zu übernehmen, mußten aber davon abstehen, weil es für den Gebrauch der katholischen Kirche nicht geeignet war. Es wurde sodann ein Teil der Bänke aus bestem ungarischen Eichenholz herausgeschafft und in unsere Sporthalle gebracht, ein Teil aber mußte aus Mangel an Zeit und Lagerungsmöglichkeit der Firma überlassen werden, die den Abbau durchführte. So fiel das Gotteshaus nach 50jährigem Bestand, eine Zierde der Stadt, ein Opfer fanatischen Hasses.«

[1] Innenstaatssekretär Max Köglmaier.

[2] Gemeint ist die Matthäuskirche in der Sonnenstraße, Münchens älteste protestantische Kirche.

[3] Es handelte sich um Firma Leonhard Moll, die noch im Jahre 1931 am Bau der Synagoge an der Reichenbachstraße mitgewirkt hatte.

[4] In der Kirche St. Korbinian (München-Sendling) wurde die Orgel bei einem Bombenangriff im Juli 1944 zerstört.

zurichten. Der Künstlerwettbewerb für das geplante Denkmal wurde Anfang 1968 ausgeschrieben. Der mit 6.000 Mark dotierte erste Preis ging an den Münchner Bildhauer Herbert Peters, dessen Gedenkstein am 9. November 1969 feierlich enthüllt wurde. Die hebräische Inschrift auf dem Gedenkstein entstammt dem 74. Psalm. Sie lautet: »Sie stecken in Brand Dein Heiligtum, schänden zu Boden Deines Namens Stätte... Sie verbrennen alle Häuser Gottes im Lande... Denke dessen, wie der Feind den Ewigen schmäht.« *A. H.*

## 5. Rabbiner

### *Cossmann Werner, 1854 (Rogasen, Provinz Posen) – 1918 (München)*

Rabbiner Cossman Werner

Mose Cossmann Werner wurde am 17. Dezember 1854 in Rogasen in der Provinz Posen geboren. Geprägt durch sein Elternhaus – sein Vater war der klassisch gebildete Talmudist und Hebräist Dr. Philipp Werner – besuchte er nach Abschluß der Schulzeit das Rabbinerseminar in Breslau und hörte gleichzeitig philosophische, geschichtliche und philologische Vorlesungen an der dortigen Universität. 1877 promovierte er in Leipzig mit einer Dissertation über den makkabäischen Fürsten und Hohen Priester Johann Hyrkan. Kurz danach erhielt er die Berufung zum Rabbiner der »Schottländer« Gemeinde in Danzig. In seiner mehr als eineinhalb Jahrzehnte andauernden Tätigkeit als Lehrer, Prediger und Seelsorger gelang es ihm, die dortigen fünf kleinen Gemeinden zu einer Synagogengemeinde zusammenzuführen.

Im Jahr 1894 wählte ihn die Münchner Israelitische Kultusgemeinde zu ihrem neuen Gemeinderabbiner, ein Amt, das er als Nachfolger des Rabbiner Joseph Perles im März 1895 antrat. Neben seinen seelsorgerischen Aufgaben engagierte er sich für die Belange des Judentums weit über München hinaus. Er war Vorsitzender der Bayerischen Rabbinerkonferenz, beriet die bayerische Regierung in allen jüdischen Angelegenheiten und war Mitbegründer des Rabbinerverbandes in Deutschland. In München zählte er zu den Gründern der B'nai Brith Loge. Im Jahr 1906 stiftete er seine wertvolle Privatbibliothek der Kultusgemeinde, die die Cossmann-Werner-Bibliothek in der Herzog-Max-Straße der interessierten Öffentlichkeit zugänglich machte.

Dr. Leo Baerwald charakterisierte das Wirken des Gemeinderabbiners mit folgenden Worten: »War Perles mehr der ruhige Gelehrte, der Mann der Feder, so besaß Werner neben starker Aktivität eine ausgesprochene rhetorische Begabung. Seine Stärke war nicht das geschriebene, sondern das gesprochene

Wort. Die Früchte seiner wissenschaftlichen Studien legte er nicht schriftlich nieder, sondern verarbeitete er zu Vorträgen, in denen seine rednerische Kraft ebenso wie in seinen Predigten Triumphe feierte. Die große Sprachgewalt, die meisterhafte Stilisierung, die Fülle der ihm zu Gebote stehenden Worte vereinigten sich mit einem mächtigen Organ, um aus ihm einen der markantesten Redner des Judentums in Deutschland um die Jahrhundertwende zu machen.«

Am 22. Juni 1918 starb er in München an einem Herzschlag. Er wurde auf dem Neuen Israelitischen Friedhof an der Ungererstraße beigesetzt. *E. A.*

### *Leo Baerwald, 1883 (Saaz/Böhmen) – 1970 (New York/USA)*

Leo Baerwald wurde am 20. September 1883 in Saaz (Žatec) in Böhmen als Sohn von Aaron und Fanny Baerwald geboren. In München, wo die Familie seit 1898 lebte, besuchte er bis 1902 das Wilhelms-Gymnasium. Seine Studien absolvierte Baerwald in Erlangen, wo er 1905 mit einer Arbeit über die »Entwicklung der Lotzeschen Psychologie« zum Dr. phil. promovierte. Anschließend besuchte er das renommierte Jüdisch-Theologische Seminar in Breslau, das er 1911 mit dem Rabbinerexamen abschloß. Eine erste Anstellung fand Baerwald im Februar 1911 als Rabbinatssubsitut bei seiner Heimatgemeinde München, wo er sich rasch hohes Ansehen erwarb. Nach Ausbruch des Ersten Weltkrieges diente Baerwald bis Dezember 1917 als Feldrabbiner bei der 6. Armee. Ende November 1918 wurde er von der Israelitischen Kultusgemeinde einstimmig zum Nachfolger des verstorbenen Rabbiners Werner gewählt. »Er erfreut sich in allen, auch christlichen Kreisen, großer Beliebtheit«, hieß es dazu in einem zeitgenössichen Bericht der Münchner Neuesten Nachrichten.[37] In der Folgezeit leitete Baerwald die Geschicke der größten jüdischen Gemeinde Bayerns mit großer Umsicht und Anteilnahme.

Leo Baerwald, um 1930

Schon frühzeitig erkannte der Rabbiner die Gefahren des aufkeimenden Nationalsozialismus in München und bemühte sich engagiert um eine Eindämmung der antisemitischen Hetze. Dabei suchte Baerwald auch die unmittelbare Auseinandersetzung mit Hitler und brachte sich selbst in höchste Gefahr: »Nicht erkennend mit welcher Art von Gegner man es hier zu tun hatte, war der Rabbiner in einer der ersten Versammlungen der NSDAP erschienen, um die Diskussion mit Hitler aufzunehmen. Natürlich wurde Dr. Baerwald aus dem »Bürgerbräukeller« verjagt. Während der Tage des Hitler-Putschs holten ihn SA-Leute aus seiner Wohnung, fuhren ihn vor die Stadt auf freies Feld, banden ihn an einen Baum und bedrohten ihn mit Erschießung«, so der Bericht von Schalom Ben-Chorin.[38]

Leo Baerwald als Feldrabbiner im Ersten Weltkrieg

Unter dem Eindruck des zunehmenden NS-Terrors gegen Juden, dem erzwungenen Abriß der Hauptsynagoge und der eigenen Inhaftierung im Konzentrationslager Dachau nach der »Kristallnacht« entschloß sich Baerwald zur Emigration. Nur durch »einen glücklichen Zufall« gelang ihm und seiner Familie 1940 – gleichsam in letzter Stunde – die Ausreise in die USA, wo er bis 1955 als Rabbiner der vor allem aus deutschstämmigen Emigranten bestehenden Gemeinde »Beth Hillel« in New York wirkte.

Mit München blieb Baerwald trotz der erlittenen Demütigungen stets eng verbunden. Die bayerische Staatsregierung ehrte ihn im Jahr 1965 mit dem Bayerischen Verdienstorden. Im Mai 1969 besuchte er letztmalig München und wurde von Oberbürgermeister Hans-Jochen Vogel im Rathaus empfangen, wo er mit der Medaille »München leuchtet – den Freunden Münchens« ausgezeichnet wurde.

Verleihung des Bayerischen Verdienstordens an Leo Baerwald durch Ministerpräsident Alfons Goppel, 1965

Leo Baerwald verstarb am 8. April 1970 in New York. *A. H.*

Israelitische Kultusgemeinde München

Seiner Ehrwürden Herrn Rabbiner Dr Leo Baerwald

Wenn auf der Fahrt durch das Leben die Welle Sie übers Meer an ein neues Ufer trägt, gedenkt die alte Gemeinde Ihrer in Liebe und Dankbarkeit. Gross sind die Segnungen, die sie durch drei Jahrzehnte von Ihnen erfahren hat in Gottesdienst und Seelsorge, in Schule, Wohlfahrt und Verwaltung. Es waren Zeiten des Aufschwungs und glücklicher Entwicklung, die Sie mit ihr geteilt. Die neue Stätte Ihres Wirkens aber und die alte Heimat verbinde das Wort des Propheten:

מלא כל הארץ כבודו

„VOLL IST DIE GANZE ERDE SEINER HERRLICHKEIT"

MÜNCHEN IM MÄRZ 1940.

Verabschiedung von Rabbiner Leo Baerwald durch die Israelitische Kultusgemeinde München, März 1940

## *Eugen Gärtner, geb. 1885 (Schweinfurt)*[39]

Eugen Gärtner wurde am 7. Dezember 1885 in der fränkischen Industriestadt Schweinfurt als Sohn des Geschäftsmannes Abraham Gärtner und seiner Frau Recha (geborene Kohnstamm) geboren. Nach Studien an der Lehranstalt für die Wissenschaft des Judentums in Berlin (1905-1912) und der Promotion in Würzburg wirkte Gärtner zwischen 1913 und 1920 als Rabbiner in Dresden. Die Dauer seiner Münchner Amtstätigkeit war nur kurz. Von 1920 bis 1924 bekleidete er hier das Rabbineramt, bis er 1924 nach Zwickau berufen wurde. Nach sechs Jahren übernahm er 1930 das Amt des Landesrabbiners der jüdischen Gemeinde Braunschweig und amtierte als Präsident der B'nai B'rith-Loge. Im Jahr 1938 emigrierte er mit seiner Familie in die USA wo er unter anderem zwischen 1956 und 1966 als Bibliothekar am Leo Baeck Institute wirkte. *A. H.*

## *Israel Finkelscherer, 1866 (Brody/Galizien) – 1942 (Theresienstadt)*

Seit der ersten polnischen Teilung von 1772 gehörte die galizische Stadt Brody zum Habsburger Reich und wurde 1779 in den Status einer »Freistadt« versetzt, was wesentlich zu ihrem Aufschwung beitrug. Hier konnte sich ein reges, überwiegend deutschsprachiges jüdisches Kulturleben entfalten. Die Haskala, die jüdische Aufklärung, traf dort auf fruchtbaren Boden. In dieser Stadt kam Israel Finkelscherer am 20. Juni 1866 als Sohn des Lehrers Chaim Finkelscherer und dessen Frau Sara, geb. Deligdisch, zur Welt.

Er besuchte zwischen 1887 und 1893 die Jüdisch-Theologische Hochschule in

Rabbiner Israel Finkelscherer, Paßfoto aus dem 1939 von der Polizeidirektion München angelegten Kennkartendoppel

Breslau[40], eine der damals führenden wissenschaftlichen Einrichtungen des Judentums in Mitteleuropa. 1893-1894 studierte er in Jena und wurde dort auch zum Dr. phil. promoviert. In seiner Dissertation mit dem Titel »Moses Maimunis Stellung zum Aberglauben und zur Mystik«[41] setzte sich Finkelscherer mit der Philosophie des großen spanisch-jüdischen Denkers des 12. Jahrhunderts auseinander. Diese Arbeit fand zu ihrer Zeit große Beachtung.[42] Wiederholt half Finkelscherer zwischen 1890 und 1898 am Breslauer Seminar als Lehrer aus.

Ab dem 1. Juli 1898 erhielt er eine Anstellung bei der Israelitischen Kultusgemeinde München als Rabbinatsstellvertreter und Religionslehrer für die 4. und 5. Klassen an den humanistischen Gymnasien in München, an der Städtischen Höheren Töchterschule an der Luisenstraße sowie an den örtlichen Volksschulen.[43] Diese Stellung sollte er bis 1930 behalten. Leo Baerwald schrieb über Finkelscherer, er sei ein »vornehmer und gelehrter Mann« gewesen.[44] Seit dem 4. Juli 1898 wohnte er in der Arcostraße 3 und heiratete 1902 die aus Berlin stammende Bella Lewy (1875-1943), eine Tochter seines Lehrers und Seminarrabbiners Israel Lewy (1841-1917). Sie wurde Mutter von zwei Söhnen, Herbert und Bruno, die beide ebenfalls die Rabbinerlaufbahn einschlagen sollten.

Israel Finkelscherer betreute unter anderem auch die Bibliothek der Israelitischen Kultusgemeinde. Davon berichtet der Schriftsteller Schalom Ben-Chorin in seinen Erinnerungen: »Das umfangreiche Material für meine Studien hatte ich der reichhaltigen Bibliothek der Jüdischen Gemeinde entnommen, als deren Bibliothekar der gelehrte Rabbiner Dr. I. Finkelscherer wirkte. Mit seiner spitzen Fistelstimme bemerkte er zu der Wahl meiner Lektüre: ›Warum lesen Sie dieses Zeug; Sie sind schon meschugge genug.‹«[45]

Die Familie Finkelscherer fiel fast vollständig dem Holocaust zum Opfer. Am 15. Mai 1942 mußte Israel Finkelscherer mit seiner Frau, seinem Sohn Bruno und seiner Schwiegertochter die Wohnung in der Arcostraße räumen und in die Herzog-Rudolf-Straße 1 umziehen. Die neue Adresse, eine sogenannte »Judenwohnung« neben der in der »Kristallnacht« verwüsteten und dann abgebrochenen Synagoge des Vereins Ohel Jakob, bedeutete für Israel und Bella Finkelscherer schon nach etwas mehr als einem Monat, am 25. Juni 1942, den Ausgangspunkt der Deportation. Beide wurden mit einem Transport nach Theresienstadt verschleppt. Dort kam Israel Finkelscherer am 6. Oktober 1942 ums Leben[46], seine Frau starb einige Monate darauf am 19. März 1943.

Ihr Sohn Herbert, der nach seinem Chemiestudium auch eine theologische Ausbildung absolviert hatte und als Gemeinderabbiner in Offenburg, später in Stettin wirkte, war bereits am 1. Februar 1940 nach Piaski (bei Lublin) zwangsumgesiedelt worden. Seine Spuren verlieren sich in den Konzentrationslagern Treblinka oder Auschwitz.[47] *T. W.*

## *Robert Raphael Geis, 1906 (Frankfurt am Main) – 1972 (Baden-Baden)*

Das Wirken von Robert Raphael Geis in München war zwar nur von kurzer Dauer, aber dennoch nicht minder bedeutend. Aufgrund der besonderen Stellung, die Geis in der Geschichte des deutschen Judentums im 20. Jahrhundert einnimmt, soll er hier eine ausführliche Würdigung erfahren.[48]

Er kam am 4. Juli 1906 in Frankfurt am Main als Sohn des Kaufmanns Moritz Geis und dessen Frau Sitta, geb. Stern, zur Welt. Das Elternhaus gehörte zu den assimilierten, liberal eingestellten jüdischen Familien. Der Vater hätte seinem Sohn gerne eine solide kaufmännische Ausbildung verschafft, der jedoch strebte dem geisteswissenschaftlichen Studium zu. 1926-1927 besuchte er das Jüdisch-Theologische Seminar in Breslau, anschließend die Universitäten Köln und Berlin. Zu seinen Lehrern zählten Leo Baeck, Ismar Elbogen und Martin Buber. 1929 wurde er an der Universität Köln zum Dr. phil. promoviert und legte 1932 an der Hochschule für die Wissenschaft des Judentums in Berlin die Rabbinerprüfung ab.

Zwischen 1932 und 1934 war Geis als Jugendrabbiner an der Hauptsynagoge in München tätig. Es war die erste Station in einem abwechslungsreichen und schicksalsvollen Rabbinerleben. Am 7. April 1932 trat er, damals noch keine 26 Jahre alt, seine Stelle an und erwarb sich bald

Rabbiner Robert Raphael Geis

das Vertrauen zahlreicher jüdischer Jugendlicher in München, während seine unkonventionelle Art und seine »fortschrittliche« politische und religiöse Haltung von vielen traditionelleren Vertretern der Israelitischen Kultusgemeinde, allen voran Rabbiner Leo Baerwald, auf Mißbilligung stieß.[49] Der Streitigkeiten überdrüssig, bemühte sich Geis Anfang 1934 mit Erfolg um eine andere Stelle, auch wenn viele ihn gerne in München zurückgehalten hätten.

1934-1937 war er Rabbiner in Mannheim, dann wurde er zugleich Landes-, Provinz und Gemeinderabbiner in Kassel.[50] In der »Kristallnacht« wurde er verhaftet und einige Monate lang im Konzentrationslager Buchenwald eingesperrt. Nach seiner Entlassung nutzte er 1939 eine Gelegenheit, nach Palästina auszuwandern, wo er bis 1946 als Dozent für Religionsgeschichte an der Hebrew University arbeitete und Kurse in der Erwachsenenbildung in Tel Aviv und Jerusalem leitete. Von 1942 bis 1944 war Geis außerdem Stabsmitglied einer Kriegspropagandaeinheit in Jerusalem.

Im Februar 1945 heiratete er Susanne Landshut, die drei Kinder – Jael, Ilse und Gabriel – zur Welt brachte. Geis kehrte 1947 im Auftrag der World Union for Progressive Judaism in London wieder nach Europa zurück, zunächst bis 1949 als Lehrer in Zürich, dann von 1949 bis 1952 als Rabbiner der liberalen Gemeinde in Amsterdam. Das Jahr 1952 bedeutete für ihn die Rückkehr nach Deutschland. Er wurde für vier Jahre Landesrabbiner von Baden und UNESCO-Delegierter des Zentralrates der Juden in Deutschland und erhielt außerdem eine Dozentur für jüdische Religionswissenschaft an der Universität Freiburg, die er 1956 zugunsten einer Professur an der Pädagogischen Hochschule Duisburg aufgab. Dort war Geis Redaktionsmitglied des »Religionsgeschichtlichen Wörterbuchs zum Alten Testament«, außerdem theologischer Berater im Koordinierungsrat der »Gesellschaft für Christlich-jüdische Zusammenarbeit«. Von jüdischer Seite hatte er den Vorsitz der Arbeitsgruppe Juden und Christen des Deutschen Evangelischen Kirchentages inne, außerdem war er Mitglied im Rundfunkrat des Westdeutschen Rundfunks (WDR). Für seine zahlreichen Verdienste erhielt Geis 1970 die Buber-Rosenzweig-Medaille verliehen.[51] Am 18. Mai 1972, an Erew Schawout, starb Geis in Baden-Baden.[52]

Während seines schaffensreichen Lebens hatte Geis eine Reihe von Schriften verfaßt, deren wichtigste hier aufgeführt werden:[53]

– Der Sturz des Reichskanzlers Caprivi (= Historische Studien, 192). Berlin 1930 ($^{2}$1965).
– Der Begriff des Patriotentums bei Hermann Cohen. Jerusalem 1942.
– Leo Baeck. In: Robert Raphael Geis/Oskar Hammelbeck/Oskar Simmel (Hrsg.): Männer

des Glaubens im deutschen Widerstand. München 1959.
- Vom unbekannten Judentum (= Herder-Bücherei, 102). Freiburg 1961.
- Versuche des Verstehens. Dokumente jüdisch-christlicher Begegnung aus den Jahren 1918-1933. Hrsg. u. eingeleitet v. Robert Raphael Geis u. Hans-Joachim Kraus (= Theologische Bücherei, 33). München 1966.
- Von Deutschlands Juden. In: Israel und wir. Keren-Hajessod-Jahrbuch der jüdischen Gemeinschaft in Deutschland 1955/1965 – 5715/5725. Hrsg. v. Mendel Karger-Karin. Frankfurt 1966, S. 48-54.
- Nochmals zur Frage gemeinsamer Gottesdienste. In: Emuna, Blätter für christlich-jüdische Zusammenarbeit, 4 (1969) 5, S. 342-344.
- Gottes Minorität. Beiträge zur jüdischen Theologie und zur Geschichte der Juden in Deutschland. München 1971
- Aufsätze zur Geschichte der Juden in Deutschland, 1971.
- Dietrich Goldschmidt/Ingrid Ueberschär (Hrsg.): Leiden an der Unerlöstheit der Welt. Robert Raphael Geis, 1906-1972. Briefe, Reden, Aufsätze. München 1984. *T. W.*

## *Joseph Prijs, 1889 (Würzburg) – 1956 (Basel/Schweiz)*

Joseph Prijs entstammte einer Intellektuellenfamilie. Er kam am 30. Mai 1889 in Würzburg als Sohn des jüdisch-niederländischen Gelehrten Barend Prijs (1844-1915) und dessen Frau Rachel, geb. Lehmann (Leemans), zur Welt.[54] Er studierte an der Breuer-Jeschiwa in Frankfurt am Main und wurde 1912 an der Universität Würzburg zum Dr. phil. promoviert. Das Rabbinerexamen legte er auf der Jeschiwa in Galanta, in der heutigen Slowakei, ab. 1915 heiratete er die aus dem ostgalizischen Stanislav[55] stammende Bella Horowitz, eine Tochter des berühmten »Stryzer Rav« Arje Leibisch Halevi Horowitz (1847-1909). Sie brachte drei Söhne – Bernhard (geb. 1916), Leo (geb. 1920) und Moses Tobias (geb. 1922) – sowie die Tochter Henni (geb. 1927) zur Welt.

Prijs war zwischen 1918 und 1921 als Rabbiner in Breslau tätig und unterrichtete außerdem Griechisch und Literatur an der dortigen jüdischen Schule. 1921 erhielt er eine Anstellung durch die Israelitische Kultusgemeinde München als Rabbiner und Religionslehrer, die er bis 1933 behielt. Er wurde Leiter der Talmud-Thora-Schule und erhielt außerdem 1927 eine Dozentur für Judaistik an der Ludwig-Maximilian-Universität München. Das erste Jahrzehnt in München lebte Prijs in der Gentzstraße 5, dann zog er in die Fraunhoferstraße 4 um.

Er war Mitglied der gesetzestreuen Vereinigung Agudas Jisroel und nahm 1923 als Abgeordneter deren erster Kenesija (Kongreß) in Wien teil. Sein Sohn Leo erinnerte sich an die Haltung des Vaters nach 1933: »Der Vater hielt es im Gegensatz zu den meisten jüdischen Mitbürgern in München für durchaus möglich, daß die Judenfeindschaft Hitlers in Pogromen ausarten würde.«[56] Joseph Prijs emigrierte daher schon bald nach der nationalsozialistischen Machtübernahme zunächst nach Österreich, dann nach Basel (Schweiz). Zeitweise hielt er sich in St. Louis in Frankreich auf, lebte jedoch ab 1934 fast dauerhaft in Basel. Seine von den Schweizer Meldebehörden ausgestellte Aufenthaltsgenehmigung wurde ihm im Zweiten Weltkrieg entzogen, und Prijs lebte, da nur geduldet, bis 1945 in permanenter Angst, ausgewiesen zu werden. Er arbeitete als Bibliothekar an der Universitätsbibliothek Basel und widmete sich dem Studium alter Handschriften und Drucke auch in anderen Schweizer Universitätsbibliotheken. In einigen von ihnen verzeichnete er die Judaica-Bestände.

Am 9. Oktober 1956 verstarb Prijs in Basel. Seine Frau Bella überlebte ihn noch um fast 20 Jahre und starb erst 1975, ebenfalls in Basel.

Sein Sohn, Dr. Leo Prijs (geb. 1920, Breslau) lehrte seit 1962 als Privatdozent, seit 1968 als Professor für Judaistik an der Ludwig-Maximilian-Universität München.

Werke von Joseph Prijs:

- Der Staatsroman des 16. und 17. Jahrhunderts und sein Erziehungsideal. Diss. Würzburg 1913.
- Hebräische Buchdruckereien im Gebiete des heutigen Bayern. In: Bayerische Israelitische Gemeindezeitung, Nr. 6/1925, S. 89-93, Nr. 11/1927, S. 326-333.
- Der jüdische Kalender. In: Bayerische Israelitische Gemeindezeitung, Nr. 8/1925, S. 154-157.
- Hebräische und jüdische Elemente im Deutschen. In: Bayerische Israelitische Gemeindezeitung, Nr. 6/1926, S. 157-164.
- Hebräische Büchereien im Gebiete des heutigen Bayern. In: Bayerische Israelitische Gemeindezeitung, Nr. 5/1927, S. 133-139, Nr. 11/1927, S. 326-333.
- Die Familie von Hirsch auf Gereuth. München 1931.
- Stammbuch der Familie Goldsmit-Cassel in Amsterdam (1650-1750). 1936.
- Nachträge zu Loewensteins Bibliographie der Fürther hebräischen Drucke. 1938.
- Die Basler Hebräischen Drucke, 1516-1828. Basel 1952.
- Der Basler Talmuddruck, 1578-1580. Olten 1960.
- Die Basler Hebräischen Drucke, 1492-1866. Im Auftrag der öffentlichen Bibliothek der Universität Basel bearbeitet. Hrsg. v. Bernhard Prijs. Olten, Freiburg i. Br. 1964.
- Die hebräischen Handschriften. Katalog auf Grund der Beschreibungen v. Joseph Prijs. Redigiert v. Bernhard und David Prijs (= Publikationen der Universitätsbibliothek Basel, 21). Basel 1994.

*T. W.*

## Anmerkungen

1 StadtAM Stadtchronik 1868, S. 734.

2 Allgemeine Zeitung des Judenthums, Nr. 33 vom 16.8.1870.

3 BAERWALD/FEUCHTWANGER (Hrsg.) 1937, S. 46.

4 Nach KILIAN 1989; S. 17. – OPHIR/WIESEMANN 1979, S. 33.

5 StadtAM Kultusstiftungen 1148, Schreiben der Cultusadministration an den Stadtmagistrat vom 30.1.1866.

6 Ebenda, Schreiben das Stadtmagistrats an die Cultusadministration vom 9.2.1866.

7 Ebenda, Schreiben der Cultusadministration an den Stadtmagistrat vom 25.6.1869. – Zitat nach StadtAM Stadtchronik vom 9.7.1869, S. 271.

8 Die Gemeindebevollmächtigten befürworteten hingegen die 1866 beantragte Bezuschussung des Bauprojekts mit 30.000 Gulden (StadtAM Kultusstiftungen 1148, Schreiben an den Stadtmagistrat vom 27.7.1869).

9 StadtAM Kultusstiftungen 1148, Beschluß des Stadtmagistrats vom 6.8.1869.

10 Vgl. StadtAM LBK 10718/1 (Wittelsbacherplatz 2).

11 Vgl. dazu Münchner Fremdenblatt vom 26.4.1881.

12 Vgl. dazu SELIG 1988, S. 60.

13 HAMMER-SCHENK 1988, S. 234.

14 StadtAM Stadtchronik vom 1.5.1884.

15 BAERWALD/FEUCHTWANGER (Hrsg.) 1937, S. 75. – Zur Baugeschichte und Architekturbeschreibung vgl. vor allem den Beitrag von K. E. O. Fritsch (1889), abgedruckt bei SELIG (Hrsg.) 1988, S. 131-147, sowie HAMMER-SCHENK 1988, S. 231-235, und RAUCH 1994, S. 14-17.

16 Münchener Tagblatt Nr. 260 vom 18.9.1887.

17 StadtAM Stadtchronik vom 6.7.1887.

18 StadtAM Stadtchronik 1887, Beilage Nr. 212.

19 StadtAM Stadtchronik vom 16.9.1887. – Die in den Schlußstein eingebrachte Kapsel wurde bei den Abbrucharbeiten im Juni 1938 von der Baufirma Moll geborgen und dem Münchner Stadtmuseum übergeben.

20 StadtAM Stadtchronik vom 16.9.1887.

[21] StadtAM Stadtchronik 1890, Beilage 130 (Bericht der Verwaltung der israelitischen Cultus-Gemeinde vom 16.3.1890).

[22] StadtAM Stadtchronik 1878, Bd. 3/II, Beilage 208 (Bericht der Verwaltung der israelitischen Cultusgemeinde in München 1878). – StadtAM Stadtchronik 1881, Bd. VI, Beilage 24 (Aufruf der Verwaltung der israelitischen Cultus-Gemeinde vom 20.6.1880; Prospect für das von der israelitischen Cultusgemeinde in München zu emittirende Synagogenbau-Anlehen von Mark 600000« vom 20.6.1880; »Subscription auf das vierprozentige Synagogenbau-Anlehen der israelitischen Cultusgemeinde in München« vom 20.6.1880).

[23] Vgl. die bei SELIG (Hrsg.) 1988, S. 66-73, abgedruckten zeitgenössichen Dokumente.

[24] StadtAM Stadtchronik 1890, Beilage 130 (Bericht der Verwaltung der israelitischen Cultus-Gemeinde vom 16.3.1890).

[25] Nach SCHWIERZ 1988, S. 309.

[26] Zusammengestellt nach den in diesem Zeitraum erschienenen «Israelitischen Kalendern für München«.

[27] StadtAM Kulturamt 1070/23, Vertrag vom 30.12.1907.

[28] Israelitischer Kalender für München 1905/1906, S. 4f.

[29] Zum Antisemitismus in Bayern vor 1933 vgl. WALTER 1999.

[30] LARGE 1998, S. 27.

[31] StadtAM NL Lamm, Kopie des Schreibens von Theodor Herzl an die Vorstandschaft der Israelitischen Cultusgemeinde München vom 11.6.1897.

[32] StadtAM NL Lamm, Kopie des Schreibens der Verwaltung der israelitischen Cultusgemeinde in München an Theodor Herzl vom 13.6.1897.

[33] Zu den Ereignissen vom 9./10.11.1938 in München und ihrer Vorgeschichte vgl. HEUSLER/WEGER 1998.

[34] OESTREICH 1958, S. 448.

[35] StadtAM Kommunalamt, Abg. 60/11-10, Schreiben von Leonard Moll an die Sonderbaubehörde Ausbau der Stadt München vom 9.6.1938.

[36] StadtAM LBK 3912, 3913, 3915/2.

[37] Münchner Neueste Nachrichten Nr. 601 vom 28.11.1918.

[38] BEN-CHORIN 1964, S. 35.

[39] WALK 1988, S. 110. – Biographisches Handbuch der deutschsprachigen Emigration nach 1933 (1980), Bd. I, S. 211f.

[40] TETZLAFF 1982, S. 78. – WALK 1988, S. 91.

[41] Israel Finkelscherer: Moses Maimunis Stellung zum Aberglauben und zur Mystik. Breslau 1894.

[42] LÖWENTHAL 1965, S. 47.

[43] StadtAM EBA 1899/1482.

[44] BAERWALD 1958, S. 29.

[45] BEN-CHORIN 1974, S. 173f.

[46] Gedenkbuch 1986, Bd. I, S. 329. – Das Amtsgericht München erklärte Finkelscherer am 15.11.1948 für tot (Urk.-Reg. II/638/48).

[47] LÖWENTHAL 1965, S. 47. – WALK 1982, S. 91.

[48] Autobiographische Zeugnisse enthält unter anderem der Band von Goldschmidt/Ueberschär (Hrsg.) 1972. – Who's Who in World Jewry 1955, S. 240. – TETZLAFF 1982, S. 99. – Deutsche Biographische Enyklopädie (DBE). München u. a. 1996, S. 608f. – Dietrich Goldschmidt: Robert Raphael Geis. Ein später Zeuge des deutschen Judentums (4. Juli 1906 – 18. Mai 1972). In: Emuna, Horizonte zur Diskussion über Israel und das Judentum, 8 (1973) 6, S. 424-427.

[49] Dazu im Detail die Texte bei GOLDSCHMIDT/UEBERSCHÄR (Hrsg.) 1972, S. 29-54. – GOLDSCHMIDT (S. 425) berichtet, er habe auf Weisung des IKG-Gemeindevorstandes die von NS-Vertretern andernorts exhumierten Urnen von Kurt Eisner und Gustav Landauer möglichst unauffällig an der Mauer der Israelitischen Friedhofs verscharren sollen. Andererseits habe 1933 Kardinal Faulhaber ihn bei einer seiner Adventspredigten gegen den Antisemitismus in seiner Begleitung in die Frauenkirche mit einziehen lassen.

[50] WALK 1988, S. 111.

[51] Hans-Joachim Kraus: Eva G. Reichmann und Robert Raphael Geis zu Ehren. In: Emuna, Horizonte zur Diskussion über Israel und das Judentum, 5 (1970) 4, S. 275-277.

[52] Lothar Rothschild: Zum Tode von Rabbiner Dr. Geis. In: Münchner Jüdische Nachrichten, 16.6.1972. – Friedo Sachser: West Germany. In: American Jewish Year Book, 74 (1973) S. 446-470; hier S. 470.

[53] Biographisches Handbuch der deutschsprachigen Emigration nach 1933. München u. a. 1980, Bd. I, S. 215.

[54] Who's Who in World Jewry 1955, S. 594. – Encyclopedia Judaica, XIII, Sp. 1092. – Tetzlaff 1982, S. 269. – Biographisches Handbuch der deutschsprachigen Emigration nach 1933 (1980), S. 576.

[55] Stanislau, heute: Ivano-Frankivsk, Ukraine.

[56] Zit. nach DAUM 1995, S. 89.

# Synagogenmusik

## 1. Zur Geschichte der Synagogenmusik[1]

Die Wurzeln der jüdisch-religiösen Musik reichen bis in die Zeit des ersten und zweiten Tempels in Jerusalem (zerstört 586 vor bzw. 70 nach der christlichen Zeitrechnung) zurück. Der damalige Gottesdienst bestand aus Tieropfern, begleitet von Gesang und Spiel auf Musikinstrumenten wie Kinnor (Leier), Nevel (Harfe) und Schofar. Die Zerstörung des zweiten Tempels bedeutete das Ende der Opfergottesdienste, jedoch nicht das Ende der Musik. Beibehalten wurde das rezitative Singen der Psalmen und der neu hinzukommenden Gebete, allerdings ohne Instrumentalbegleitung.

In den folgenden Jahrhunderten kannte der Gottesdienst fast nur ein »singendes Beten«[2]; der frühere Chorgesang wurde von einem Solisten übernommen, dem Vorbeter (Chasan). Das Diaspora-Schicksal der Juden führte dazu, daß zwar ein Teil des charakteristischen archaischen Synagogengesangs unverfälscht allen jüdischen Gemeinden gemeinsam in Form von Leitmotiven und -melodien erhalten blieb, daß aber ein anderer Teil landes- und sogar regionalspezifisch durch Akkulturation mit dort typischen Volksweisen verändert wurde. Umgekehrt wurde auch die Entwicklung von Singweisen des gregorianischen Chorals durch den Synagogengesang beeinflußt.

Der Synagogengesang der deutschen Juden ist das Produkt einer vielhundertjährigen Entwicklung. Ab dem Mittelalter wurde das traditionelle Gebetsritual erweitert durch religiöse Poesien; an die Stelle des ehrenamtlichen trat oft der Berufsvorbeter, der mitunter gleichzeitig als Dichter und Komponist wirkte. Aus dem ursprünglich einfachen Sprechgesang wurde gehobene Rezitation, rhythmische Melodien kamen hinzu; so wurden zusätzlich zum traditionellen Synagogengesang bleibende Kunstwerke geschaffen und von Generation zu Generation mündlich und ohne Aufzeichnungen weitergegeben.

Andererseits wurden die im Mittelalter aufblühende weltliche Poesie und Musik von vielen Vorbetern in die jüdischen Gottesdienste übernommen, so daß es in der synagogalen Musik zu einer Profanisierung sowie zu »Verwilderung und Verfall«[3] kam. Abraham Idelsohn (1865-1922), der bedeutende Forscher des Synagogengesanges, charakterisierte später diese Zeit und grollte: »Seit etwa dem 16. Jahrhundert bildete sich in Deutschland und Polen der Typus von wandernden Chasanim, etwa den Troubadours und Minnesängern ähnelnd. In Osteuropa erhielten sie sich bis auf die Gegenwart. Ihre Gesangsweise entartete zu Zigeunervirtuosität. Die von ihnen verfaßten Stücke bilden ein Gemisch von traditionellen Motiven mit Marsch- und Opernbrocken nebst halsbrecherischen Flöten- und Geigenpassagen, getragen von schlechter Harmonie.«[4] Es war das Verdienst von Salomon Sulzer (1804-1890), der in der ersten Hälfte des 19.

Jahrhunderts als Oberkantor der Wiener Gemeinde wirkte, diese Entwicklung zu beenden und ein vorbildliches Muster für einen zeitgemäßen Gottesdienst zu schaffen. Für Kantor und Gemeinde wurden die Grundprinzipien des traditionellen Synagogengesangs wiederhergestellt und ein vierstimmiger Chor eingeführt. In der zweiten Hälfte des 19. Jahrhunderts führte der Berliner Chordirigent und Musikdirektor Louis Lewandowski (1821-1894) die musikalische Reform Sulzers fort. Weitere Forscher und Erneuerer der Synagogenmusik im 19. Jahrhundert waren Samuel Naumbourgh (1816-1880) in Paris, Hirsch Weintraub (1811-1881) und Eduard Birnbaum (1855-1920) in Königsberg.

Den nachfolgenden Kantorgenerationen in Deutschland war die Rückbesinnung von Sulzer und Lewandowski auf die alten Traditionen des Synagogengesangs nicht weitgehend genug. Emanuel Kirschner schrieb 1926: »Beide und auch ihre Nachfolger würdigten nicht genügend die Eigenart der jüdischen Musik in ihrem Schaffen für die Synagoge. Wohl weiß ich, daß der Begriff ›jüdische Musik‹ ein noch viel umstrittener ist. Gleichwohl verstößt es gegen das Stilgefühl, wenn traditionelle Motive mit altertümlichen Wendungen, die allerdings auf Einstimmigkeit beruhen, in ein modern harmonisches Gewand gekleidet werden, wenn Responsorien charakteristisch jüdischen Gepräges ganz modern empfundenen weichen mußten«.[5]

## 2. Die Situation in München

In München stammte die Musik, die dem Eröffnungsgottesdienst der Synagoge an der Westenrieder Straße 1826 die erwartete Festlichkeit verlieh, von Künstlern nichtjüdischen Bekenntnisses. Das traf auch für die etwa zeitgleiche Synagogeneinweihung in Wien zu, wo später Salomon Sulzer tätig wurde. Mit der Anstellung des Kantors Löb Sänger (bis 1843) begann in München die profunde Pflege und Weiterentwicklung der synagogalen Musik. Seine Vortragsweise und der Schatz der auf ihn überkommenen Kantilenen und Gebetsmotive fanden Eingang in das Werk »Semiroß Jisroel« des Pariser Oberkantors Samuel Naumbourgh.

Die Anstellung zweier weiterer Sänger ermöglichte auch in München die Einführung und Entwicklung des »Terzettgesangs«. Aufgezeichnet und damit der Nachwelt erhalten wurde er von dem Chorleiter und späteren Kantor Meyer Kohn. Daneben enthalten die Aufzeichnungen Bearbeitungen altüberlieferter synagogaler Weisen und Melodien von verschiedenen Komponisten, sowie von David Hessel, dem musikalisch begabten, aber nicht ausgebildeten Sohn des ersten Münchner Rabbiners Hessekiel Hessel. Diese Bearbeitungen bewertete später Emanuel Kirschner, der wohl bedeutendste der Münchner Kantoren, äußerst kritisch: Es könne nicht verkannt werden, daß sie jüdische Eigenarten vollkommen vermissen ließen.

Meyer Kohn verfolgte mit der Herausgabe der »Terzett- und Chorgesänge« (1839) und der vorausgegangenen Chorgründung das Ziel, den Gottesdienst zu »verbessern«. Es sollten dadurch die Responsorien von Chor und Gemeinde »in Ton und Zeit gehörig angestimmt werden«, was »offenbar zur Ordnung und zum kirchlichen Anstand beiträgt«.[6] Ein Ziel, das später auch Kirschner anstrebte, aber es war, wie er in seinen Erinnerungen 1937 schrieb, »der geregelte Gemeindegesang ein unerfüllter Wunsch geblieben«.[7]

Der Gründung des Chores waren heftige Diskussionen vorausgegangen. Seine

Gegner befürchteten »eine Art von theatralischer, opernartiger Mannigfaltigkeit, die zwar den Weibern und jungen Leuten sehr gefällt, aber ernsten Personen mißfällt«.[8] Noch heftiger entbrannte die Auseinandersetzung um die Einführung der Orgel (1876), die entscheidende, äußerst leidenschaftlich diskutierte Neuerung der Reformer, die schließlich zur Gründung der orthodoxen Religionsgemeinschaft Ohel Jakob führte.[9]

1847 trat Max Löwenstamm die Nachfolge von Meyer Kohn an, auch er ein Kantor, der künstlerisch befähigt war, den Synagogengesang weiterzuentwickeln. Nach seinem Tod 1881 wirkte ein Menschenleben lang Emanuel Kirschner in München, den Abraham Idelsohn 1927 als den größten lebenden Komponisten der Synagogenmusik in Deutschland bezeichnete. Lange Jahre arbeiteten an seiner Seite als zweite Kantoren Heinrich Frei (1846-1923), der Kirschner als damals Vierundzwanzigjährigen in das Kantorenamt einführte und mit dem ihn später eine lebenslange Freundschaft verband, und Abraham Müller (1883-1938), der im KZ Dachau ermordet wurde.

Die in den 20er und 30er Jahren dieses Jahrhunderts in München wirkenden Musikerkollegen, der Kapellmeister und Chordirigent Josef Ziegler und der Organist Heinrich Schalit, gehörten schon der nächsten Generation an und pflegten demnach auch andere musikalische Ausdrucksformen. Es einte sie die Überzeugung, daß jede Zeit das Bedürfnis nach einem ihr gemäßen Gottesdienst habe; Kompositionen für die Synagoge unterlagen demnach immer einem künstlerischen Wandel. Sie sollten jedoch stets auf dem jüdischen Traditionsgesang basieren.[10]

*E. O.*

## 3. Musiker an der Hauptsynagoge

### *Meyer Kohn, 1802 (Schwabach) - 1875 (München)*[11]

Meyer Kohn wurde am 3. März 1802[12] in Schwabach geboren. 1825 kam er nach München, wo er noch im selben Jahr ein Lehr- und Erziehungsinstitut für israelitische junge Mädchen eröffnete. 1832 – er war inzwischen über die Matrikelzahl als »Insasse« in München aufgenommen worden – übernahm er die Leitung des Synagogenchors, den er gemeinsam mit David Hessel (dem Sohn des verstorbenen Rabbiners Hessekiel Hessel) und anderen reformorientierten Gemeindemitgliedern zur »Verbesserung« des Gottesdienstes ins Leben gerufen hatte.

1843 übernahm Kohn die Aufgabe des Kantors in der Münchner Gemeinde. Über sein Wirken in München ist freilich kaum etwas bekannt. Lediglich Leo Baerwald würdigt Kohn – neben Löwenstamm – als einen der Münchner Kantoren, die sich »durch synagogale Kompositionen hervorragende Namen erworben haben«.[13] 1839 veröffentlichte er das erste umfassende synagogale Gesangswerk in moderner Bearbeitung. Der »Vollständige Jahrgang von Terzett- und Chorgesängen der Synagoge in München nebst sämtlichen Chorresponsorien zu den alten Gesangsweisen der Vorsänger (Chasanut)« orientiert sich dabei nicht an den zeitgenössischen Reformbestrebungen, sondern hält an den melodischen Elementen und überlieferten Formen der altjüdischen liturgischen Gesänge fest. 1855 folgte die Veröffentlichung »Machsor le-Schalosch Regalim. Festtägliche Gebete für die drei Hauptfeste Pessach, Schabuoth und

Max Löwenstamm: Jubelklänge zur allerhöchsten Vermählungsfeier Seiner Majestät Ludwig II König von Bayern mit Prinzessin Sofie Charlotte Auguste. Text und Musik von Löwenstamm, Oberkantor an der Synagoge in München, Titelblatt

Ssukoth. Nach den neueren Einrichtungen zunächst für die Synagoge in München«.

Meyer Kohn verstarb am 19. Oktober 1875 in München. *A. H.*

### *Max Löwenstamm, 1814 (Trebitsch/ Mähren) - 1881 (München)*[14]

Max (Mordechai) Löwenstamm wurde am 25. Oktober 1814 in Trebitsch (Třebíč) in Mähren geboren. Nach Talmudstudien in Prag besuchte er zwischen 1833 und 1839 die hebräische Sprachschule in Wien und das dortige Konservatorium, wo er unter anderem bei Salomon Sulzer studierte. Seine erste Stelle übernahm er 1840 als Vorbeter in Prag. 1842 wurde als Oberkantor an den Neuen Tempel in Pest berufen. Seit 1847 wirkte Löwenstamm in München, wo ihn die Israelitische Kultusgemeinde für ein Jahresgehalt von 900 Gulden als 1. Kantor angestellt hatte.

Aus der Ehe mit Anna, geborene Kohn, gingen sieben Kinder hervor: Franz Joseph (geb. 1843 in Budapest), Sidonia (geb. 1844), Emil (geb. 1849 in Trebitsch), Gabriel (geb. 1851 in München), Alexander Michael (geb. 1852 in München), Eugen (geb. 1855 in München), Jenny Amalia (geb. 1858 in München).

Unter den zeitgenössischen jüdischen Musikern, die sich um eine künstlerische Weiterentwicklung des Synagogengesanges Verdienste erwarben, nahm Löwenstamm »eine bedeutsame Stellung« ein.[15] Löwenstamm ist es gelungen, die Elemente des polnisch-jüdischen liturgischen Gesanges mit denen des süddeutsch-jüdischen harmonisch zu verbinden. Zu seinen wichtigsten Werken zählt das weitverbreitete synagogale Gesangwerk »Semirot le El Chaj!« (»Lobgesänge des lebendigen Gott«), das aber erst nach seinem Tod veröffentlicht wurde.

Max Löwenstamm verstarb am 9. April 1881 in München. *A. H.*

### *Heinrich (Hayum) Frei, 1846 (Braunsbach) - 1923 (München)*

Heinrich Frei wurde am 16. April 1846 in Braunsbach (Oberamt Künzelsau) geboren. Über seine Kindheits- und Jugendjahre sowie seinen beruflichen Werdegang ist nichts bekannt. Seit 29. Januar 1874 war er mit seiner aus Gebenhausen stammenden Frau Lina, geborene Bernheimer, in München gemeldet. Hier kamen auch die sechs Kinder Therese, Elsa, Alfred, Leopold, Frieda und Arthur zur Welt. Nach dem Tod von Lina Frei am 20. Oktober 1904 heiratete Heinrich Frei die aus Gebenhausen stammende Rösle Bernheimer. Rösle Frei wurde am 25. Juni 1942 nach Theresienstadt deportiert. Als einige der wenigen Jüdinnen und Juden kehrte sie nach der Befreiung des Lager 1945 nach München zurück.

Über Heinrich Freis Wirken innerhalb der Kultusgemeinde wissen wir nur wenig. Als Religionslehrer wirkte er an städtischen Schulen, als Kantor und Chordirigent war er in der Gemeinde aktiv. Als Kantor stand er sicherlich im Schatten des charismatischen, wegen seiner stimmlichen und musikalischen Qualitäten weit über München hinaus bekannten Emanuel Kirschner. In seinem Rückblick auf die Geschichte der Münchner jüdischen Gemeinde erinnert sich Leo Baerwald an einen Mann, der sich »durch seine hervorragende Pflichttreue und vorbildliche Berufsausübung die Hochachtung der Gemeinde erworben hat«.[16]

Heinrich Frei verstarb am 26. Januar 1923 in München. *A. H.*

## *Emanuel Kirschner, 1857 (Rokittnitz) - 1938 (München)*

Emanuel Kirschner war der wohl bedeutendste der Münchner Kantoren und zu seinen Lebzeiten der wichtigste in Deutschland. Seine Kompositionen erklingen noch heute und sind Fachleuten ein Begriff. Er wurde am 15. Februar 1857 in Rokittnitz, Kreis Oppeln (Oberschlesien), als drittes Kind des Bäckermeisters und Kolonialwarenhändlers Aron Kirschner und seiner Frau Bertha, geb. Böhm, geboren. Aron Kirschner war ein Verehrer des Synagogengesangs und konnte schon frühzeitig das Interesse für den jüdisch-traditionellen Gesang in seinem Sohn wecken.[17] In Beuthen, wohin seine Eltern 1868 übergesiedelt waren, lebte die Familie mit zehn Kindern, dem Dienstmädchen und einem Gesellen in einer Wohnung, die aus dem Laden, einer Wohnküche, einer fensterlosen, dunklen Kammer und der Backstube bestand.[18] Die Eltern waren auf die Mitarbeit der Kinder angewiesen, und der Vater erwartete von Emanuel den frühestmöglichen Berufseinstieg in das Bäckerhandwerk.

Emanuel Kirschner, um 1925

Doch war dem dortigen Kantor, dem später zu Berühmtheit gelangten Josef Singer, die prachtvolle Stimme des kleinen Emanuel aufgefallen, und er suchte ihn zu fördern, indem er gegen den anfänglichen Widerstand des Vaters für seine Aufnahme in den Synagogen-Chor sorgte und ihn im Klavierspiel sowie in Musiktheorie unterrichtete.[19] Damit begannen, wie Emanuel Kirschner in seinen Erinnerungen schreibt, die Lehrjahre für seinen zukünftigen Beruf als Kantor und Lehrer. Er durfte die Einstudierung neuer Chorstücke übernehmen, wurde oft mit Soli betraut und an seinem Barmizwah-Sabbat wurde ihm die Ehre zuteil, mit dem Chor in der großen Synagoge vorbeten zu dürfen.[20] Es erforderte nochmals eindringliche Überredungskunst, bis der Vater ihm 1874 erlaubte, die Bäckerausbildung abzubrechen und ein Studium am Lehrerseminar der jüdischen Gemeinde in Berlin zu beginnen. Er wurde zum Religionslehrer ausgebildet und erhielt gleichzeitig bei dem bedeutenden Reformer der Synagogenmusik, Louis Lewandowski, seine Ausbildung zum Kantor. Doch schrieb er später, daß seine stimmliche Ausbildung nicht im Seminar, sondern durch Privatunterricht bei Lehrern wie Prof. Ferdinand Sieber erfolgt sei.

In dieser Zeit entwickelte sich seine Stimme zu einem »ungemein sympathischen Bariton von großem Umfang«[21], und so verwundert es nicht, daß seine Bewerbung für den Posten eines zweiten Kantors an der »Neuen Synagoge« in Berlin erfolgreich war. Zwei Jahre wirkte er dort als Lehrer an der jüdischen Gemeindeschule, dann wurde 1881 in Mün-

# Kgl. Odeon in München.

Montag den 29. April 1889.

# CONCERT

aus Compositionen von **Hans Hasselbeck,** Professor an der kgl. Musikschule
unter gütiger Mitwirkung von
Frl. Therese Gradl und den Herren Anton Hautmann, Emanuel Kirschner,
Josef Schelle und Bernhard Wickert,
früheren und jetzigen Schülern des Concertgebers, sowie des Organisten Hrn. Franz Reidl.

## PROGRAMM.

### I. Ouverture für Orchester.

### II. Gesang.

1. **Lieder für Sopran:**
   a) Veilchen.
   b) Frühling.
   c) Was man zur Liebe braucht.
   Frl. *Therese Gradl.*
2. **Duett für Tenor und Bariton:**
   Frühling und Liebe.
   HH. *Schelle* und *Kirschner.*
3. **Lieder für Tenor:**
   a) Der Abendglocken milder Klang.
   b) Traumgott, schwebe leis hernieder!
   c) Am Schienengeleise.
   Hr. *Bernhard Wickert.*
4. **Duett für Sopran und Bariton:**
   Getrost.
   Frl. *Gradl* und Hr. *Kirschner.*
5. **Lieder für Tenor:**
   a) Winternacht.
   b) Wie Feld und Au.
   Hr. *Josef Schelle.*
6. **Der 142. Psalm** für eine Bass-Stimme, Trompeten, Posaunen, Pauken und Orgel.
   Bass: Hr. *Anton Hautmann.*
   Orgel: Hr. *Franz Reidl.*
7. **Lieder für Bariton:**
   a) Milde und Macht.
   b) Stille Sicherheit.
   Hr. *Emanuel Kirschner.*
8. **Terzett für Sopran, Tenor und Bariton:**
   Frühlingsgrüsse.
   Frl. *Gradl,* HH. *Schelle* und *Kirschner.*

### III. Symphonie für Orchester.

Allegro maestoso — Adagio — Allegro giocoso — Allegro vivace.

---

Der Concertflügel ist aus der kgl. Hofpianofabrik von **J. Mayer & Cie.** dahier.

---

Anfang 7 Uhr. — Ende gegen 9 Uhr.

---

**Programme mit Text der Gesänge** sind à 10 ₰ bei der Billeten-Verkaufsstelle, sowie am Concert-Abend am Eingange in den Saal und zur Galerie zu haben.

---

***Vorverkauf*** *der Eintrittskarten in der kgl. Hof-Musikalienhandlung von* ***Josef Aibl,***
*Promenadestrasse 12.*
*Die* ***Kassa im K. Odeon*** *ist am Concertabende von 6 Uhr an geöffnet.*

---

## Eintritts-Preise:

**Saal:** Reservierter Sitz 4 M. Numerierter Sitz 3 M. Stehplatz 2 M.
**Galerie:** Numerierter Sitz 2 M. 50 Pf. Stehplatz 1 M. 50 Pf.
Kategoriekarte (nur an der Abendkasse) 1 M.

Konzert mit Emanuel Kirschner als Solist im Kgl. Odeon, 29. April 1889

תְּהִלּוֹת לְאֵל עֶלְיוֹן

Synagogen-Gesänge

für

Cantor, Gemeinde und Chor

mit Orgelbegleitung

componirt, bearbeitet und herausgegeben

von

EMANUEL KIRSCHNER,

I. Cantor an der Synagoge in München.

Heft I. Gesänge für Freitag Abend.

" II. Sabbat-Gesänge.

*Eigenthum des Verlegers für alle Länder*

MUENCHEN,

JOS. AIBL'S SORTIMENT.

*Den Verträgen gemäss Eingetragen.*



Emanuel Kirschner, Synagogen-Gesänge für Cantor, Gemeinde und Chor, Titelblatt

chen ein Nachfolger für den hochangesehenen Kantor Max G. Löwenstamm, der 34 Jahre in der Gemeinde gewirkt hatte, gesucht.[22] Kirschner, erst vierundzwanzigjährig, siegte beim Probevortrag über alle Mitbewerber. Ausschlaggebend dabei war das Urteil des als Gutachter hinzugezogenen renommierten Hofkapellmeisters Hermann Levi: »Der Mann kann singen. Den wählen Sie.«[23]

Kirschner schilderte in seinen Erinnerungen die Schwierigkeiten dieser Anfangszeit: Vertraut mit der mehr leidenschaftlichen und von Moll-Tönen geprägten Singweise des polnischen Ritusgebietes, das sich nicht nur auf Polen, sondern auch auf Norddeutschland erstreckte, mußte er sich in wenigen Wochen den süddeutschen Chasonus (Singweise) mit seinem vom deutschen Volkslied beeinflußten Dur-Gesang aneignen.[24]

Es zeigte sich, daß er als Kantor den Vergleich mit seinem ausgezeichneten Vorgänger nicht zu scheuen brauchte. Der Königsberger Rabbiner Felix Perles, Sohn des Münchner Rabbiners Joseph Perles, beurteilte den jungen Kirschner in einem Festartikel anläßlich dessen 50jährigen Kantorendienstes: »Außer seiner gründlichen Fachbildung brachte er aber auch noch etwas mit, was man weder erben noch von anderen lernen kann, sondern was aus dem Menschen selbst quillt: die echte, ungeheuchelte Frömmigkeit und der unbedingt zuverlässige Charakter, die allen Leistungen erst den Stempel der Vollwertigkeit aufdrückt.«[25]

In München lernte Emanuel Kirschner seine spätere Frau, die Gastwirtstochter Ida Bühler, geboren am 22. Januar 1862 in Bühl, kennen. Das Paar heiratete im August 1884 und lebte ab 1893 im 2. Stock des Gemeindehauses in der Herzog-Max-Straße 7. Sie hatten drei Kinder: Max, geboren am 7. März 1886, der später als Arzt in New York lebte, Fritz, geboren am 18. April 1889, dem als Kaufmann die Emigration nach Palästina glückte, und Bertha, geboren am 30. März 1894, die mit vier Jahren an Scharlach starb.

Mit immensem Fleiß hatte Emanuel Kirschner bei Münchner Musikpädagogen wie Hans Hasselbeck, Josef Rheinberger, Wilhelm Heinrich Riehl und Ludwig Thuille Gesang und Kompositionslehre weiterstudiert, und so erging bald die Aufforderung an ihn, an Konzerten mitzuwirken.[26] So trat er dann, neben seinen Verpflichtungen als Kantor, als Solist mit verschiedenen Chören auf, wobei sein Vortrag in der Tagespresse wiederholt lobend erwähnt wurde.

Als Folge seines zunehmenden Bekanntheitsgrades kamen die ersten Schüler, meist aus Amateurkreisen, aber auch Bühnensänger, die durch falschen Gebrauch ihre Stimme geschädigt hatten und von ihm Heilung erhofften.[27]

Im Studienjahr 1892/93 unterrichtete er an der Münchner Königlichen Akademie für Tonkunst acht Studentinnen und Studenten im Fach Sologesang.[28] Diese Tätigkeit gab er wegen Überlastung und weil die Anstrengung des Gesangunterrichts seiner Stimme schadete, wieder auf.[29] In seinen Erinnerungen schrieb er: »Neben sämtlichen Funktionen des ersten Kantors, deren Durchführung mir ungemein erschwert wurde durch ein mir anhaftendes überaus lästiges Lampenfieber, neben dauernder gesanglicher Fortbildung und vielfachem Auftreten als Solist in öffentlichen Konzerten, neben Erteilung von Religionsunterricht in zwölf Wochenstunden, ganz abgesehen von meinen kompositorischen Arbeiten, hatte ich mir noch den Gesangunterricht in der Akademie... aufgebürdet. Kein Wunder, wenn ich schon gegen Ende 1893 hochgradig nervös wurde, unter oft auftretenden Magenbeschwerden zu leiden anfing...«[30]

Zwei Jahre dauerte die gemeinsame Arbeit mit seinem Schüler Heinrich Knote. Dieser war vom Direktor der Akademie der Tonkunst, Generalintendant von Perfall, wegen Unbrauchbarkeit entlassen worden. Es mangele ihm an Disziplin und »ernstem Streben«, nicht aber an allabendlicher Amüsierbereitschaft. Der Erfolg dieser Zusammenarbeit zeigte sich darin, daß Knote einer der bekanntesten Tenöre und Wagnersänger seiner Zeit wurde.[31]

Emanuel Kirschner war aber nicht nur Kantor, Sänger und Lehrer, sondern auch musikwissenschaftlich und kompositorisch tätig. Er veröffentlichte fachwissenschaftliche Arbeiten über die Musik des Judentums, unter anderem über die Entwicklung des traditionellen Gesangs. Sein kompositorisches Lebenswerk bilden vier Bände Synagogengesänge mit mehr als 100 Kompositionen für Kantor und Chor mit Orgelbegleitung (»Tehilloth leel Eljon«), die zwischen 1896 und 1926 erschienen.[32]

Der amerikanische Musikhistoriker Abraham Idelsohn schrieb anläßlich Kirschners 70. Geburtstag und des zeitgleichen Erscheinens des letzten Bandes in Amerika 1927: »... Der größte unter den lebenden Komponisten der Synagogenmusik in Deutschland ist gegenwärtig Emanuel Kirschner – Kantor und musikalischer Führer in München... Kirschner ist bestrebt, den Synagogengesang zu bereichern. Sein Bemühen ist, mit dem bereits vorhandenen Material zu arbeiten, und auf diese Weise die Musik aus ihren eigenen Elementen aufzubauen.«[33]

Nach 45jähriger Dienstzeit trat Emanuel Kirschner im April 1926 in den Ruhestand, blieb allerdings weiterhin ehrenamtlich in kantoralen Funktionen, bis 1928 Moritz Neu als neuer Kantor sein Amt antrat.

1934 feierte das Ehepaar Kirschner Goldene Hochzeit in Marienbad (Mariánské Lázně). Hier war es noch möglich, das Fest ohne antijüdische Schikanen in Hotels und Restaurants zu begehen. Zum letzten Mal trafen sich alle Familienmitglieder zur Feier des 80. Geburtstages im Februar 1937, dann begannen Flucht und Vertreibung.[34] Dennoch blieb Emanuel Kirschner in den Folgejahren im Gemeindeleben aktiv. Als am 8. Juni 1938 der Kultusgemeinde von den Nationalsozialisten eröffnet wurde, daß am folgenden Tag die Synagoge an der Herzog-Max-Straße abgerissen werden würde, bat die Gemeinde Kirschner, im Abschiedsgottesdienst den Schlußgesang zu singen. Einundachtzigjährig, nach jahrelangem Pausieren und »mit gebrochenem Herzen«[35], kam er diesem Wunsche nach. Er sang mit »seiner achtzigjährigen Stimme, die immer noch den Abglanz ihrer ehemaligen baritonalen Schönheit und Wärme bewahrt hatte«[36] den 102. Psalm: »Gebet eines Leidenden, wenn er verzagt.« Es muß Emanuel Kirschner tief getroffen haben, mitanzusehen, wie das Gotteshaus zerstört wurde; der Ort, an dem er die meisten seiner Tondichtungen hat aufführen hören, in dem er ein Menschenleben lang gewirkt hatte, sowohl bei der Einweihung, als auch bei dem erschütternden Schlußgottesdienst.[37]

Nachdem mit der Zerstörung der Synagoge auch seine Kantorenwohnung geräumt werden mußte, zog das Ehepaar in das jüdische Altenheim an der Kaulbachstraße. Emanuel Kirschner starb nur drei Monate später, am 28. September 1938. Seine Frau wurde während des Pogroms von dort vertrieben und kurzzei-

## Der neue Kirschnerband.

„Ein neuer Kirschnerband ist erschienen!“ Das klingt für die jüdischen Kantoren Deutschlands und darüber hinaus wie eine Fanfare, denn Kirschner bedeutet für uns eine neue Synagogengesangs-Epoche. Wenn man von Sulzer sagte, „er sei der unvergleichliche, gottbegnadete Sänger und Wegweiser auf dem Gebiete der hebräischen Tonkunst gewesen,“ wenn man Lewandowski als „den Heros unter den Synagogengesangs-Komponisten“ bezeichnet, so darf man von Kirschner sagen, daß er die Eigenschaften der beiden in sich vereinigt. München hatte das Glück, drei große Meister auf dem Gebiete der Synagogenmusik hervorzubringen. Kohn pflegte den alten Synagogenstil, seine Kompositionen wirkten aber vielfach nachgeahmt altertümlich, Löwenstamm schlug ins andere Extrem um und ward allzu modern, er konnte sich des Einflusses eines Richard Wagners nicht erwehren. Kirschner erst blieb es vorbehalten, dem traditionellen Erbgut ein modernes Gewand zu geben, und zwar in der Weise, daß die jüdische Eigenart niemals verwischt wird. So atmet sein 4. Band ganz und gar den Jomim-noroim-Geist. Bei jeder Nummer sieht man im Geiste das von Andächtigen gefüllte Gotteshaus, das sich von den inbrünstigen Gebeten des Chasen und den jubelnden Weisen des Chors durchschauern läßt. Wie geschickt hat der Komponist z. B. das Schacharith-Borchu-Motiv verarbeitet; in einer ganzen Anzahl von Nummern kehrt es, immer anders moduliert, wieder. Hat er im „Wajhi binsoa“ den Borchu-Nigun angeschlagen, so läßt er im „Boruch schenosan“ schon das Antwortmotiv: „Boruch adonoj hamwoiroch„ erklingen. Im „W'sos hatoroh“ ist das Thoravorlesungsmotiv verarbeitet. Die 3 M'chalkel chajim verlieren in K.s Harmonisierung den leichten süddeutschen Charakter. Grandios angelegt sind „Uw'schofer godol“ und „B'rosch haschonoh“. Schon die Einleitung, die das Schofarmotiv im Fortissimo erklingen läßt, das sich dann vor „K'wakroras roeh“ wiederholt, versetzt in heilige Stimmung. Den Höhepunkt des Werkes bildet die Keduschah. Hat K. in seiner Jomtov-Keduschah das „Addir addirenu im Jomim noroim-Stil ertönen lassen, so bringt er es hier in Dur mit einem Jubelchor. der gleichsam die Einleitung zu dem mächtigen Schlußchor bildet, der in einem fugalen Orgelnachspiel ausklingt. Die wenigen A-cappella-Rezitative, die K. für den Kantor bringt, sind wahre Leckerbissen. Der Jigdal am Schluß des Werkes ist ein in B-Dur ertönender Jubelchor, der von den elegisch-traditionellen Weisen des Kantors unterbrochen wird.

Mehr verrate ich aber aus dem wertvollen Inhalt des Bandes nicht.

Jedem jüdischen Kantor sei das Buch angelegentlichst empfohlen; erschienen ist es im Verlag von M. W. Kaufmann in Leipzig, der Preis von 12 Mark ist verhältnismäßig gering. Kollegen, studiert den neuen Kirschner, das Studium wird euch Genuß bereiten!

Abr. Nußbaum, Oberkantor in Wiesbaden.

Bericht in der Bayerischen Israelitischen Gemeindezeitung über neue Kompositionen von Emanuel Kirschner, 1926

tig von den Kindern in Frankfurt und Berlin aufgenommen. Später konnte sie in das Altenheim zurückkehren. Sie starb, kurz vor der ihr drohenden Deportation, am 4. Juni 1942 im Altersheim in der Klenzestraße 4. *E. O.*

### *Josef Ziegler, 1880 (Wien) - 1941 (München)*

Josef Ziegler wirkte nach Meyer Kohn und Heinrich Frei als Chordirigent an der Hauptsynagoge in München. Er war der Sohn des Hoftheatersängers Wilhelm Ziegler und dessen Ehefrau Anna, geb. Goldfarb, und wurde am 17. November 1880 in Wien geboren. Von seinen sechs Geschwistern sind auch die beiden jüngeren Brüder künstlerisch hervorgetreten, Benno als Bariton und Siegfried als Kunstmaler.

Josef Ziegler wuchs in München auf und studierte an der Musikakademie bis 1902 Orgel, Klavier, Horn und Kompositionslehre, unter anderem bei Josef Rheinberger.[38] Bevor er seine musikalischen Studien in Paris fortsetzte, sammelte er erste berufliche Erfahrungen als Kapellmeister am Stadttheater in Schleswig und auf einer Tournee durch Süddeutschland. 1911 kehrte er wieder nach München zurück[39] und arbeitete zunächst als privater Musiklehrer, bis ihm 1917 die Israelitische Kultusgemeinde die stellvertretende Leitung des Synagogenchores übertrug. Nach dem Tod des zweiten Kantors und Chordirigenten Heinrich Frei im Jahre 1923 übernahm Ziegler dessen Amt, zusätzlich zur Leitung des 1920 gegründeten Jüdischen Gesangvereins. Nach Auskunft eines zeitgenössischen Berichtes wurde dieser als Reaktion auf den zunehmenden Antisemitismus gegründet, der die Mitwirkung in anderen Chören immer problematischer werden ließ.[40] Der Jüdische Gesangverein sah seine Aufgabe darin, den Synagogenchor an hohen jüdischen Festtagen zu unterstützen und in den Konzerten einen Überblick über die Ausdrucksmöglichkeiten und die Entwicklung der Synagogenmusik zu geben. Aus Anlaß des 100. Geburtstags von Louis Lewandowski im April 1921 gab er unter Ziegler sein erstes Konzert. Es wurden sechs Werke Lewandowskis aufgeführt, ergänzt durch einen Vortrag von Emanuel Kirschner über Leben und Wirken des großen Erneuerers der Synagogenmusik.

Josef Ziegler brachte auch oft eigene Kompositionen zur Aufführung, so die Phantasie für Orgel »Kol Nidrei«. Seine Vertonung des Psalms »Was ist der Mensch« wurde anläßlich einer Tagung

Josef Ziegler, 1927

des Kantorenverbandes 1927 in Frankfurt am Main uraufgeführt[41] und mit einem ersten Preis des deutschen Kantorenverbandes ausgezeichnet.[42] Weitere Werke von Josef Ziegler sind die Vertonung des Gebets von Emanuel Geibel »Herr, den ich tief im Herzen trage« für dreistimmigen Frauenchor und Orgel, die er seinem Bruder Siegfried widmete, »Und Friede auf Erden« (aus dem Heliand) für Solo, Frauenchor und Orgel sowie Lieder für die Prüfungskonzerte der Münchner Städtischen Singschule, herausgegeben in der Reihe »Münchner Jugendchöre«. Von König Ludwig III. wurde ihm 1917 das Ludwigskreuz überreicht als Anerkennung für das zu seinem Namenstag aufgeführte Chorwerk »Das ganze deutsche Volk betet«.[43]

Zieglers spätere Frau, die Sopranistin Sonja Fleischer (geb. 1898 in Odessa) war festangestellte Solistin im Synagogenchor und auch Mitglied des Jüdischen Gesangvereins. Das Ehepaar trat häufig gemeinsam bei Konzerten auf, wobei Sonja Ziegler in Chorkonzerten Solopartien übernahm oder beim Vortrag jüdischer und jiddischer Volkslieder von ihrem Mann am Klavier begleitet wurde.[44] Daneben wirkte sie als Sängerin und Sprecherin in allen Aufführungen des von 1935 bis 1937 existierenden »Münchner Marionettentheaters Jüdischer Künstler« mit.[45] Diese Einrichtung war eine Zufluchtstätte jüdischer Künstler nach ihrer Ausschaltung aus dem Kulturleben.

Ein weiterer Akt staatlicher Ausgrenzung traf im Jahre 1934 die inzwischen vierköpfige Familie durch den Entzug der erst 1928 gewährten bayerischen Staatsangehörigkeit.[46] Die daraus resultierende Staatenlosigkeit bedeutete eine nahezu unüberwindliche Erschwernis der Emigration.[47] Josef Ziegler verstarb am 23. Juni 1941 in München. Sonja

Jüdischer Gesangverein München e. V.
(Dirigent: Josef Ziegler)

Einladung

zu dem am Samstag, den 4. April 1925 abends 8 Uhr in der Hauptsynagoge München, Herzog Maxstraße stattfindenden

Synagogen-Konzert

Zur Aufführung gelangen:

1. Kol Nidrei, Fantasie f. Orgel in g-moll . . . . . . . . . . Ziegler
2. a Borschhu . . . . . . .
   b Keduschoh . . . . . . . . . . . Rossi
3. Onotowo . . . . . . . . . . Sulzer
4. Psalm 103 f. Sopran-Solo, Chor und Orgel . . . . . . . Lewandowski
   Solo: Fräulein Sonja Fleischer
5. a W'seraf l'fonecho } für Bariton-
   b Weschomru . . } Solo u. Orgel . Kirschner
6. Sochrenu l'chajun f. Frauenchor . . Schimon
   Solo: Herr Kantor A. Müller
7. Séu-scheorim . . . . . . . . . Ziegler

Musikalische Leitung:
Herr Kapellmeister Josef Ziegler
An der Orgel: Herr Robert Ofenbrunner

| Eintrittskarten: | Nichtmitglieder | Mitglieder |
| --- | --- | --- |
| Mittelschiff | Mk. 4.— | Mk. 3.— |
| Seitenschiff | „ 3.— | „ 2.— |
| Seitenempore: | | |
| I. Hälfte | „ 4.— | „ 3.— |
| II. Hälfte | „ 3.— | „ 2.— |
| Mittelempore: | „ 3.— | „ 2.— |

Stehplätze Mk. 1.—

Im Vorverkauf in der Gemeindekanzlei, Telefon 53401; bei J. Bodenheimer, Kunsthandlung, Karlsplatz 8, Telefon 50142; Pelzhaus S. Orljansky, Neuhauserstraße 29, Telefon 54561; Ewer-Buchhandlung, Ottostraße 2, Telefon 52407.

Besondere schriftliche Einladungen ergehen nicht.

Ein Teil d. Reinertrages wird d. Gemeinde z. Verfügung gestellt.

Synagogenkonzert unter der Leitung von Josef Ziegler, 4. April 1925

Ziegler wurde gemeinsam mit ihrem dreizehnjährigen Sohn Manfred und der zwölfjährigen Tochter Hannelore am 25. November 1941 in Kaunas (Kowno) ermordet. *E. O.*

Nr. d 5438 A I.

# Deutsches Reich.

(Freistaat Bayern.)

# Einbürgerungsurkunde.

Der Kapellmeister Joseph Ziegler in München, geboren am 17. November 1880 in Wien, sowie seine Ehefrau Sara, geborene Fleischer, geboren am 12. Dezember 1898 (russisch) in Odessa
24. Dezember 1898 (deutsch)

haben mit dem Zeitpunkt der Aushändigung dieser Urkunde die Staatsangehörigkeit im Freistaat Bayern durch Einbürgerung erworben und sind damit Deutsche..... geworden.

Die Einbürgerung erstreckt sich nur auf die vorstehend aufgeführten Familienangehörigen.

**München,** den 12. Januar 1928.

**Regierung von Oberbayern,**

**Kammer des Innern.**

Geb.-Reg.-Nr. 4503

Staatsgebühren 300 M. 00 Pfg.

Postgebühren 0 . 50 "

Summe 300 M. 50 Pfg.

Einbürgerurkunde für Sara und Josef Ziegler, 12. Januar 1928

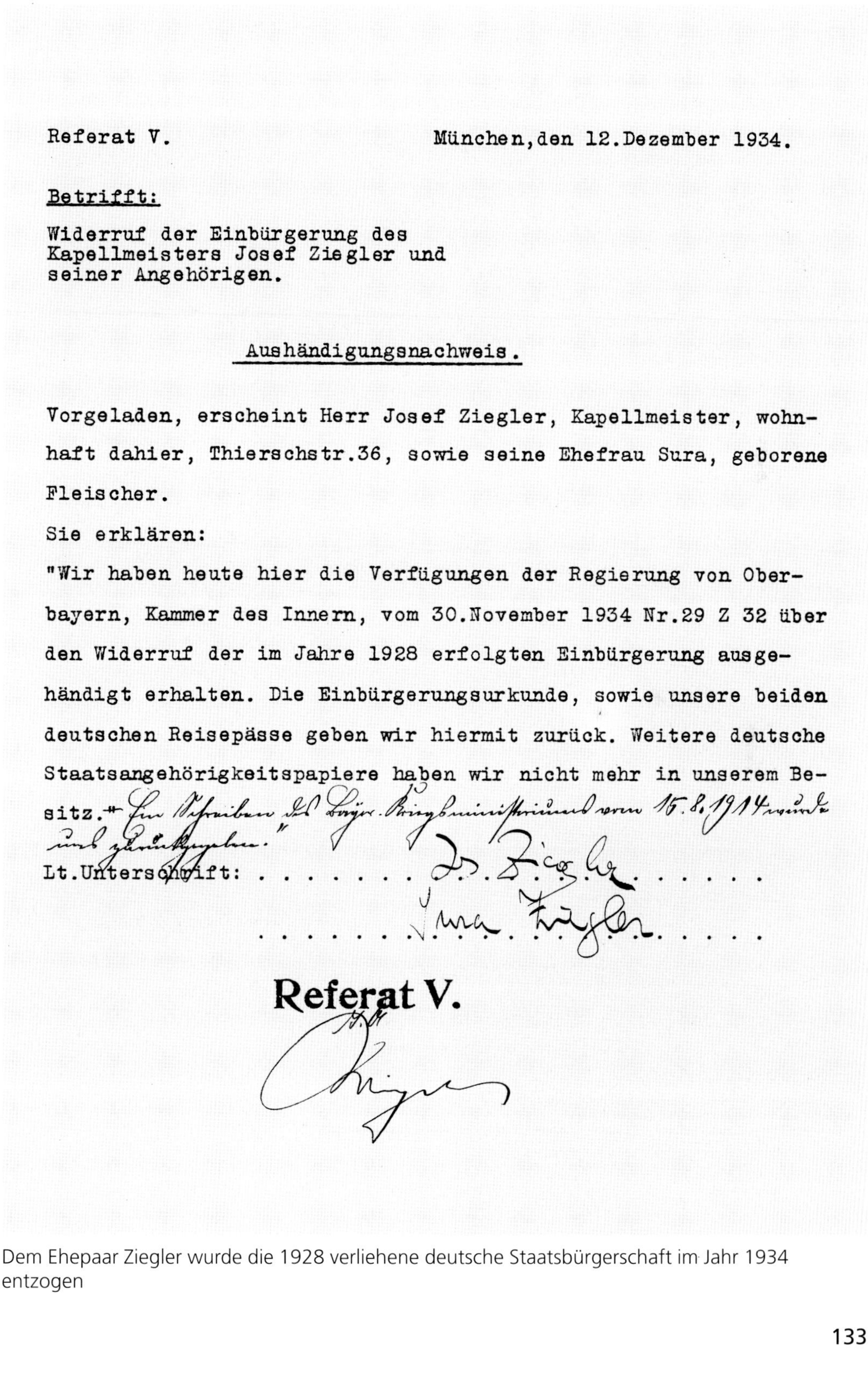

Referat V. München,den 12.Dezember 1934.

**Betrifft:**

Widerruf der Einbürgerung des
Kapellmeisters Josef Ziegler und
seiner Angehörigen.

Aushändigungsnachweis.

Vorgeladen, erscheint Herr Josef Ziegler, Kapellmeister, wohnhaft dahier, Thierschstr.36, sowie seine Ehefrau Sura, geborene Fleischer.

Sie erklären:

"Wir haben heute hier die Verfügungen der Regierung von Oberbayern, Kammer des Innern, vom 30.November 1934 Nr.29 Z 32 über den Widerruf der im Jahre 1928 erfolgten Einbürgerung ausgehändigt erhalten. Die Einbürgerungsurkunde, sowie unsere beiden deutschen Reisepässe geben wir hiermit zurück. Weitere deutsche Staatsangehörigkeitspapiere haben wir nicht mehr in unserem Besitz.+ Ein Schreiben des Bayer. Kriegsministeriums vom 15.8.1914 wurde und zurückgegeben."

Lt.Unterschrift: . . . . . . Js. Ziegler . . . . .

. . . . . . Sura Ziegler . . . . .

Referat V.

Dem Ehepaar Ziegler wurde die 1928 verliehene deutsche Staatsbürgerschaft im Jahr 1934 entzogen

### *Heinrich Schalit, 1886 (Wien) - 1976 (Evergreen/USA)*

Heinrich Schalit gehörte der Musikergeneration an, die die jüdische liturgische Musik sowohl von den klassischen, als auch den romantischen Spuren des 19. Jahrhunderts zu befreien suchte und dafür einen archaischen, wenn möglich orientalischen Stil mit freierer Rhythmik und stärkerer harmonischer Reibung vertrat.[48] Er wurde am 2. Januar 1886 in Wien als Sohn des Kaufmanns, Journalisten und Redakteurs Joseph Schalit und dessen Ehefrau Maria, geb. Lothringer, geboren.[49] Der älteste Bruder Isidor war ein Freund und Mitarbeiter Theodor Herzls, ein weiterer, Leon, übertrug die Werke von John Galsworthy ins Deutsche.

Schon mit elf Jahren begann er seine musikalische Ausbildung bei Josef Labor (1842-1924), einem blinden Pianisten und nach Schalits Einschätzung ein überragender Musiker. Komposition studierte er ab 1903 an der Musikakademie in Wien bei Robert Fuchs (1847-1927), der als einer der bedeutendsten Kompositionslehrer galt, und Klavier bei Theodor Leschetitzky.[50]

Heinrich Schalit, 1931

1906 erhielt er für die Komposition eines »Pianoquartetts in e-moll« den Österreichischen Staatspreis. Im Januar 1907 kam er nach München, arbeitete als Komponist und Musikpädagoge und studierte im Studienjahr 1909/1910 an der Kgl. Akademie der Tonkunst Orgel.[51] Zu seinen Schülerinnen zählten die Tochter des Klavierfabrikanten Steinway und eine der Töchter von Mark Twain.[52] Er heiratete am 18. Juli 1921 in München Hilda, geb. Schork, die am 25. April 1899 in Mannheim geboren wurde. Ihre drei Söhne, Joseph Josiah (geb. 1924), Michael (geb. 1930) und Theodor Benjamin (geb. 1931), kamen alle in München zur Welt. Schalits Lebensmittelpunkt war demnach seit 1907 die bayerische Landeshauptstadt. Trotzdem wurde sein Antrag auf Einbürgerung 1931 unter Hinweis auf die »gegenwärtigen wirtschaftlichen Verhältnisse in Deutschland, z. B. Stellungslosigkeit und große Not deutscher Musiker«, abgelehnt.[53]

An Kompositionen entstanden unter anderem »Miniaturen für Klavier« op.8, Vertonungen von Gedichten von Ricarda Huch und »Gesänge« für eine Singstimme und Klavier, op. 5. Die wichtigsten Kompositionen aus dieser Zeit sind die Vertonungen von jeweils sechs Liebes- und Frühlingsliedern von Max Dauthendey und der Hymnus »In Ewigkeit«, op. 23. Ihm liegt ein Gedicht Jehuda Halevis, des wichtigsten jüdischen Poeten aus dem spanisch-arabischen Raum, zugrunde. Dieses Werk für fünfstimmigen gemisch-

**Konzert Heinrich Schalit.**

Das Schaffen unsres begabten einheimischen Komponisten Heinrich Schalit hat hier in seiner zweiten Heimat München stets die ernste Würdigung der Fachkreise gefunden und Künstler wie Paul Bender, Ossip Gabrilowitsch, Anna Langenhan-Hirzel – ebenso der Münchener Tonkünstlerverein sind wiederholt mit Wärme für ihn eingetreten. Schalit ist als Musiker kein Revolutionär, denn in erster Linie gilt ihm Schönheit und Klarheit der Linie als oberstes Grundprinzip und was er schreibt, entspringt einer nach innen schauenden Persönlichkeit. Auf diese Weise ist er auch zu einer Ausdrucksform gelangt, die man als einen neuen Zweig musikalischer Lyrik ansprechen darf. Die in seinem jüngsten Kompositionsabend erstmalig zu Gehör gebrachten religiösen Gesänge und Seelenlieder nach Gedichten Jehuda ha-Levis erschließen ein bisher fast gänzlich brach liegendes Gebiet: die Erweckung wertvoller jüdischer Poesie durch eine mit ihrem Wesen sich verbindende stilechte Vertonung. Diese konnte ihren Ausgangspunkt nur in unsren synagogalen Motiven, ihrem alttestamentarischen Gepräge nehmen und in der Identifizierung mit dem Dichter zu entsprechender Auswirkung gelangen. Schalit hat es trefflich verstanden, Stimmung zu schaffen und festzuhalten und auf den Pfeilern alter Harmonik und Psalmodie ein neues Gebäude aufzuführen. Auf dem von ihm beschrittenen Wege wird es ihm sicherlich gelingen, bleibende Werte zu produzieren, besonders wenn er durch das Interesse der maßgebenden Kreise gefördert wird. Auch die von ihm in kultiviertem Gewande und musikalischer Satzkunst präsentierten jüdischen Volkslieder bedeuten zweifellos eine Bereicherung dieses Genres und verdienen weitgehende Verbreitung. Ein Choralvorspiel, das vielleicht nicht ganz die Größe des dem Komponisten vorschwebenden Gedankens erreicht, ein hübsch gearbeitetes Intermezzo für Klavier und eine Reihe weltlicher Lieder vervollständigten das nach jeder Richtung interessante Programm.

Es würde zu weit führen, Einzelheiten aus den verschiedenen Gruppen hervorzuheben oder auf besondere typische Merkmale und Schönheiten hinzuweisen, vor allem sei der hervorragenden Mitwirkung des Herrn Kammersänger Julius Gleß und seiner ebenbürtigen Partnerin Else Buschhoff mit rückhaltloser Anerkennung gedacht. Die von großer Hingabe erfüllten stimmlichen und vortraglichen Leistungen beider Künstler verhalfen dem Komponisten, der wiederholt mit den Solisten den Dank der zahlreich erschienenen Zuhörerschaft entgegennehmen durfte, zu einem starken, unbestrittenen Erfolg. Julius Schweitzer.

Heinrich Schalit: Konzert in München, 1925

ten Chor, Sologeige, Geigenchor, Orgel und Harfe wurde vom Münchner Domchor uraufgeführt[54] und später vom Bayerischen Rundfunk ausgestrahlt. Kirschner schrieb in einer Rezension anderer Halevi-Vertonungen über Schalit: »Er zwingt uns in seinen Bann durch seine kongenialen Vertonungen. Er versteht es, Sehnsuchtsgefühle mit weitgespannten melodischen Bögen und mit eigenartigem orientalischem Einschlag tönend zum Ausdruck zu bringen«.

# Voranzeige

Museum * Samstag, den 7. März 1925 abends 8 Uhr

# Heinrich Schalit

## Kompositions-Abend

unter Mitwirkung von

| Kammersänger | Konzertsängerin |
|---|---|
| **Julius Gleß** | **Else Buschhoff** |
| (Baß) | (Sopran) |

**und des Komponisten**

(Klavier)

1. **Choralvorspiel** für Klavier (zum erstenmal)
2. **Religiöse Gesänge** für Sopran (zum erstenmal)
   a) Es war die Braut gegangen . . . . . } nach Gedichten von
   b) Wenn die gold'nen Sterne leuchten . . . } Jehuda ha-Levi
3. **Seelenlieder** (opus 16) für Baß
   a) Knechte der Zeit . . . . . . . . . . . }
   b) Ruhig, ruhig, liebe Seele . . . . . . . }
   c) Jeder Morgenstern im Osten . . . . . . } nach Gedichten von Jehuda ha-Levi
   d) Tritt hin zu seinen Schwellen . . . . . }
   e) Tröste Dich in Deinen Nöten . . . . . . }
4. **Intermezzo** fis-moll für Klavier (zum erstenmal)
5. **Frühlingslieder** für Sopran
   a) Frühlingsnahen . . . . . . . . . . . . . . R. Schaukal
   b) Der grüne Regen . . . . . . . . . }
   c) Mai (aus opus 17) . . . . . . . . } nach Gedichten von
   d) Kinderlied . . . . . . . . . . . } Max Dauthendey
   e) Immer Lust an Lust sich hängt . . . . }
6. **Jüdische Volkslieder** für Sopran (zum erstenmal)
   a) Ein Märchen . . . . . . . . . . }
   b) Wiegenlied . . . . . . . . . . }
   c) Mädchenlied . . . . . . . . . . } bearbeitet und ins Deutsche über-
   d) Hochzeitslied . . . . . . . . . . } tragen v. H. Schalit
   e) Alle Menschen tanzen . . . . . . . }
   f) Die Mutter hat mich fortgeschickt . . . . }

Konzertflügel: Steinway & Sons von M. J. Schramm, Rosenstraße 5

**Karten** (inkl. Steuer) zu M. 6.–, 5 –, 3.50, 2.50 bei Alfr. Schmid Nachf., Residenzstr. 7, Tel. 24886, Otto Bauer, Maximilianstr. 5, Tel. 20509, Otto Halbreiter, Promenadeplatz 16, Tel. 22272 und „Ewer"-Buchhandlung, Ottostraße 2, Tel 52407 (Stehplätze zu M. 1.10 an der Abendkasse)

Heinrich Schalit: Konzert, 1925

Voranzeige

Herkules-Saal, Samstag, 9. Januar 1926, abends 8 Uhr

Heinrich Schalit

Kompositions-Abend

Mitwirkende:

Kammersänger Karl Erb * Konzertsängerin Else Buschhoff
(Tenor) (Sopran)
und der Komponist (Klavier)

Programm:

1. Vorspiel (aus Op. 19) für Klavier
2. Vier hymnische Gesänge (Op. 21) für Tenor
(nach Gedichten von Jehuda Halevi) Uraufführung
3. Sonate (Op. 17) für Klavier
4. Lieder (aus op. 5 und Op. 12) für Sopran
5. Sechs Liebeslieder (Op. 17) für Tenor
(nach Gedichten von M. Dauthendey)

Karten von M. 2.– bis M. 6.– (inkl. Steuer) ab 10. Dezember bei Alfred Schmid Nachf., Residenzstr. 7, Otto Halbreiter, Promenadeplatz 16, Otto Bauer, Maximilianstr. 5 u. „Ewer"-Buchhdl., Ottostr. 2

Heinrich Schalit: Konzert

Kirschner befand sich zwar mit seinem Musikverständnis in Gegensatz zu Schalit, denn dieser wollte die »unorganische Verquickung altüberlieferter Vorbeterweisen mit volkslied- und choralartigen Gesängen« grundsätzlich ausschalten,[55] während Kirschner die Pflege auch dieser Tradition befürwortete. Hatte er doch in seinen Forschungen nachgewiesen, daß die Melodie so manches Pismon (Selichos [Verzeihungs]–Gebet mit Refrain) sich aus einem alten deutschen Volkslied herleiten ließ und daß die sog. »Missinaigesänge« (traditionelle Motive der synagogalen Musik) unter dem Einfluß des deutschen Minnegesangs entstanden waren. Diese Verschiedenheit der Auffassungen hinderte sie jedoch nicht, freundschaftlich miteinander zu verkehren. Schalit widmete Kirschner seine Vertonung des 92. Psalms.

Zwischen 1926 und 1931 hatte Heinrich Schalit eine feste Anstellung als Organist an der Münchner Hauptsynagoge. In diese Zeit fällt auch eine einjährige Gastdirigententätigkeit an der Reformsynagoge in Rochester, USA. Etwa um 1930 wandte er sich ausschließlich jüdisch-liturgischer Musik zu. Als seine bedeutendste Komposition gilt die im Herbst 1931 entstandene »Freitagabend-Liturgie« op. 29. Ihre Entstehungsgeschichte schildert Heinrich Schalit in einem Brief an den Komponisten und Organisten Herbert Fromm: »Als ich von einem Besuch in Rochester nach München zurückkehrte, ich war schon ein gut bekannter Komponist in Deutschland, trat der Chordirigent der Berliner Synagoge an mich heran mit der Bitte, neue Musik für den Freitagabend-Gottesdienst, angelehnt an das Berliner Gebetbuch, zu komponieren. Im Herbst 1932 wurde das Werk in Berlin aufgeführt; die Reaktion war gespalten. Einigen gefiel es sehr gut, darunter Albert Einstein, andere drohten nach Aufführungswiederholungen, die Synagoge nicht mehr zu besuchen. Nun, die Nazis sorgten gründlich für ihr Nicht-mehr-Wiederkommen.«[56] Nicht nur Albert Einstein, auch die Fachpresse äußerte sich lobend. Diese »Freitagabend-Liturgie« gab Schalit 1951 in überarbeiteter und um den Psalm 98 erweiterter Form als »Sabbath Eve Liturgy« neu heraus. Er widmete das Werk Albert Einstein.[57] Bei dieser Komposition ließ er sich von der von A. Z. Idelsohn herausgegebenen Sammlung orientalisch-jüdischer Lieder inspirieren.

1933 wurde ihm die Internierung im KZ Dachau angedroht.[58] Deshalb setzte er alles daran, Deutschland schnellstmöglich zu verlassen. Er emigrierte Ende 1933 nach Rom, wo er bis 1939 die Leitung des Synagogenchores innehatte.[59] Hier vertonte er verschiedene Psalmen und beendete die »Chassidischen Tänze«, eine Suite für Streichorchester bzw. Violine und Klavier.

Vor seiner Auswanderung 1940 nach Amerika lebte er zwei Jahre in London. In Amerika arbeitete er als Organist und Komponist in Rochester, Providence, kurzzeitig in Hollywood und ab 1948 in Denver. Ein Zeitgenosse schilderte ihn als freundliche, herzliche, aber nicht gesellige Person, für den Komponieren ein langer, oft schmerzhafter Prozeß war, der auch noch durch nachlassende Sehkraft erschwert wurde. Er hörte niemals auf, seine Werke zu überarbeiten.[60] Heinrich Schalit starb am 3. Februar 1976, kurz nach seinem 90. Geburtstag in Evergreen, Denver, wo er die letzten Jahre gelebt hatte. Seine Frau überlebte ihn um fünf Jahre.

*E. O.*

## Anmerkungen

[1] Die folgenden Ausführungen basieren vor allem auf ROBERTSON/ STEVENS 1960, Bd. 1, S. 107. – Georg Herlitz: Kirschner, Bruno. In: Jüdisches Lexikon, Bd. 3, Sp. 719. – Emanuel Kirschner: Zur Geschichte des Synagogengesanges in Deutschland. In: Bayerische Israelitische Gemeindezeitung, Nr. 9/1926. – Emanuel Kirschner: Rückblick und Ausblick über Synagogengesang. In: Bayerische Israelitische Gemeindezeitung, Nr. 6/1926.

[2] Georg Herlitz: Kirschner, Bruno. In: Jüdisches Lexikon, Bd. 3, Sp. 719.

[3] Ebenda.

[4] Zit. nach KIRSCHNER 1926, S. 242.

[5] KIRSCHNER 1926, S. 242.

[6] KOHN 1839, Vorwort.

[7] Rudi Dayan, Erinnerungen von Emanuel Kirschner, S. 196.

[8] Zitiert nach ebenda, S. 82.

[9] Die Orgel erklang im Juni 1938 zum letzten Mal in einem jüdischen Gotteshaus und wurde kurz vor der Zerstörung der Hauptsynagoge an die St. Korbiniansgemeinde in München verkauft und 1944 durch einen Bombentreffer zerstört; vgl. FISCHER/WOHNHAAS 1975, S. 313.

[10] KIRSCHNER, 1926, S. 166. – Siehe auch FROMM 1976, S. 6.

[11] Nach Jüdisches Lexikon, Bd. 3, Sp. 755. – Encyclopaedia Judaica, Bd. 10, Sp. 190. – Encyclopaedia Judaica, Vol. 10, Sp. 1146. – The Jewish Encyclopaedia, Vol. 7, S. 535. – StadtAM, EBA 1831/109 sowie PMB G 362.

[12] WININGER 1925-1936, Bd. 3, S. 493 und die Encyclopaedia Judaica 1934, Sp. 190, geben als Geburtsdatum den 9.4.1802 an.

[13] BAERWALD 1958, S. 25.

[14] Nach Deutsche Biographische Enzyklopädie, Bd. 6, S. 454. – Jüdisches Lexikon, Bd. 3, Sp. 1234. – Encyclopaedia Judaica, Bd. 10, Sp. 1149. – WININGER 1925-1936, Bd. 6, S. 167f. – StadtAM, EBA 1870/683.

[15] Jüdisches Lexikon, Bd. 3, Sp. 1234.

[16] BAERWALD 1982, S. 25.

[17] Curt Wilk, Porträt eines berühmten Kantors. In: Allgemeine Wochenzeitung der Juden in Deutschland, 1957.

[18] Emanuel Kirschner, Erinnerungen, niedergeschrieben 1933 bis 1937, S. 13

[19] WININGER 192, Bd. 6, S. 450

[20] Curt Wilk: Porträt eines berühmten Kantors. In: Allgemeine Wochenzeitung der Juden in Deutschland, 1957.

[21] Ebenda.

[22] Felix Perles: Emanuel Kirschner. In: Bayerische Israelitische Gemeindezeitung, Nr. 17, 1931, S. 262.

[23] Ebenda.

[24] Emanuel Kirschner, Erinnerungen, S. 52 und GERWING 1993, S. 4.

[25] Felix Perles: Emanuel Kirschner. In: Bayerische Israelitische Gemeindezeitung Nr. 17/1931, S. 262f.

[26] Curt Wilk: Porträt eines berühmten Kantors. In: Allgemeine Wochenzeitung der Juden in Deutschland, 1957.

[27] Emanuel Kirschner, Erinnerungen, S. 74.

[28] Jahresbericht der Akademie der Tonkunst, München 1892/93, S. 31.

[29] Felix Perles: Emanuel Kirschner. In: Bayerische Israelitische Gemeindezeitung Nr. 17/1931, S. 262f.

[30] Emanuel Kirschner, Erinnerungen, S. 78.

[31] B. KIRSCHNER 1982, S. 239.

[32] Encyclopaedia Judaica, Bd. 10, S. 16.

[33] GERWING 1993, S. 8.

[34] Emanuel Kirschner, Erinnerungen, S. 238 ff.

[35] E. KIRSCHNER 1958, S. 446.

[36] B. KIRSCHNER 1982, S. 302.

[37] Vgl. dazu den Beitrag über den Abriß der Hauptsynagoge in diesem Band.

[38] 24. bis 28. Jahresbericht der Kgl. Akademie der Tonkunst in München von 1897 – 1902.

[39] MÜLLER 1929, S. 1628.

[40] Bayerische Israelitische Gemeindezeitung, Nr. 7 vom 18.8.1925, S. 147.

[41] KIRSCHNER 1933-37, S. 165.

[42] WININGER, Bd. 3, 1928, S. 359.

[43] StadtAM EBA Ziegler.

[44] Bayerische Israelitische Gemeindezeitung, Nr. 6, 1929, S. 87.

[45] BONARD 1994, S. 77.

[46] StadtAM EBA Ziegler.

[47] StaatsAM Pol. Dir. 15497, 15499 u. 15500.

[48] GRADENWITZ 1961, S. 153-154.

[49] Biographisches Handbuch der deutschsprachigen Emigrantion I.

[50] FROMM 1976, S. 3-5.

[51] 36. Jahrgangsbericht 1909/1910 der Kgl. Akademie der Tonkunst in München, S. 13

[52] FROMM 1976, S. 5.

[53] StadtAM EBA 1931/107.

[54] Bayerische Israelitische Gemeindezeitung, Nr. 14, 15.7.1932, S. 214. – Jehuda Halevi (um 1075 in Toledo – 1141 in Ägypten), spanisch-

jüdischer Dichter und Religionsphilosoph, gilt als der größte hebräische Dichter des Mittelalters. Von ihm sind etwa 800 Gedichte bekannt, die Themen aus dem profanen und religiösen Bereich behandeln.

[55] Heinrich Schalit: Vorwort zur Freitag-Abend Liturgie, zitiert nach FROMM 1976, S. 6.

[56] FROMM 1976, S. 7. – Herbert Fromm, geboren in Kitzingen, studierte drei Jahre an der Musikakademie in München Dirigieren, emigrierte 1937 in die USA und wirkte 33 Jahre als Organist am Temple Israel in Boston. Er komponierte neben Musik für die Synagoge auch Kammermusik und Kunstlieder und gilt als der bekannteste und individuellste Komponist jüdisch-amerikanischer Musik.

[57] FROMM 1976, S. 6.

[58] WALK 1988, S.328; siehe auch: International Biographical Dictionary of Central European Emigrés 1933-1945. Hrsg. v. Herbert Strauß und Werner Röder, München 1983, S. 1022. Nach Deutsche Biographische Enzyklopädie (DBE) 1998, S. 559, war Heinrich Schalit Häftling im KZ Dachau.

[59] ROTHMÜLLER 1954, S. 191.

[60] FROMM 1976, S. 5.

# Die orthodoxe Religionsgemeinschaft Ohel Jakob und ihre Synagoge an der Herzog-Rudolf-Straße

In der zweiten Hälfte des 19. Jahrhunderts entbrannte in München ebenso wie in anderen Städten des Deutschen Kaiserreiches der Streit um die Reformierung des jüdischen Gottesdienstes, der zu Parteiungen innerhalb der jüdischen Gemeinden führte. Die Änderungswünsche und -vorschläge der Reformer zielten im wesentlichen auf eine Neuregelung der Gebetsordnung und auf die Einführung einer Orgel zur ästhetischen Ausgestaltung des Gottesdienstes ab.[1] Zwei Daten markieren in München die Höhepunkte der Auseinandersetzung zwischen den Anhängern der Reform und den Traditionalisten innerhalb der Gemeinde: Im Jahr 1870 trat der 1864 gewählte Vorstand der Israelitischen Kultusgemeinde Max Ritter von Wilmersdörffer von seinem Amt zurück, da innerhalb der Verwaltung die Anhänger eines reformierten Gottesdienstes die Mehrheit gewonnen hatten.[2] Als eine Folge davon wurden erstmals am 9. April 1876, am 50. Jahrestag der Einweihung der Synagoge an der Westenriederstraße, die Gesänge während des Gottesdienstes von einer Orgel begleitet.[3] »Man wollte bei der steigenden allgemeinen religiösen Indifferenz und der immer mehr Platz greifenden Beschränkung religiöser Teilnahme bei seltenen Gelegenheiten und an wenigen ausgezeichneten Tagen dem Gottesdienst eine besondere Würde, Weihe und Schönheit geben, nachdem die jüdische Religion als totale, ihre Bekenner von der Außenwelt abtrennende Lebensordnung bei den Meisten keine Macht mehr ausübte«, kommentierte Ludwig Feuchtwanger in der Rückschau die Reformbestrebungen.[4]

## 1. Die Formierung der Münchner orthodoxen Religionsgesellschaft und der Bau der Ohel-Jakob-Synagoge

Die Traditionalisten innerhalb der Gemeinde, die an den überlieferten Riten und Bräuchen festhalten wollten, nun aber eine Minderheitengruppe bildeten, nahmen den Kampf für die weitere Abhaltung von Gottesdiensten nach bisherigem Brauch auf. Sie schlossen sich in Vereinen zusammen und hielten ihre Gottesdienste in verschiedenen Betstuben ab. In der Münchner Stadtchronik ist beispielsweise unter dem 8. September 1876 eine Bekanntmachung mit folgendem Wortlaut überliefert: »Eine große Anzahl Mitglieder der israel. Cultusgemeinde dahier geben hiemit bekannt, daß sie gesonnen sind, einen permanenten Gottesdienst nach früherem, in der hiesigen Synagoge üblich gewesenem Ritus abzuhalten. Eine Liste zur Beteiligung und Unterzeichnung liegt bis Sonntag den 10. d. Mts., Nachmittags 3 Uhr, bei Herrn L. Späth, Neuhauserstrasse 12, auf und werden alle Gesinnungsgenossen ersucht, ihren Beitritt zu erklären.«[5] Gottesdienste nach traditionellem Ritus wurden beispielsweise in der Betstube an der Fürstenfelder Straße 13, Hartmannstraße 3[6], in der Hundskugel und an der Kanalstraße 29 (später Herzog-Rudolf-Straße 11) abgehalten.[7] Die Mitglieder der letztgenannten Betstube, von der Baupläne erhalten sind, dürfen als Initiatoren für den späteren Bau der Ohel-Jakob-Synagoge angesehen werden.

Der jüdische Bankier Emil Neustätter hatte 1872 einen Plan für den Bau eines Seitengebäudes in seinem Anwesen Kanalstraße 29 eingereicht, das eine israelitische Betstube und eine Wohnung beherbergen sollte. Die 1874 fertiggestellte Betstube erstreckte sich zunächst über Parterre und ersten Stock des Gebäudes (letzterer für die Frauenempore) und besaß eine nach Osten ausgerichtete Apsis.[8] Nach Umbaumaßnahmen 1879 wurde der Betsaal in den ersten und zweiten Stock transferiert.[9] Er existierte bis zur Eröffnung der orthodoxen Synagoge 1892 in der gleichen Straße und wurde dann zu einer Wohnung umgebaut.[10]

Ein Antrag an die Verwaltung der Israelitischen Kultusgemeinde vom 23. August 1887 erläutert die Motive und auch die über die bisherigen Verhältnisse hinausgehenden Wünsche der orthodoxen Religionsgemeinschaft ausführlich[11]: »Die Unterfertigten, 2 Vorstände und ein langjähriges Mitglied des vor ca. 14 Jahren in der Kanalstraße dahier aus Privatmitteln eingerichteten Gotteshauses, gestatten sich im einstimmigen Auftrage ihrer sämmtlichen Theilnehmer und einer größeren Anzahl von Gesinnungsgenossen aus dem Betsaale in der Fürstenfelderstrasse Folgendes vorzustellen: In den Jahren 1875/76 erfuhr der Gottesdienst in der gemeindlichen Synagoge eine vollständige Umwandlung, durch welche eine größere Anzahl von Gemeindemitgliedern sich in ihrem Gewissen gezwungen fühlten, die Synagoge, das einem Theile von ihnen von frühester Kindheit her hochwürdige Gotteshaus

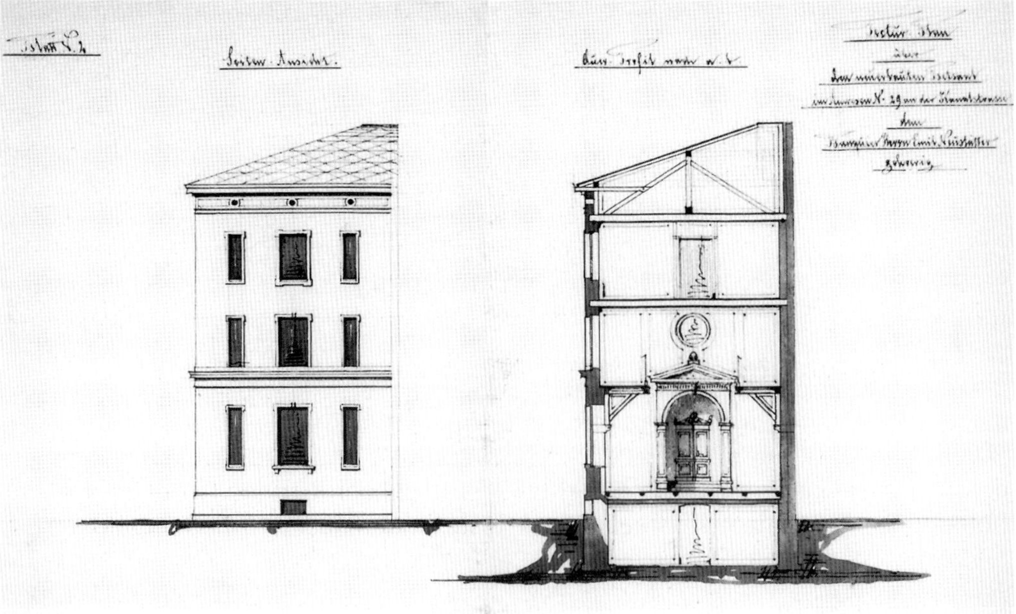

Plan von 1873 für das Seitengebäude im Anwesen Kanalstraße 29 (später Herzog-Rudolf-Straße 11), errichtet im Auftrag des Bankiers Emil Neustätter. Der Betsaal für die orthodoxen Juden nahm das Parterre und den ersten Stock ein. Der Plan zeigt den Aron ha-Kodesch mit dem Thoraschrein

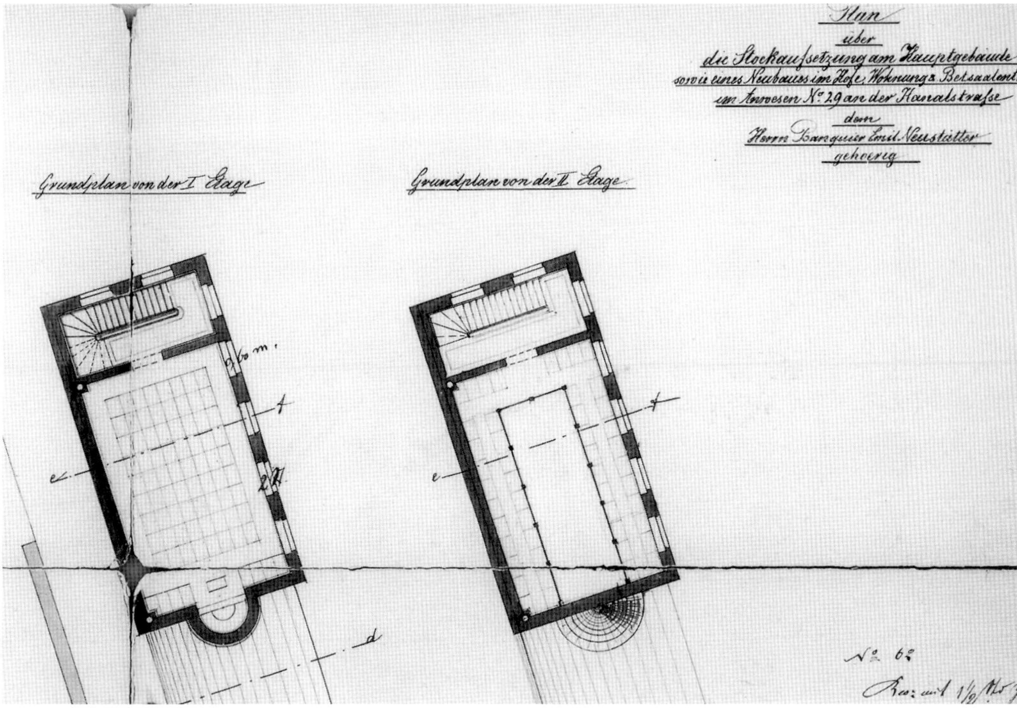


Plan für den Innenraum des Betsaales an der Kanalstraße 29. Den Thoraschrein beherbergte eine Apsis. Der Betsaal erstreckte sich über zwei Stockwerke, wobei der obere Teil als Galerie für die Frauenbetstühle ausgeführt war

zu meiden, und sich selbst Stätten der Andacht zu begründen. Dies ist bisher nur in ungenügender Weise gelungen und heute ist es ein unabweisbares Bedürfnis geworden, geeignetere und würdigere Räumlichkeiten zu diesem Zweck zu beschaffen.« Im weiteren Verlauf des Schreibens wird das eigentliche Gesuch formuliert: »Die bisherige Synagoge nach erfolgter Einweihung der neuen Synagoge unseren, durch uns vertretenen Gesinnungsgenossen miethweise zu überlassen, um in derselben einen nach den in der Anlage enthaltenen Gesichtspunkten eingerichteten israelitischen Gottesdienst auf unsere Kosten auszuüben.« Die hier angesprochene Anlage enthielt folgende Punkte: »I. Es wird diejenige Gebetordnung eingeführt, welche in der Rödelheimer Ausgabe des israelitischen Gebetbuches[12] u. Machsor niedergelegt ist. II. Diese Gebetordnung wird in derjenigen Weise, welche bis zum Jahre 1850 in der israelitischen Cultusgemeinde München üblich war, ohne Benützung von musikalischen Instrumenten nach der Lehre der jüdischen Weisen geübt. III. Ohne besonderen Auftrag oder ausdrückliche Ermächtigung des Gemeinderabbiners darf von Niemandem die Kanzel betreten noch sonst Rede oder Ansprache in der Synagoge gehalten werden.« Das Antragsschreiben enthielt darüberhinaus detaillierte Vorstellungen über die Mietkonditionen und die Finanzierung von Renovierungsmaßnahmen an der Westenrieder-Synagoge. Die in ihrer Mehrheit liberal gesinnte Kultusgemeinde lehnte den Antrag nicht zuletzt auf Anraten des Gemeinderabbi-

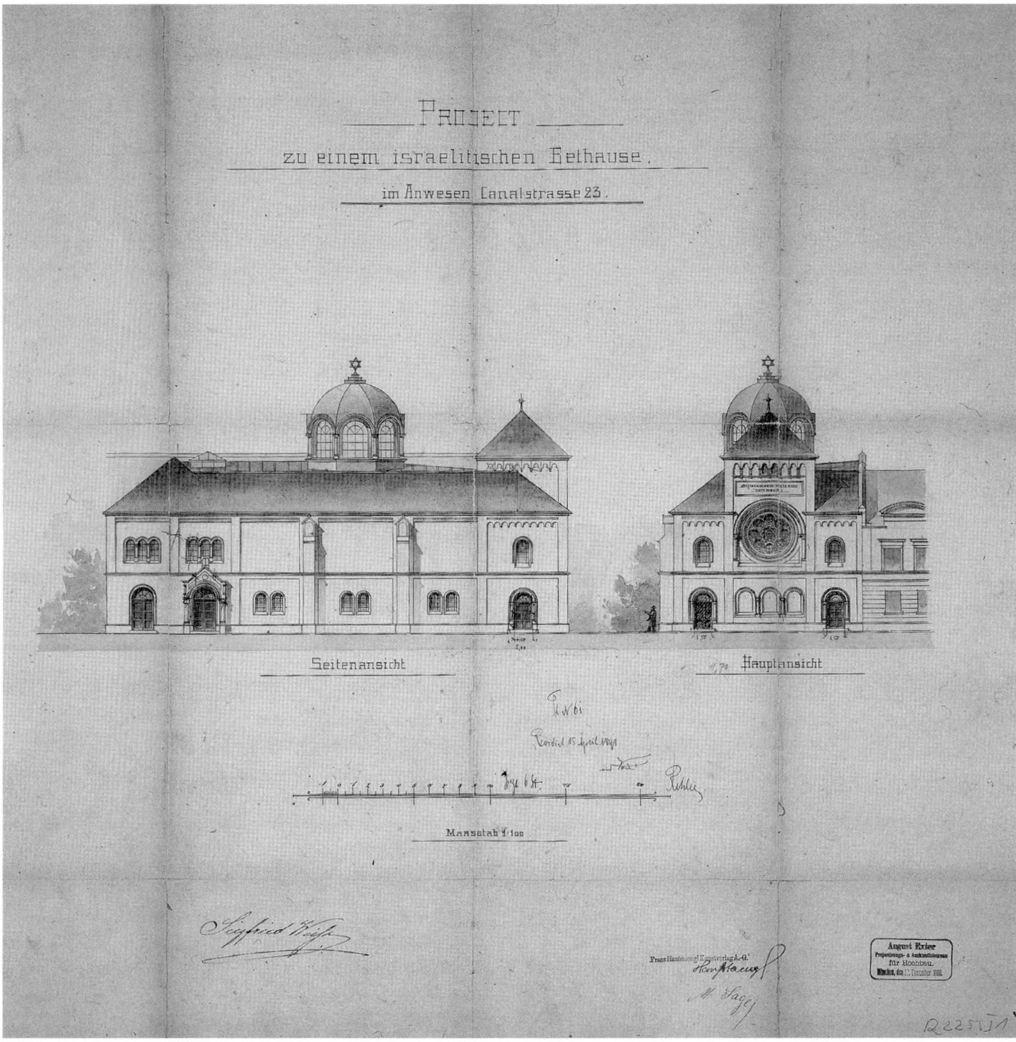


Planzeichnung von August Exter für die orthodoxe Synagoge an der Kanalstraße

ners Perles ab. Als alternative Möglichkeit wurde den Orthodoxen in Aussicht gestellt, in dem bald zu errichtenden Gemeindehaus an der Herzog-Max-Straße einen Betsaal einzubauen, der ihnen dann mietweise überlassen werden könnte.[13] Dies war den konservativen Gemeindemitgliedern offensichtlich nicht genug; sie strebten weiterhin nach einem eigenen würdigen Synagogenbau.

Ihre Bemühungen führten schon wenige Jahre nach Eröffnung der Hauptsynagoge zum Ziel. Am 8. Januar 1891 konnte bei der Lokalbaukommission der Stadt München der Plan für die »Erbauung eines israelitischen Bethauses im Anwesen der Frz. Hanfstängel'schen Kunstverlag-Aktien-Gesellschaft an der Kanalstraße 23«, also in unmittelbarer Nähe des bereits bestehenden Betsaales, eingereicht werden.[14] Das Teilgrundstück des Hanfstängl'schen Anwesens, auf dem die Synagoge errichtet wurde und das die neue Hausnummer Kanalstraße 24 (ab 1903

Herzog-Rudolf-Straße 3) erhielt, ging in den nächsten Monaten in den Besitz des Vereins zur Förderung der jüdischen Wissenschaft, auch Ohel Jakob (»Zelt Jakobs«) genannt, über. Diesen Verein hatten in der Zwischenzeit offensichtlich die Mitglieder der Betstube an der Kanalstraße gegründet.[15] Mit der Planung wurde der Architekt August Exter beauftragt. Über die Auftragsvergabe an den 1858 in der Pfalz geborenen Architekten, der 1887 in München ein eigenes Büro gegründet hatte, sind keine Einzelheiten bekannt. August Exter hatte sich zu diesem Zeitpunkt bereits durch den Bau bzw. durch Umbauplanungen etlicher repräsentativer Wohn- und Geschäftshäuser im Stadtzentrum einen Namen gemacht. So verschaffte ihm der Umbau des Restaurants Platzl 1888/89 hohes Ansehen; genauso beachtet wurde der Bau des Wohn-, Geschäfts- und Wirtschaftsgebäudes an der Bayerstraße 3/5 für die Mathäserbrauerei in den Jahren 1890/92. Wohn- und Geschäftshäuser entstanden nach seinen Plänen am Maximiliansplatz 12 b, an der Frauenstraße 11 (direkt am Viktualienmarkt gelegen), ferner an der Inneren Wiener Straße, Schwanthalerstraße und Luisenstraße. Bis in die Gegenwart verbunden blieb sein Name jedoch hauptsächlich durch die Idee zur Gestaltung der Villenkolonie Pasing, die er seit 1892 in Angriff nahm, erfolgreich plante und durchführte.[16] Die Synagoge an der Herzog-Rudolf-Straße war der einzige Sakralbau, den August Exter schuf.

Bei der Wahl des Baustils orientierte sich Exter vermutlich an der wenige Jahre zuvor im romanischen Stil errichteten Hauptsynagoge an der Herzog-Max-Straße; er bediente sich damit der Stilelemente, die im Synagogenbau dieser Zeit am häufigsten zur Anwendung kamen.[17] Die Lage und der Grundriß des Bauplatzes gaben allerdings auch gewisse Gestaltungsrichtlinien vor. So konnte nicht die zu damaliger Zeit für ei-

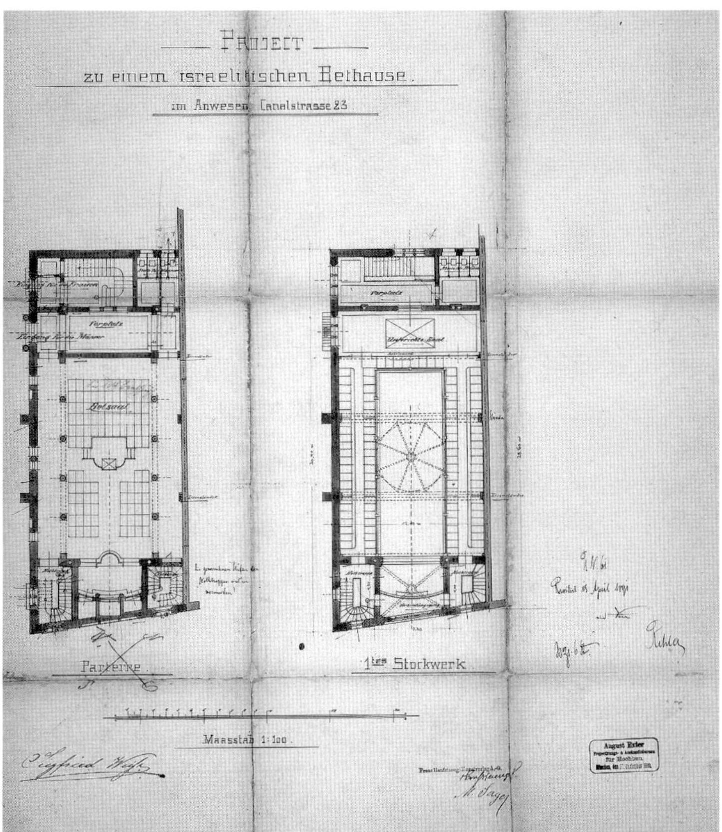


Plan von August Exter für den Innenraum der Ohel-Jakob-Synagoge. Im unteren Stockwerk an zentraler Stelle der Almemor, das Pult zum Vorlesen aus der Thora, im oberen Stockwerk eine an drei Seiten umlaufende Galerie für die Frauenbetstühle

Der Architekt August Exter, um 1895

nen Synagogenbau empfohlene und bevorzugte Form eines Zentralbaus[18] gewählt werden, da das vom Verein erworbene Grundstück eine Länge von 39 und eine Breite von nur 15 Metern hatte. Um die übliche und geforderte Ostorientierung des Heiligen Schreins zu gewährleisten, mußte dieser an die Straßenfront gelegt werden. Unter diesen Vorzeichen entstand ein zwar bescheiden dimensioniertes, von zwei Seiten eingebautes Gebäude, das durch die Fassadengestaltung mit zentralem Turmrisalit und durch die dahinterliegende und leicht darüber herausragende Kuppel dennoch als eindrucksvoller Sakralbau innerhalb des Straßenzuges leicht kenntlich war. Beim Betrachten der Fassade zur Herzog-Rudolf-Straße auf alten Abbildungen fällt zunächst der Charakter der Abgeschlossenheit nach außen auf. Die Rundbogenfenster im Erdgeschoß waren zugemauert, da sich unmittelbar dahinter der Aron ha-Kodesch, das Allerheiligste der Synagoge, befand. Von den ursprünglich geplanten zwei Eingängen von der Straßenseite wurde ebenfalls einer in zugemauerter Form ausgeführt. Der rechte Eingang blieb als Notausgang erhalten. Die Lokalbaukommission hatte zunächst Einspruch gegen diese Maßnahme erhoben, die dem ursprünglich eingereichten Plan widersprach. Exter begründete daraufhin den Antrag auf Abänderung des Planes folgendermaßen: »Die Schmalheit des Trottoirs an der Kanalstrasse und Gründe mehr interner Natur lassen es nicht für wünschenswerth erscheinen, daß sich diese Ausgänge direkt auf die Kanalstrasse öffnen.«[19] Diese Formulierung legt die Vermutung nahe, daß der Wunsch der orthodoxen Juden nach einer stärkeren Abgeschlossenheit die Planänderung veranlaßt hatte. Einem Gutachten des Stadtbauamtes entsprechend stimmte der Magistrat schließlich der Planänderung unter der Bedingung zu, daß einer der südlichen Ausgänge zur Hofseite auf zwei Meter verbreitert wurde.[20] Mit der Fensterrose im Mittelteil der Synagogenfassade griff Exter ein Stilelement aus dem christlichen Sakralbau auf, das im Synagogenbau dieser Zeit häufig vertreten war. Im Gegensatz zum Rundfenster der Hauptsynagoge, deren Architektursprache insbesondere die Anpassung des liberalen Judentums zum Ausdruck bringen sollte, enthielt der Mittelteil des Rundfensters der Ohel-Jakob-Synagoge einen – allerdings erst auf den zweiten Blick erkennbaren – Davidstern.[21] Die tafelartige Einlassung über der Fensterrose trug eine Inschrift in hebräischen Buchstaben[22] und wies damit noch deutlicher auf den Zweck und den Charakter des Gebäudes hin. Die Kuppel krönte ebenfalls ein Davidstern. Die Außenarchitektur der Ohel-Jakob-Synagoge betonte demnach die zwei für die traditionelle Gottesdienstordnung wichtigsten Elemente. Der Thoraschrein, an der Straßenseite untergebracht, wurde durch den zentralen Turmrisalit mit den Rundbogenarkaden und dem einfachen Pyramidendach überhöht. Der Almemor, also das Pult, das zum Vorlesen aus der Thora diente und das im Gottesdienst der Orthodoxen nach wie vor einen zentralen Platz einnehmen sollte, nicht wie in den Synagogen der liberalen Juden einen von der Gemeinde der Gläubigen etwas distanzierten Platz in der Nähe des Thoraschreins, wurde durch die Situierung der mit Fenstern versehenen Kuppel direkt darüber in seiner Bedeutung hervorgehoben.

Die Haupteingänge, getrennt für Männer und Frauen, befanden sich in dem südlich angrenzenden Hofzwischenraum zum Nachbargrundstück, der von der Straßenseite durch ein Tor zu betreten war. Der langgezogene Innenraum enthielt den Männerbetraum im Parterre, seitlich begrenzt durch Arkadenbögen, die die auf drei Seiten umlaufende Galerie mit den Frauenbetstühlen trugen.[23] Insgesamt bot der Raum ca. 250 Menschen Platz, um am Gottesdienst teilzunehmen. Von der Innenausstattung zeugen heute nur eine graphische Ansicht aus einer Wiener Bauzeitschrift von 1898[24] sowie wenige Fotos, von denen der größere Teil allerdings erst unmittelbar nach der Zerstörung in der Nacht vom 9. zum 10. November 1938 aufgenommen wurde. Demnach schmückten die Wände rechts

Die Ohel-Jakob-Synagoge nach der Fertigstellung der Rohbauarbeiten 1891, Aufnahme aus der Festschrift zum 40-jährigen Bestehen der Baufirma Karl Stöhr

Innenansicht der Ohel-Jakob-Synagoge mit Blick zum Thoraschrein, graphische Ansicht aus einer Wiener Bauzeitschrift 1898

und links des Rundbogens über dem Heiligen Schrein zwei Tafeln, die mit folgenden Psalmen beschriftet waren: »Ich nehme den Ewigen mir stets vor Augen, denn ist er zu meiner Rechten, wanke ich nicht.« (Psalm 16,8); und »Mag dorren das Gras und welken die Blume, das Wort unseres Gottes besteht ewiglich.« (Jesaias 40,7)[25] links vom Schrein. Im hinteren Teil des Gebäudes schlossen sich an den eigentlichen Synagogenraum eine Vorhalle zum Männerbetsaal und darüber, von der Frauenempore durch eine Wand getrennt, ein Unterrichtsraum an.

Die Erbauung der Synagoge erfolgte in den Jahren 1891/92 sehr zügig. Der Magistrat hatte am 13. März 1891 die Baugenehmigung erteilt. Am 28. August 1891 fand das Richtfest statt[26], am 16. September 1891 konnte die endgültige Fertigstellung des Rohbaus zur Anzeige gebracht werden. Die Einweihung der Ohel-Jakob-Synagoge nahmen am 25. März 1892 der Gemeinderabbiner Perles und Heinrich Ehrentreu, der seit 1885 das Rabbineramt bei den orthodoxen Juden ausübte, gemeinsam vor. Perles hob in seiner Ansprache das einigende Band der Gesamtgemeinde vor:[27] »So leuchte denn, ewiges Licht, das ich zur Weihe des Hauses entzündet habe, leuchte herab jahraus jahrein mit mildem Schimmer auf die frommen Beter, die mit heiligem Eifer und rühmlichem Opfersinn diese Andachtsstätte errichtet haben, in welcher sie – eingegliedert wohl in den festen Verband unserer Cultusgemeinde – doch dem Zuge ihres Herzens folgend, nach der alten Weise der Väter den Herrn verehren und den Weg zu ihm suchen wollen; ...« Ehrentreu hingegen betonte die großen Opfer, die die orthodoxen Gemeindemitglieder für die Errichtung des neuen Hauses gebracht hatten: »Da ist kein Stein und kein Splitter in diesem herrlichen Bau, der nicht Zeugnis ablegte von der Liebe zur heiligen Sache, denn einzig und allein die freiwillig sich bethätigende Liebe, die begeisterte Opferwilligkeit einer geringen Anzahl von Männern hat Solches geschaffen. Aber einige von ihnen haben noch mehr gethan! Sie haben nicht nur bedeutende Opfer an Geld und Gut gebracht, sie haben – was bei Männern, die mitten im Berufsleben stehen, noch viel schwerer wiegt – ihre kostbare Zeit, ihre Thatkraft, ihre Sach- und Fachkenntnis dem Werke gewidmet; sie haben nach des Tages Last und Mühen auf Vergnügungen und Zerstreuung im Kreise ihrer Familie verzichtet; sie haben, wie es beim Bau des zweiten Tempels geschah, mit der einen Hand den Bau gefördert, mit der anderen gekämpft (Nehemia 4, 11), unablässig gerungen und gekämpft, um Schwierigkeiten und Hindernisse, die sich berghoch ihnen entgegenthürmten, hinwegzuräumen und sind nicht erlahmt, bis daß sie gesiegt und das Werk zu Ende geführt.« Die Anwesenheit des Gemeinderabbiners begrüßte er als Zeichen des Friedens und des Einverständnisses: »Ja, es erfüllt uns mit Freude und Genugthuung, es gilt uns als Anerkennung unseres ehrlichen und offenen Strebens, daß wir heute den verehrten Rabbiner unserer Gemeinde, den Vorstand und die Mitglieder der verehrlichen Verwaltung in unserer Mitte sehen; es ist uns ein Beweis, daß unser Streben nicht verkannt und mißdeutet wird. Das Ziel, welches uns vorgeschwebt hat, das Streben, von dem wir erfüllt waren bei der Errichtung dieser Andachtsstätte haben wir deutlich bezeichnet an der Außenseite dieses Baues. (...) ›Das ist nichts Anderes als ein Gotteshaus‹, heißt es da, kein Haus, das zu Kampfeszwecken, zu Menschentrutz errichtet wurde, um Parteiungen und Spal-

Außenansicht der Ohel-Jakob-Synagoge, um 1930. Die Fassade des Nachbargebäudes, das die Schulräume beherbergte, war 1928 im Zuge von Umbaumaßnahmen an die der Synagoge angeglichen worden

tungen hervorzurufen und Streitigkeiten zu erregen ...«.

Noch vor der endgültigen Fertigstellung und Einweihung der Synagoge reichte der Vereinsvorstand von Ohel Jakob bei der Münchner Lokalbaukommission das Gesuch ein, auf dem gleichen Grundstück hinter der Synagoge eine Laubhütte erbauen zu dürfen. In einer provisorischen laubgedeckten Hütte oder Sukka feiern die Juden traditionsgemäß im Herbst das Laubhüttenfest oder Sukkot zum Gedenken an den göttlichen Schutz während der 40-jährigen Wüstenwanderung der Israeliten, gleichzeitig aber auch als Erntedankfest. Von der im Juni 1893 auf dem Anwesen Kanalstraße 24 fertiggestellten Laubhütte ist nur eine knappe Beschreibung erhalten. Demnach bestanden die Wände aus Mauerwerk, das Dach aus einer Eisenkonstruktion mit Wellblecheindeckung.[28] Ein Grundstücksplan von 1901 bezeichnet die Lage der Laubhütte und eines gerade neu errichteten Requisitenraumes. Im Jahr 1907 erfolgte eine Neugestaltung des Anbaus. Der damalige 1. Vorsitzende des Vereins Ohel Jakob, Sigmund Fraenkel, begründete die Notwendigkeit eines größeren Seitengebäudes folgendermaßen: »Der ergebenst unterfertigte Verein steht vor dem unabweisbaren Bedürfnis in seinem vorgenannten Anwesen, aus Verwaltungs- und Sicherheitsgründen, eine einzelstehende Person als Hausmeister aufzustellen und bedarf hie-

Innenaufnahme der Ohel-Jakob-Synagoge, um 1930. Das Foto ist die vermutlich einzig erhaltene Innenaufnahme vor der Zerstörung

Innenaufnahme der Ohel-Jakob-Synagoge nach der Zerstörung im November 1938 mit den beiden Inschriftentafeln rechts und links des Thoraschreins

zu einer Wohnung, bestehend in zwei Zimmern. Diese sind, in erforderlicher Größe nur durch die Herstellung eines neuen Seitengebäudes, an Stelle der alten zu beschaffen.«[29] In dem daraufhin ausgeführten Neubau lag die angesprochene Hausmeisterwohnung im 1. Stock, während die Räume darunter laut dem eingereichten Plan eine Bibliothek beherbergten. Das erhöhte Sicherheitsbedürfnis der orthodoxen Juden hing möglicherweise mit dem in diesen Jahren zunehmenden Antisemitismus in München zusammen. Seit 1905 saß mit Andreas Wagner ein Antisemit in dem von der Bürgerschaft gewählten Kollegium der Gemeindebevollmächtigten, der wiederholt den Antrag stellte, die Einwanderung und Niederlassung der Juden in München einzuschränken.[30]

Im Jahr 1921 beschloß der Verein zur Förderung der jüdischen Wissenschaften das Nachbargrundstück an der Herzog-Rudolf-Straße anzukaufen;[31] 1924 wurde dort eine israelitische Schule eingerichtet. Anläßlich des Aufbaus eines zweiten Stockwerkes zur Erweiterung der Schule 1928 erfolgte die auf den jüngeren Fotos sichtbare Fassadenangleichung des Nachbargebäudes an die Synagoge.[32] Das ursprüngliche Vorhaben des Vereins, die Synagoge in diesen Bau hinein auszuweiten und zu vergrößern, kam in Anbetracht der Zeitumstände nicht mehr zur Ausführung.

## 2. Die weitere Entwicklung der Religionsgemeinschaft der orthodoxen Juden

Dem Verein Ohel Jakob gehörten einflußreiche und vermögende Münchner Bürger an. Schon zu dem Antrag von 1887, der im Sinne der Traditionalisten noch vor der Vereinsgründung gestellt worden war, hatten sich neben den eigentlichen Antragstellern, den Bankiers Jakob Löw Feuchtwanger und Raphael Landauer sowie dem Rechtsanwalt Feust, etliche Münchner Juden bekannt, die als Firmenbesitzer, Bankiers oder Großhändler eine bedeutende Stellung im Wirtschaftsleben der Stadt einnahmen.[33] Als Vorstand des Vereins Ohel Jakob trat dann 1891 der Numismatiker und Münzhändler Eugen Merzbacher auf, als sein Stellvertreter der Bankier Lothar Feuchtwanger.[34] Der Synagogenbau an der Herzog-Rudolf-Straße konnte offensichtlich aus »eigenen Mitteln«, das heißt aus Spenden und Beiträgen der Vereinsmitglieder, ohne Zuschüsse der Israelitischen Kultusgemeinde, finanziert werden.[35]

Vermutlich nach dem Tod Eugen Merzbachers 1903 übernahm der Wollgroßhändler und Kommerzienrat Sigmund Fraenkel den Vereinsvorsitz. Mit kämpferischem Naturell ausgestattet und zu vielseitigem persönlichem Engagement bereit avancierte er bald zu einem der Führer der bayerischen Orthodoxie. Fraenkel nahm vor allem Anstoß an der unsicheren rechtlichen Stellung der orthodoxen Minderheit innerhalb der Israelitischen Kultusgemeinde. Diese gründete sich einerseits auf das bayerische Judenedikt von 1813, das für jede politische Gemeinde nur eine israelitische Kultusgemeinde vorsah. Somit legte die jeweilige Mehrheit der Gemeindemitglieder die religiöse Ausrichtung fest, bestimmte, nach welchem Ritus der Gottesdienst in der Hauptsynagoge abgehalten werden sollte, und suchte den Gemeinderabbiner aus. Die liberal geprägte Münchner Kultusgemeinde hatte zudem 1889 ein stark reglementierendes Statut über »die Veranstaltung israelitischer Separatgottesdienste« erlassen, das die Abhängigkeit der Orthodoxen vom Wohlwollen des Gemeindevorstands betonte, ihre Duldung auf Ruf und Widerruf unmißverständlich zum Ausdruck brachte:[36] »(...) §2. Dem Gottesdienste muß eine von dem Rabbinate genehmigte Gebetsordnung zu Grunde gelegt werden. §3. Als Funktionäre dürfen nur Vorbeter und Diener verwendet werden. Die Wahl dieser Bediensteten unterliegt der Genehmigung der Verwaltung und des Rabbinates. (...) §6. Die Separatgottesdienste stehen unter der Aufsicht der Verwaltung und des Rabbinates. Es steht daher den Vorständen der Cultusgemeinde und den von diesen delegierten Verwaltungsmitgliedern, sowie dem Rabbiner der Zutritt zu dem Betlokale sowohl während der Gottesdienste als auch zu anderen Zeiten frei. (...) §8. Wird die Veranstaltung eines Separatgottesdienstes beabsichtigt, so ist mittelst einer von mindestens drei selbständigen Gemeindemitgliedern unterzeichneten Eingabe unter Vorlage eines Verzeichnisses der selbständigen Theilnehmer, sowie der einzuführenden Gebetordnung und unter Bezeichnung des in Aussicht genommenen Betlokales um die Bewilligung hiezu bei der Verwaltung nachzusuchen. (...) Nach Einvernahme des Rabbinates und Prüfung aller erforderlichen Voraussetzungen wird von der Verwaltung die erbetene Bewilligung ertheilt oder versagt. (...) §11. Im Falle einer Zuwiderhandlung gegen eine der Bestimmungen des gegenwärtigen Statuts ist die Verwaltung berechtigt, die Erlaubnis zur Abhaltung der Gottesdienste vorübergehend oder dauernd zurückzuziehen.«

Nachdem die Zahl der orthodoxen Juden innerhalb der Münchner Gemeinde in den ersten Jahren des 20. Jahrhunderts, bedingt vor allem durch Einwanderungen aus dem Osten[37] nach Pogromen in Rußland, stark angewachsen war, sah sich Sigmund Fraenkel als einer der führenden Vertreter der Münchner und bayerischen Orthodoxen veranlaßt, die bestehenden Gesetze und Paragraphen zu bekämpfen. Er setzte sich im August 1907 zusammen mit den Vertretern der Nürnberger Orthodoxen mit einer Petition an das bayerische Staatsministerium des Innern für Kirchen- und Schulangelegenheiten »für die Bildung zweier Kultusgemeinden, einer neologen und einer orthodoxen, an einem Orte« ein.[38] Als Vorbild betrachtete er die Gesetzgebung im Königreich Preußen, die den Gemeindezwang aufgehoben hatte: »Tatsächlich hat sich in Preußen gezeigt, daß seit Bestehen des Gesetzes nur in ganz wenigen Gemeinden von der darin gegebenen Befugnis Gebrauch gemacht worden ist. Dadurch daß der Gemeindezwang aufgehoben war, sah sich vielmehr überall die Majorität zu größerer Rücksichtnahme auf die Minorität veranlaßt, und so wurde durch das Austrittsgesetz die Einheit der meisten Synagogengemeinden nicht geschwächt, sondern gefestigt.« Auch finanzielle Gründe spielten eine nicht unerhebliche Rolle in dem Konflikt: »Es liegt uns vollständig fern, der neologen Majorität der Gemeindemitglieder bezüglich der Ausgestaltung des neologen Gottesdienstes in den Reformsynagogen von München und Nürnberg Vorschriften zu machen, trotzdem wir zu der kostspieligen Unterhaltung dieser nach unserer Auffassung religiös unzulässigen Gottesdienste mit unseren Kultusumlagen entsprechend beizutragen gesetzlich genötigt sind. Wir müssen aber anderseits gegen jedwede Beschränkung der von uns gepflegten traditionellen Religionsübung und speziell gegen die Auffassung, daß diese unsere orthodoxen Gottesdienste der Erlaubnis und der Kontrolle neologer Gemeindeverwaltungen unterliegen energisch Verwahrung einlegen, weil nach unserem Dafürhalten der Friede innerhalb einer Großgemeinde, welche Anhänger der neologen und der orthodoxen Richtung zu ihren Mitgliedern zählt, nur dann gewahrt werden kann, wenn die beiden Riten, der neologe wie der orthodoxe, als völlig gleichberechtigt nebeneinander bestehend von den Gemeindeorganen anerkannt werden.«

Eine schnelle Lösung des Problems auf staatlicher Ebene war nicht in Sicht. Nachdem der Streit auf einer Konferenz in Nürnberg am 6. Oktober 1907 noch einmal in voller Schärfe entbrannte, konnten sich beide Seiten in den darauffolgenden Wochen zu einem Kompromiß

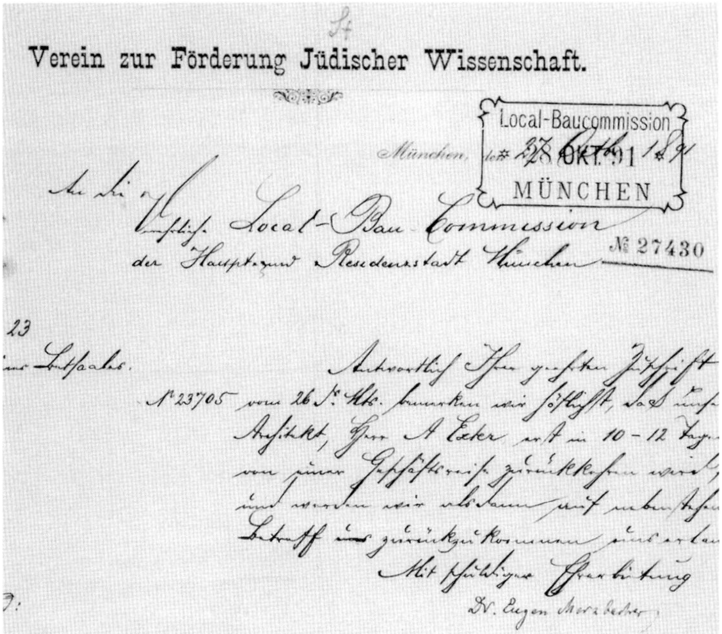
Verein zur Förderung Jüdischer Wissenschaft.

Local-Baucommission
28. OKT. 91
MÜNCHEN

An die Königl. Local-Bau-Commission
der Haupt- und Residenzstadt München

№ 27430

Briefkopf des »Vereins zur Förderung Jüdischer Wissenschaft« (= Ohel Jakob) aus dem Jahr 1891

durchringen. Die Ende 1907 zwischen der Israelitischen Kultusgemeinde und dem Verein zur Förderung der jüdischen Wissenschaft geschlossene Vereinbarung sah vor, daß die 1889 erlassenen Statuten auf den letztgenannten Verein keine Anwendung mehr finden sollten. Dem Verein der orthodoxen Juden wurde ein Rechtsanspruch auf den Bestand seines Gottesdienstes »unter Wahrung der zur Zeit dort eingeführten Riten« sowie ein regelmäßiger Zuschuß von zwei Prozent der bei der Gemeindekasse eingehenden Kultusbeiträge zugestanden. Entscheidend festigte sich auch die Stellung Heinrich Ehrentreus, der die Rabbinerfunktionen bei den orthodoxen Juden ausübte. Die Gottesdienste in der Synagoge an der Herzog-Rudolf-Straße standen zwar weiterhin unter der Oberaufsicht des Gemeinderabbiners; dieser übertrug jedoch nach Punkt III der Vereinbarung »die Handhabung seines Aufsichtsrechts dem (...) zu bestellenden, ihm verantwortlichen orthodoxen Rabbinats-Assessor.«[39] Zudem wurde vereinbart: »IV. Die Verwaltung bestellt nach Anhörung des Rabbinats und nach Vereinbarung mit dem Vereinsvorstand zur Unterstützung des Rabbinats in der Beaufsichtigung des Schächtwesens, des Ritualbads und der Mazzoth-Bereitung eine der orthodoxen Richtung angehörige, mit rabbinischer Autorisation (Hathorah) ausgestattete Persönlichkeit mit dem Titel Rabbinats-Assessor (...). Als Rabbinats-Assessor wird zunächst Herr Dr. Heinrich Ehrentreu bestellt.« Weitergehende Bemühungen um die Abschaffung des bayerischen Judenedikts scheiterten vor dem Ersten Weltkrieg nicht zuletzt daran, daß neben den Differenzen zwischen orthodoxen und neologen Juden auch Differenzen zwischen orthodoxen Juden aus städtischen Gemeinden und denen aus ländlichen Gemeinden bestanden.[40]

Die unterschiedlichen religiösen Grundhaltungen der einzelnen Münchner Gemeindemitglieder, die immer wieder zu heftig ausgetragenen Konflikten führten, spalteten die Kultusgemeinde jedoch zu keinem Zeitpunkt grundlegend. Beweis dafür sind die zahlreichen freundschaftlichen Verbindungen zwischen orthodoxen und liberalen Juden. So hielt der Gemeinderabbiner Perles 1885 die Trauerrede an der Bahre von Abraham Merzbacher, einem der führenden Mitglieder

der orthodoxen Betstube an der Kanalstraße.[41] Knapp zwanzig Jahre später ehrte Gemeinderabbiner Werner dessen Sohn Eugen Merzbacher, den Vorstand der Religionsgesellschaft Ohel Jakob, mit folgenden Worten: »Aber geehrte Trauerversammlung! Seine Religion war nicht blos harmonisch in ihrem ganzen Wesen, trotz seiner tiefen Gläubigkeit war sie auch modern und aufgeklärt. Nicht blos treu, nein, auch frei! Nicht blos den Satzungen ganz ergeben, nein auch dem Gedanken ganz ergeben. Für den, der das Judentum ganz kennt, ist das selbstverständlich, für den der den Gedanken des Judentums nicht ganz erfasst hat, erscheint das als ein Widerspruch. Aber für den, der beides kennt, den Glauben und die Wissenschaft, wie unser treuer Toter, für den sind Frömmigkeit und Aufklärung keine Gegensätze, sondern Ergänzungen.«[42]

Den Status der Gleichberechtigung erlangten die Münchner orthodoxen Juden erst nach der Revolution von 1918, die eine Neuregelung der staatskirchenrechtlichen Verhältnisse in Bayern zur Folge hatte. Der Zwang zur Wahrung einer Einheitsgemeinde war nun aufgehoben; die Vereinigung der Münchner orthodoxen Juden gewann dadurch eine bessere Verhandlungsposition. Durch die im Mai 1922 ausgehandelte neuerliche »Vereinbarung zwischen der Israelitischen Kultusgemeinde München und dem Verein Ohel Jakob (Israelit. Religionsgesellschaft)«[43] konnte die Einheit der Kultusgemeinde gewahrt werden. Die orthodoxe Religionsgesellschaft erhielt einen weitgehend selbständigen Status innerhalb der Gemeinde, soweit es die Gottesdienstordnung, die rituellen Einrichtungen und die Anstellung von Rabbinern oder sonstigen Beamten und Angestellten betraf. Und auch in finanzieller Hinsicht erzielten die Verhandlungspartner eine Einigung: »Der Verein Ohel Jakob, der seine Einrichtungen als sein Eigentum behält und die daraus fließenden Einnahmen bezieht, hat den Sachbedarf seiner Anstalt zu decken und zu den Gehältern seiner Beamten und Angestellten ein Viertel beizutragen, während die restlichen drei Viertel, sowie die gesamten Pensionslasten von der Gemeinde übernommen wurden.«[44]

## 3. Die Zerstörung der Ohel-Jakob-Synagoge in der »Reichskristallnacht«

Die orthodoxe Synagoge an der Herzog-Rudolf-Straße wurde ein Opfer des nationalsozialistischen Terrors gegen jüdische Einrichtungen in der »Reichskristallnacht«. Nachdem SA-Leute die Einrichtung verwüstet hatten, setzten sie das Gebäude mit Petroleum und Benzin in Brand. Auch dem herbeigeholten Rabbiner gelang es nicht, die Kultgegenstände zu retten. Die Thorarollen, die gestickten Vorhänge des Thoraschreins, das Totengedenkbuch der Gemeinde und wertvolles Silbergerät fielen dem mutwillig gelegten Feuer zum Opfer. Beim Eintreffen der Feuerwehr stand die Synagoge bereits vollständig in Flammen. Die Löscharbeiten dauerten bis zum Mittag des 10. November 1938.[45] Auch die benachbarte jüdische Volksschule blieb von den Zerstörungen nicht verschont. Lediglich in einem rückwärts liegenden Gebäudeteil konnte ab Januar 1939 vorübergehend der Unterricht wieder aufgenommen und auch Gottesdienste abgehalten werden.[46] Die Lokalbaukommission erteilte der Israelitischen Kultusgemeinde jedoch im März 1939 den Befehl, sämtliche Gebäudereste auf eigene Kosten abbrechen zu lassen.[47] Verhandlungen zwi-

Die Brandruine der Ohel-Jakob-Synagoge nach der Pogromnacht im November 1938

Gedenktafel in der Herzog-Rudolf-Straße

schen der Kultusgemeinde und der Stadt München in den Jahren 1939/40 über den Verkauf des Grundstückes scheiterten. Erst nach dem Krieg, in den fünfziger Jahren erwarb eine Wohnungsbaugesellschaft das Grundstück und ließ ein 6-stöckiges Wohn- und Geschäftsgebäude errichten. Im Jahr 1969 regte Schalom Ben Chorin bei Oberbürgermeister Vogel die Anbringung einer Gedenktafel für die Ohel-Jakob-Synagoge in der Herzog-Rudolf-Straße an.[48]

## 4. Persönlichkeiten

### *Heinrich Ehrentreu, 1854 (Altofen bei Budapest) – 1927 (München)*

Chanoch Heinrich Ehrentreu,[49] der langjährige Rabbiner der Religionsgemeinschaft der Münchner orthodoxen Juden, wurde am 30. April 1854 in Altofen (Óbuda) bei Budapest[50] geboren. Er studierte an der Preßburger Jeschiwa bei bedeutenden Talmudisten, unter anderem bei Abraham Samuel Schreber, genannt Ketaw Sofer (1815-1875). Im Jahr 1877 siedelte er nach Deutschland über, war als Hauslehrer in Mainz angestellt und setzte parallel dazu seine Studien in Heidelberg fort. Schon früh trat er als Mitarbeiter wissenschaftlicher Werke, so als Sprachforscher bei dem hebräischen Wörterbuch von Gesenius 1883, in Erscheinung. Die Anhänger der Orthodoxie innerhalb der Münchner Israelitischen Kultusgemeinde beriefen ihn 1885 als Lehrer und Rabbiner. Hier betreute er die Gottesdienste in der Betstube an der Kanalstraße 29, später an der orthodoxen Synagoge in der Kanalstraße 24 (nach der Straßenumbenennung Herzog-Rudolf-Str. 3), und erteilte Unterricht.

Die in ihrer Mehrheit liberal gesinnte Münchner Israelitische Kultusgemeinde übertrug ihm erstmals 1895 ein offizielles Amt, die Überwachung des rituellen Schächtwesens. Weitere Aufgaben als Vertreter des Gemeinderabbiners und als Leiter des gesamten Ritualwesens folgten. Die enge Freundschaft, die ihn mit dem seit 1895 in München tätigen Gemeinderabbiner Dr. Cossmann Werner verband, half, die Gegensätze zwischen orthodoxen und liberalen Juden in München zu überwinden. Nachdem der 1907 noch einmal scharf entbrannte Streit beigelegt war, erhielt Heinrich Ehrentreu den Status eines pensionsberechtigten Beamten der Gemeinde und den Titel eines Rabbinatsassessors. Er konnte nun offiziell und unangefochten die religiöse Leitung der orthodoxen Gottesdienste und die Betreuung der orthodoxen Familien bei Trauungen, Beerdigungen und

Porträt des Rabbiners Heinrich Ehrentreu, um 1925, Reproduktion des Gemäldes von Hermann Segall

anderen Feiern übernehmen. Erst als 1918 mit dem Ende der alten Staatsverfassung auch das bayerische Judenedikt von 1813 seine Gültigkeit verlor, waren die rechtlichen Hindernisse beseitigt, die ihm bis dahin den Titel eines vollberechtigten Gemeinderabbiners verwehrt hatten.

Heinrich Ehrentreu genoß weit über München hinaus den Ruf eines bedeutenden Talmudgelehrten und war als Sprachforscher, als Geschichtskenner und Kulturhistoriker bekannt und angesehen. Er beriet die Bibliothekare der Bayerischen Staatsbibliothek in dem Bereich der hebräischen Handschriften, vollendete die von Raphael Neta Rabbinowicz in München begonnene textkritsche Ausgabe des babylonischen Talmuds unter Zugrundelegung der ältesten Handschriften und veröffentlichte zahlreiche Aufsätze. Mordechai Breuer wies ihm in seiner Studie über die jüdische Orthodoxie einen besonderen Platz zu, »da er einer der ganz wenigen Gelehrten war, der sich vor allem der talmudischen und halachischen Quellen widmete.«[51]

Im Jahr 1922 wurde Heinrich Ehrentreu das Rektorat des Berliner Rabbinerseminars, der Ausbildungsstätte für die orthodoxen Rabbiner in Deutschland, an der bereits viele bedeutende Gelehrte gewirkt hatten, angetragen[52]. Er lehnte ab und blieb in München. Er starb im Alter von 72 Jahren am 4. Januar 1927, nachdem er mehr als vier Jahrzehnte als geistiger Führer der orthodoxen Juden tätig war. Er wurde im Neuen Israelitischen Friedhof an der Ungererstraße beigesetzt.

Die Lieferung der כשר Milch unter Aufsicht Sr. Ehrw. Hr. Rab. Dr Ehrentreu beginnt am Dienstag, den 19. Mai 1925, vormittags.

**J. Jacob**

Klenzestraße 15 · Telefon 26863

Das Jüdische Echo, Nr. 20/1925

Veröffentlichungen in Auswahl:

- Geschichte der Chewra Kadischa. Festschrift zur Hundertjahrfeier des Vereins 1806-1906. München 1905.
- Der Prager Oberrabbiner Lippmann Heller. In: Festschrift aus Anlaß der 40jährigen Gründungsfeier des Vereins zur Förderung und Verbreitung der Wissenschaft des Judentums Afike Jehuda in Prag. Prag 1909.
- Napoleon I. und die Juden. Regensburg 1910.
- Eine Untersuchung über die Echtheit der im Jahre 1868 und 1869 von Dr. B. H. Auerbach s.A. herausgegebenen Sefer Ha-Eschkol. Berlin 1910.
- Minchat Pittim. Talmudische Studien. München 1928.

## *Ernst Ehrentreu, 1896 (München) – 1981 (London)*

Ernst Ehrentreu wurde am 12. März 1896[53] in München als Sohn des orthodoxen Rabbiners Heinrich Ehrentreu und seiner Frau Ida, geb. Feuchtwanger, geboren. Nach dem Schulabschluß nahm er als Soldat am Ersten Weltkrieg teil. Seine Studienjahre begann er 1918/19 in München, setzte sie 1920 in Berlin am Rabbinerseminar und an der Universität, schließlich 1921 in Königsberg fort. Häufige Ortswechsel zeichneten auch seine ersten Berufsjahre aus: 1921/22 leitete er die Talmud-Thora-Schule in München, 1922 wechselte er als Leiter der Religionsschule nach Baden in Österreich; noch im gleichen Jahr wurde er als Rabbiner, als Lehrer an der Jeschiwa und als Mitglied des Rabbinergerichts nach Preßburg (Bratislava) berufen, wo er 1924 promovierte. Die Jahre 1925/26 verbrachte er als Dozent für Psychologie und Pädagogik und Leiter eines Lehrerausbildungsprogramms in Robów in Polen.

Nach dem Tod seines Vaters 1927 trat er dessen Nachfolge als Rabbiner an der orthodoxen Synagoge in München an. Dieses Amt, das mit der Beaufsichtigung des gesamten Ritualwesens und mit der Erteilung von Unterricht an der jüdischen Volksschule verbunden war, übte er noch nach 1933 unter den zunehmenden Repressalien der NS-Machthaber aus. Die Ereignisse der »Kristallnacht« setzten seinem Wirken für die Münchner orthodoxe Gemeinde ein Ende. Nachdem er in dieser Nacht von dem Synagogendiener zu Hilfe gerufen worden war, als SA-Männer bereits die Einrichtung der Ohel-Jakob-Synagoge verwüstet hatten, geriet er bei seinem Versuch, die Thorarollen zu retten, in die Hände der NS-Schergen. Dem Dazwischentreten eines

Ernst Ehrentreu; Paßfoto aus der Serie der Kennkartendoppel, die 1938 von der Polizeidirektion München für die jüdischen Bürger erstellt wurden

einzelnen SA-Mannes hatte er es zu verdanken, daß sie ihn nicht in das bereits gelegte Feuer warfen.[54] Er wurde verhaftet und blieb in den nächsten Wochen im Konzentrationslager Dachau inhaftiert. Nach seiner Freilassung emigrierte er im Februar 1939 mit seiner Familie nach London. Im Mai 1940 wurde er auf der Isle of Man interniert, später – noch im gleichen Jahr – in Australien. Bis 1942 übte er das Amt des Rabbiners für die Internierten und für die Beth David-Gemeinde in Melbourne aus. Anschließend war er Rabbiner der Machzikai Hadath-Gemeinde in St. Kilda, Australien, bis er 1946 nach Großbritannien zurückkehrte. 1947 berief ihn die

Gemeinde Kehal Adath Yeshurun des Tempels Fortune in London zu ihrem Rabbiner. Gleichzeitig war er als Dozent für Psychologie und Pädagogik tätig.

Er starb am 11. November 1981 im Alter von 85 Jahren in London.

Publikationen in Auswahl:

- Untersuchungen über die Massora, ihre geschichtliche Entwicklung und ihren Geist. Diss. Hannover 1925. (Neuauflage 1968).
- Youth Appeals to Us. 1945.
- Jewish Thought in the Modern World. 1947.

## *Sigmund Fraenkel, 1860 (München) – 1925 (München)*

Sigmund Fraenkel wurde am 19. Dezember 1860 als Sohn des Wollgroßhändlers Wilhelm Fraenkel und seiner Frau Rahel, geb. Auerbach, in München geboren. Sein Großvater Abraham Fraenkel, der die nach ihm benannte Wollgroßhandlung begründete, lebte seit Beginn des 19. Jahrhunderts in München und gehörte zu den Mitbegründern der hiesigen jüdischen Gemeinde nach dem Erlaß des Ediktes von 1813.

Sigmund Fraenkel lernte nach der Schulausbildung den Beruf des Kaufmanns, zunächst in der von seinem Onkel Benjamin Hirsch geleiteten Metallfirma Aron Hirsch & Sohn in Halberstadt, später bei verschiedenen Firmen in Triest und Marseille. Zurück in München trat er in das väterliche Geschäft ein, das er später zusammen mit seinem Bruder Heinrich leitete. Seine vielfältigen Interessen für wirtschaftliche und verkehrspolitische Fragen führten ihn auf viele Reisen und veranlassten ihn zu mannigfachen Publikationen. Häufig fuhr er nach Rußland und pflegte intensive Kontakte mit den dortigen jüdischen Gemeinden, beriet die russische Botschaft und das Auswärtige Amt in Berlin in Fragen der wirtschaftlichen Zusammenarbeit. Im Sommer 1900

Porträt des Kommerzienrates und Vorstandes des Vereins Ohel Jakob Sigmund Fraenkel, um 1920

wurde Sigmund Fraenkel als Fahrplan- und Steuerreferent in die Handels- und Gewerbekammer von Oberbayern gewählt, 1909 zum Vizepräsidenten der Kammer. Zahlreiche weitere Verbandsmitgliedschaften, für die er sich immer aktiv engagierte, folgten.

Sein starkes Interesse für die jüdische Glaubenslehre und Wissenschaft weckte insbesondere in seiner Halberstädter Zeit sein Onkel Dr. Selig Auerbach, der das Amt des Gemeinderabbiners dort inne hatte. Im Jahr 1903 trat er in der Nachfolge seines Vaters in die Gemeindeverwaltung der Israelitischen Kultusgemeinde Münchens ein und engagierte sich für zahlreiche Reformen. Er führte zeitweise den Vorsitz im Ritualausschuß, förderte und unterstützte das Wohlfahrtswesen der Gemeinde und beriet den Finanz- und Steuerausschuß. Im Jahr 1903 übernahm er auch den Vorsitz des orthodoxen Vereins Ohel Jakob, für dessen rechtliche Besserstellung er vehement und erfolgreich kämpfte. Darüberhinaus zählte er zu den Mitbegründern des Landesverbandes Bayerischer Israelitischer Gemeinden. Mehr als 25 Jahre arbeitete er im Kuratorium des Berliner Rabbinerseminars mit.

Im Jahr 1923, als die erste Welle des nationalsozialistisch geprägten Antisemitismus ihren Höhepunkt erreichte, wurde Sigmund Fraenkel Opfer eines Anschlages, wobei er und die ihn begleitenden Familienangehörigen mehrfach geschlagen wurden.[55] Zu den Tätern gehörten Christian Weber und Joseph Berchtold[56], beide stadtbekannte SA-Schläger, die später als Ratsherren der NSDAP im Stadtrat saßen. Die bei dem Überfall erlittenen Verletzungen und Aufregungen zerrütteten die Gesundheit Fraenkels. In den folgenden Jahren mußte er seine Tätigkeiten nach und nach einschränken. Am 30. September 1925 starb er. Er wurde auf dem Alten Israelitischen Friedhof an der Thalkirchner Straße beigesetzt.

Elias Straus charakterisierte ihn in seinem Nachruf mit folgenden Worten: »Ein Mann von reichem Geist, von schöpferischer Begabung, scharfer Logik und einer ungewöhnlich raschen Einfühlungsgabe, er konnte das, was er erreichte, doch nur erreichen durch sein außerordentliches Temperament. Wir haben manche Männer in unserer Mitte, die ihm auf dem und jenem Gebiete gleichstehen, hierin konnte keiner ihm nahekommen. Es war etwas ganz Ungewöhnliches wie sich bei ihm das, was er an Eindrücken empfing, sogleich auswirkte und umsetzte in die Tat. Und hierzu kam sein unermüdlicher Arbeitseifer, sein eiserner Fleiß. Jede Aufgabe, die man ihm stellte, und die er sich selbst stellte, es war niemand da, der sie rasch und energisch, so ausgiebig bearbeitet hätte. Sigmund Fränkel war ein Mann, der seine Ziele verfolgte im Kampf, Kampf war sein Lebenselement. Wir, die wir mit ihm zusammengearbeitet haben, wissen, daß es Sigmund Fränkel wenig Freude bereitete, wenn ein von ihm eingebrachter Antrag sofort angenommen wurde. Es war ihm ganz wohl nur, wenn seine Anträge zunächst auf Widerstand stießen, und wenn er dann im Kampfe mit seinen Gegnern den Sieg errang.«[57]

Sein Sohn Abraham Adolf Fraenkel veröffentlichte posthum einige seiner wichtigsten Aufsätze und Reden.[58] *E. A.*

## Anmerkungen

[1] Leo Baerwald: Die liturgische Entwicklung. In: BAERWALD/FEUCHTWANGER (Hrsg.) 1937, S. 66.

[2] Werner Cahnmann: Administration und Vorstände im 19. Jahrhundert. In: BAERWALD/ FEUCHTWANGER (Hrsg.) 1937, S. 45.

[3] Leo Baerwald: Die liturgische Entwicklung. In: BAERWALD/FEUCHTWANGER (Hrsg.) 1937, S. 67.

[4] Ludwig Feuchtwanger: Neuere Geschichte. In: BAERWALD/FEUCHTWANGER (Hrsg.) 1937, S. 34.

[5] StadtAM Stadtchronik 1876, Bd. I, S. 963.

[6] Vgl. den Beitrag über die Synagoge an der Westenriederstraße in diesem Band.

[7] Vgl. zu den Betstuben den Beitrag über kleinere Betsäle in diesem Band.

[8] LBK Bauakt Herzog-Rudolf-Straße 11, Pläne und Bauanträge zum Rückgebäude. – Die Raumlänge der Betstube betrug 8,5 Meter, die Raumbreite 5,3 Meter.

[9] Im Adreßbuch von 1874 wird dieser Betsaal erstmals aufgeführt; in den folgenden Jahren wird als Adresse immer Kanalstraße 29 RG/0 genannt, ab 1884 Kanalstraße 29 RG/1.

[10] LBK Bauakt Herzog-Rudolf Straße 11. – MEGELE 1951, S. 119.

[11] LBI New York Nachlaß Perles, Gesuch strenggläubiger Gemeindemitglieder um mietweise Überlassung der alten Synagoge, 23.8.1887.

[12] Die in der hebräischen Druckerei in Rödelheim bei Frankfurt gedruckten Gebetbücher mit vorbildlicher deutscher Übersetzung und Kommentaren waren im 19. Jahrhundert weit verbreitet (Jüdisches Lexikon, Bd. IV/1, Berlin 1930, S. 1466).

[13] Dazu ausführlich SELIG 1988, S. 82ff.

[14] StadtAM LBK 3917, Protokoll vom 8. Januar 1891.

[15] Ein genaues Gründungsdatum ließ sich nicht ermitteln; im Bestand Polizeidirektion im Staatsarchiv München sind keine Vereinsakten zu Ohel Jakob erhalten.

[16] Zu Exter und seinem Werk SCHARFF 1994.

[17] Über Details der Planungsfragen, über Wünsche der Vereinsmitglieder, über weitere Vorbilder, an denen sich Exter orientierte, ist leider nichts bekannt, da weder von Seiten des Architekten noch des Vereins Ohel Jakob Überlieferungen dazu existieren oder bekannt sind.

[18] HAMMER-SCHENK 1981, S. 353, verweist auf die erste und damals maßgebliche Veröffentlichung einer Anleitung zum Synagogenbau von 1884: Erwin Oppler, Synagogen und jüdische Begräbnisplatze, in: Baukunde des Architekten, Bd. 2,2, Berlin 1884, S. 270-285.

[19] StadtAM LBK 3917, Protokoll vom 25. November 1891.

[20] StadtAM LBK 3917, Plenarbeschluß des Magistrats vom 11.12.1891.

[21] Im Plan von August Exter noch nicht eingezeichnet.

[22] Die Inschrift ist auf einem Foto sichtbar, das nach der Fertigstellung des Rohbaus aufgenommen wurde (Aufnahme aus: Karl Stöhr, Baugeschäft München, Festschrift zum 40-jährigen Bestehen der Firma, München 1925, S. 43); auf einer späteren, wohl um 1930 entstandenen Aufnahme ist sie nicht mehr zu erkennen.

[23] Zur Baubeschreibung vgl. HAMMER-SCHENK 1981, S. 388. – RAUCH 1994, S. 17f.

[24] Der Architekt. Wiener Monatshefte für Bauwesen und decorative Kunst. 4. Jg., Wien 1898, Tafel 19, sowie kurze Baubeschreibung auf S. 10.

[25] Übersetzung der Inschriften nach StadtAM Stadtchronik 1892, Bd.3,1, Nr. 85: Weiheworte gesprochen von Sr. Ehrw. Herrn Rabbiner Dr. Perles und Sr. Ehrw. Dr. Hch. Ehrentreu anläßlich der Einweihung des neuen Betsaales des Vereines zur Förderung jüdischer Wissenschaft A.V.

[26] StadtAM Stadtchronik 1891.

[27] Für dieses und die folgenden Zitate: StadtAM Stadtchronik 1892, Bd. 3,1 Nr. 85: Weiheworte gesprochen von Sr. Ehrw. Herrn Rabbiner Dr. Perles und Sr. Ehrw. Herrn Dr. Hch. Ehrentreu anläßlich der Einweihung des neuen Betsaales des Vereines zur Förderung jüdischer Wissenschaft A.V.

[28] StadtAM LBK 3917, Befund bei der Besichtigung am 5.6.1893.

[29] StadtAM LBK 3917, Schreiben des Vereins zur Förderung der jüdischen Wissenschaft an die LBK vom 24.5.1907.

[30] StadtAM Einwohneramt 169, Antrag von A. Wagner v. 23.6.1904 u. v. 11.4.1906.

[31] Das jüdische Echo, Nr. 51/1921, S. 665.

[32] StadtAM LBK 3920. Bauantrag des Architekten Max Neumann vom 18.7.1928.

[33] Die Namensliste war wohl auf Verlangen der Kultusgemeinde zu dem Antrag vom

23.8.1887 nachgereicht worden, vgl. LBI New York Nachlaß Perles (wie Anm. 11).

[34] Vgl. die verschiedenen Bauanträge in StadtAM LBK 3917.

[35] Münchner Neueste Nachrichten, Nr. 146 vom 22.3.1917, Artikel über das 25-jährige Jubiläum der orthodoxen Synagoge. – Die Baukosten wurden dort mit ca. 250.000 Mark angegeben.

[36] LBI New York Nachlaß Perles, Statut der Israelitischen Kultusgemeinde über die Veranstaltung israelitischer Separatgottesdienste vom 24.2.1889, Abschrift.

[37] KALTER 1982, S. 392-393.

[38] Zit. nach FRAENKEL (Hrsg.) 1930, S. 87f.

[39] Ebenda, S. 89f.

[40] BayHStA, MJu 13349, Zeitungsausschnitt aus der Bayer. Staatszeitung Nr.165 vom 18.7.1914, S. 17/18.

[41] LBI New York Kitzinger Coll. AR-C. 1202, 3087, II.9.

[42] LBI New York Kitzinger Coll. AR-C. 1202, 3087, III.1.

[43] Veröffentlicht in: Das jüdische Echo, Nr. 25, Jg. 1922, S. 319f.

[44] Das jüdische Echo, Nr. 4, Jg. 1922, S. 308.

[45] HEUSLER/WEGER 1998, S. 65.

[46] SCHULTHEIS (Hrsg.) 1986, S. 105.

[47] StadtAM LBK 3917, Schreiben der LBK an die Israelitische Kultusgemeinde vom 31.3.1939 (Entwurf). – Im gleichen Akt auch Schriftverkehr zu den Verkaufsverhandlungen.

[48] StadtAM Direktorium Abg. 3/17, 304, Az. 46/RJ.

[49] Biographische Angaben nach: Jüdisches Lexikon, Bd.2, Berlin 1928, S. 279. Bayerische Israelitische Gemeindezeitung Nr. 2, 1927, S.37-39: Rabbiner Dr. Heinrich Ehrentreu. Ein Nachruf, gehalten bei der Trauerfeier der Synagoge Ohel Jacob von Dr. Elias Straus.

[50] Heute im III. Bezirk von Budapest.

[51] BREUER 1986, S.170.

[52] Sigmund Fraenkel, Ansprache gehalten anläßlich des siebzigsten Geburtstages Seiner Ehrwürden Herrn Rabbiner Dr. Ehrentreu am 7. März 1924; in: FRAENKEL 1930, S. 296.

[53] Biographisches Handbuch der deutschsprachigen Emigration nach 1933 (1980), Bd. I, S.146.

[54] OPHIR/WIESEMANN 1982, S. 480.

[55] Bayerische Staatszeitung, Nr. 143 vom 23. Juni 1923.

[56] WALTER 1999, S. 97.

[57] Bayerische Israelitische Gemeindezeitung, Nr. 10, 6.11.1925, S. 193.

[58] FRAENKEL (Hrsg.) 1930. – Hieraus und aus dem Artikel in der Bayerischen Israelitischen Gemeindezeitung auch die biographischen Angaben. Auch in seinen eigenen Lebenserinnerungen schilderte der Sohn, der später den Vornamen Abraham angenommen hatte, noch einmal ausführlich den Vater. Vgl. FRAENKEL 1967.

# Kleinere jüdische Betsäle zwischen 1861 und 1945

Neben den größeren Synagogen, die in dieser Veröffentlichung einen breiten Raum einnehmen, existierte in München bis zur Zeit des Nationalsozialismus auch eine Vielzahl von Betsälen und Betstuben. Seit der zweiten Hälfte des 19. Jahrhunderts wurden sie von Juden benutzt, die sich mit dem damals üblich werdenden Reformgottesdienst nicht anfreunden konnten. Im Gegensatz zu Berlin, Frankfurt am Main, Köln, Wiesbaden und Königsberg in Preußen, wo ab 1876 dissidente jüdische Vereinigungen außerhalb der bestehenden Kultusgemeinden entstanden waren[1], blieben jedoch in München auch die einzelnen Betvereine der Strenggläubigen unter dem Dach der Einheitsgemeinde. Die Vereine Ohel Jakob und Agudas Achim/Linath Hazedek mit ihren eigenen Synagogen in der Herzog-Rudolf-Straße bzw. in der Reichenbachstraße haben die größte Bedeutung entfaltet und werden daher auch an anderer Stelle separat vorgestellt. Hier geht es um die zahlreichen kleineren, heute fast in Vergessenheit geratenen Betvereine und ihre Betstuben, Betsäle oder Synagogen.

In der jüdischen Tradition ist für den Gottesdienst kein eigenes Gebäude erforderlich, es genügt auch ein einziger Raum, der durchaus in einem Privathaus gelegen sein kann.[2] Das war auch in München so der Fall.[3] Einige dieser Einrichtungen hatten nur wenige Jahre Bestand, andere existierten immerhin einige Jahrzehnte lang. Auf fünf belief sich ihre Zahl in München nach Auskunft der Historiker Baruch Ophir und Falk Wiesemann noch im Jahre 1932.[4] Doch ist auch diese Zahl fraglich, da sie die ganz kleinen, nur ab und an benutzten Betstuben unberücksichtigt läßt. Selbst die nachfolgende Aufstellung muß unvollständig bleiben; denn die genaue Zahl der Betstuben läßt sich nicht mehr rekonstruieren. Diese zahlreichen Gebetsstätten stehen für die Vielfalt und die Pluralität des jüdischen Lebens im München der Zwanziger und frühen Dreißiger Jahre, das durch die Nationalsozialisten ein Ende fand.

## 1. Adass Jeschurun (»Gemeinde Israels«)

Im Rückgebäude des Anwesens Hackenstraße 8 gründete der aus dem schwäbischen Hürben stammende Bankier Elias Landauer (1826-1871) im Jahre 1861 einen orthodoxen Minjan.[5] Diese kleine Betsaalgemeinde bildete den Kern des späteren Vereins Adass Jeschurun (Gemeinde Israels).

Nach der Einführung des Reformgottesdienstes in der Synagoge an der Westenriederstraße spalteten sich einige konservative Gemeindeangehörige ab und gründeten 1872 den Verein Adass Jeschurun[6] mit einem eigenen Betsaal in der Fürstenfelder Straße 13/II.[7] Im Münchner Stadtadreßbuch wird dieser Betsaal allerdings erst ab 1888 genannt.[8]

Der Einweihungsgottesdienst wurde am Sabbat Bereschit[9] des Jahres 1872 abgehalten. Zu den Gründungsmitgliedern des Vereins gehörten der Hofbankier, Großhändler und königlich sächsische Generalkonsul Max von Wilmersdörffer (1824-1904)[10] und der »Fabrikant von Herrengarderobe-Gegenständen« Leopold Späth. Erst 1876 erfolgte die Eintragung in das Vereinsregister.

Die Mitgliederzahl des Vereines war jedoch in den folgenden Jahren rückläufig und wurde erst durch das Engagement des in den 1880er Jahren nach München zugezogenen, ursprünglich aus Böhmen stammenden Kaufmanns Adolf Adler (gest. 1922) wieder erhöht. Der in der Kaufingerstraße 25 wohnhafte Kaufmann Herrmann Tietz[11] stiftete seinerzeit für den Betsaal einen neuen Parochet.[12]

1898 schlossen sich jüngere Angehörige des Betsaalvereins zu dem Verein Unitas – Chewrat Kischut beth Hachneset (Vereinigung zur Ausschmückung des Hauses des Versammlung) zusammen und erzielten bereits am 23. August 1898 die Eintragung ins Vereinsregister bei der Polizeidirektion München.[13] Als Vereinszweck wurde in den Statuten festgelegt, »die Interessen & das Gedeihen der israelitischen Religionsgesellschaft an der Fürstenfelder Straße zu fördern und den von obiger Gesellschaft benutzten Saal sowie den Gottesdienst zu verschönern«.[14] Erster Vorsitzender war der Kaufmann Josef Adler, der in der Arnulfstraße 30 eine Eisenhandlung besaß, als sein Stellvertreter fungierte der Kaufmann Edmund Ziegler (geb. 1879). Allerdings scheint sich die Zusammensetzung der Vorstandschaft häufig geändert zu haben, da alleine aus dem Zeitraum 1899-1900 drei Vorstandsmeldungen an die Polizeidirektion überliefert sind. Trotz dieser personellen Instabilität trug der Verein wesentlich zur Ausschmückung des Betsaales bei, erwarb Einrichtungsgegenstände und Ritualien und rief einen eigenen Chor ins Leben. Der Betsaal bekam einen neuen Aron ha-Kodesch nach einem Entwurf von Ludwig Haas, den später der Verein Machsike Hadass benutzte.[15] Von dem Schreiber Körber wurde für den Betsaal ein neuer Sefer Thora angefertigt.

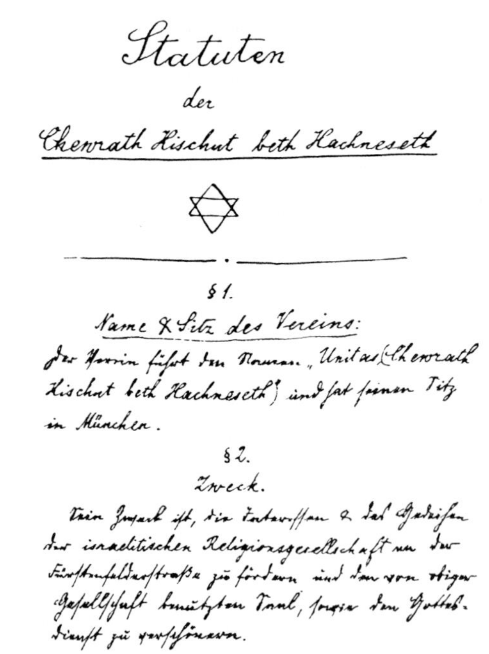
Statuten
der
Chewrath Kischut beth Hachneseth

§ 1.
Name & Sitz des Vereins:
Der Verein führt den Namen „Unitas (Chewrath Kischut beth Hachneseth)" und hat seinen Sitz in München.

§ 2.
Zweck.
Sein Zweck ist, die Interessen & das Gedeihen der israelitischen Religionsgesellschaft an der Fürstenfelderstraße zu fördern und den von obiger Gesellschaft benutzten Saal, sowie den Gottesdienst zu verschönern.

Titelseite der 1898 bei der Polizeidirektion München eingereichten Statuten des Vereins Unitas (Chewra Hischut beth Hachneseth)

Das Stadtadreßbuch von 1904 führt den letzten Beleg für den Betsaal an der Fürstenfelder Straße an[16], und auch der Verein Unitas – Chewrath Kischut beth Hachneseth scheint sich um diese Zeit »stillschweigend« wieder aufgelöst zu haben.[17] Adass Jeschurun zog in jenem Jahr in einen neuen Betsaal um, der im Rückgebäude des Anwesens Müllerstraße 33 lag.[18] Dieses hatte 1895 der Baumeister Johann Heilmeyer in historistischen Formen errichtet, sein saalartiger Raum im Erdgeschoß war zunächst der Methodistengemeinde zur Abhaltung

Bauplan des Rückgebäudes Müllerstraße 33. Der Betsaal befand sich links unten (Spitzbogenfenster)

von Gottesdiensten zur Verfügung gestellt worden.[19] Nach einem in der Lokalbaukommission erhaltenen Plan besaß dieser Raum an seiner Vorderfront zwei neugotische Fenster, die ein Spitzbogenportal einrahmten.[20] Insgesamt wirkte dieser Raum – gemäß seiner ursprünglichen Verwendung – eher wie eine Kapelle als ein Betsaal. In den Jahren 1904-1910 wuchs die Mitgliederzahl von Adass Jeschurun stark an, und es mußte nach neuen Räumlichkeiten Ausschau

Rückgebäude Müllerstraße 33, »Längenprofil« des Bauplans von 1895

gehalten werden. 1910 nahmen etwa 100 Personen an den Gottesdiensten teil, an Feiertagen sogar 150.[21] Im selben Jahr zog daher der Verein aus der Müllerstraße 33 aus; der ehemalige Betsaal wurde noch im gleichen Jahr für Zwecke der Tanzschule von Bartholomäus König umgebaut. Adass Jeschurun trug sich damals sogar mit Plänen zum Bau einer eigenen Synagoge. Durch Spenden von jeweils 10.000 Mark durch die Kaufleute Simon Weinmann, Simon Herrmann und Adolf Adler konnte 1912 zu diesem Zweck ein Bauplatz an der Pettenkoferstraße erworben werden. Seit 1908 liefen Verhandlungen mit dem Verein Ohel Jakob zur Verschmelzung beider Vereine. Die Auflage an Adass Jeschurun bestand darin, den Bauplatz schuldenfrei zu stellen, Ohel Jakob hätte sich dann zum Bau der Synagoge verpflichtet. Der Ausbruch des Ersten Weltkriegs vereitelte sowohl die Vereinigungspläne als auch den Bau der Synagoge.[22] Stattdessen behielt

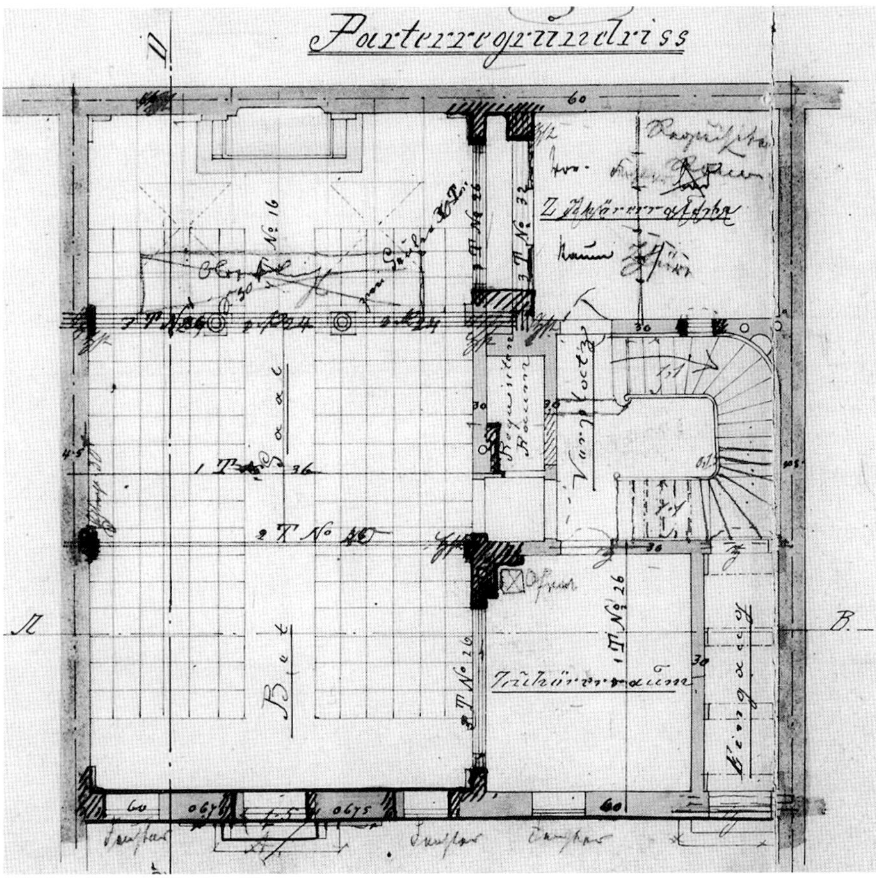


Erdgeschoßgrundriß des Rückgebäudes Müllerstraße 33 (1895). Der »Zuhörerraum« konnte ab 1904 als Frauenraum im Anschluß an den Betsaal dienen

Adass Jeshurun vorläufig den Betsaal in der Landwehrstraße 6, den der Verein nach dem Auszug aus der Müllerstraße 33 gefunden hatte.[23]

Israelit. Religionsgesellschaft Adath Jeschurun
hat zu den Feiertagen noch einige Betstühle zu vergeben. Anfragen: Dachauerstraße 44, Telephon 50105

Das Jüdische Echo, Nr. 36/1925

Im Münchener Israelitischen Kalender 1926-27 wird der Verein Adass Jeschurun im Zusammenhang mit dem Betsaal in der Herzog-Max-Straße 3 – in Nachbarschaft zur Hauptsynagoge – genannt.[24] Dieser Betsaal war 1926 renoviert und dem Verein überlassen worden.[25] Dort fanden die Sabbat- und Festtagsgottesdienste des Vereins statt, während eine nicht näher bezeichnete Privatwohnung für die Werktagsgebete benutzt wurde. Die räumliche Nähe deutet auf ein stark verbessertes Verhältnis zur Israelitischen Kultusgemeinde hin. An der Spitze von Adass Jeshurun stand damals der Kaufmann Josef Adler, der nach dem Ersten Weltkrieg durch die Verschrottung eines Großteils der türkischen Flotte sein Unternehmen hatte ausbauen und auf internationaler Ebene geschäftlich Fuß fassen können.

Anfang der Dreißiger Jahre wurde in der Gemeinde Adass Jeshurun ein neuer Schiur ins Leben gerufen, um das religiöse Leben des Vereins noch zu intensivieren.

**Vorbeter**

für Freitag abend und Samstag im Nebenamt gesucht. Offerte an israel. Religionsgesellschaft
**Adath Jeschurun,**
Dachauerstraße 44 Rückgebäude

Das Jüdische Echo, Nr. 29/1923

## 2. Ein Betsaal in der Wallstraße 3

Ein jüdischer Betsaal in der Wallstraße 3/I kommt in den Stadtadreßbüchern zwischen 1886 und 1891 vor.[26] Auf dieser Etage wohnten seinerzeit der aus Ungarn stammende und seit 1866 in München ansässige Waschanstaltsbesitzer und Rauhwarenhändler Ignaz Freund (1828-1889), seine Frau Therese und deren beide Söhne, der Weingroßhändler und Buchdrucker Sigmund Freund (geb. 1869) und der Kommissionär Jakob Freund (geb. 1861).[27] Es ist anzunehmen, daß ein Zimmer in der Privatwohnung dieser jüdischen Familie als Betsaal benutzt wurde.

## 3. Ein geplanter Betsaal in der Schellingstraße 109

Ein gewisser Georg Bauer[28] richtete 1892 ein Gesuch an den Magistrat der Stadt München, die Einrichtung eines israelitischen Betsaales im Hause Schellingstraße 109 zu genehmigen. Dabei handle es sich um einen bereits bestehenden Betsaal, der im Kellergeschoß untergebracht werden sollte.[29] Dieser Kellerraum sollte 273 Menschen Platz bieten. Der Bausenat sprach sich auf seiner Sitzung am 1. April 1892 auf Antrag des königlichen Regierungsrates Konstantin Brunner aus feuerpolizeilichen Überlegungen und aufgrund erheblicher Sicherheitsbedenken gegen das Vorhaben aus, obwohl der städtische Oberbaurat Wilhelm Rettig geäußert hatte, er sehe die Anlage des Betsaales als »nicht gerade besonders gefährlich« an.[30] Weitere Unterlagen scheinen sich zu diesem projektierten Betsaal nicht erhalten zu haben.

## 4. Beth Jakob (»Haus Jakobs«)

Kurz nach der Jahrhundertwende entstand in München der Verein russischer Tabakarbeiter zur gegenseitigen Hilfe Yenidze, dessen meiste Mitglieder ehemalige Arbeiter der Dresdener Tabakfirma Yenidze waren.[31] Sie stammten aus Rußland, Weißrußland und von der Krim und trafen sich allmorgendlich in ihrem »Schtibl« im Mittelgebäude des Anwesens Hans-Sachs-Straße 8 zum Gebet. Professor Nahum Tim Gidal, dessen Vater diesem Verein angehörte, schildert die Mitglieder, die überwiegend Handwerker gewesen seien, als »traditionell orthodox, aber nicht sehr gebildet und ohne Rabbiner.« Die Mitglieder hätten

**Synagogenverein Beth Jakob**
Hans Sachsstraße 8
Wir geben hierdurch bekannt, daß wir in diesem Jahre für die hohen Feiertage
**Herrn Oberkantor Samuel Roth aus Budapest**
als Vorbeter gewonnen haben, der Dank seiner hohen Qualitäten in den größten Städten Europas Erfolg geerntet hat. Da mit großem Zuspruch zu rechnen ist, wäre es zweckmässig, sich sofort einen Platz durch Anmeldung bei
A. Schindler, Buttermelcherstr. 14, Tel. 24786
A. Gidalewitsch, Müllerstraße 42, Tel. 22973
S. Orljansky, Neuhauserstr. 29, Tel. 54561
zu sichern.
Preise für Mitglieder: Herrensitze Mk. 5.—
Damensitze Mk. 5.—
Für Nichtmitglieder: Herrensitze Mk. 6.—
Damensitze Mk. 6.—
Die Vorstandschaft

Das Jüdische Echo, Nr. 36/1925

BAR MIZWAH GIDALEWITSCH

Für die meinem Sohne Nahum zur Bar Mizwah erwiesene Aufmerksamkeit sowie für die reichen Geschenke danken wir allen Verwandten und Bekannten herzlich.

Familie GIDALEWITSCH

Dankesanzeige anläßlich der Bar Mizwa von Nahum (Ignatz) Gidalewitsch (1909-1996). Dieser emigrierte 1936 nach Palästina und wurde weltweit bekannt als Fotograf und Bildjournalist unter dem Namen Nahum Tim Gidal. Das Jüdische Echo, Nr. 23/1922

»kein Geld und auch keine Lust auf einen Rabbiner« besessen.[32]

»Von wesentlicher soziologischer Bedeutung für die Yenidze-Mitglieder war, daß sie im Gegensatz zu den anderen ostjüdischen und westjüdischen Gemeinden und Betstuben eine beruflich weitgehend homogene Gruppe darstellten. Sie waren gelernte Facharbeiter mit dem diesen eigenen Berufsstolz.«[33] Vorsitzender des Vereins war der Lebensmittelhändler Abraham Schindler (1872-1943) aus der Buttermelcherstraße 14. Als Vorbeter, Kassier, Schammes und Melamed in einer Person fungierte »der alte Schapiro«, Bernhard Schapiro, der in seiner Wohnung Kindern ab dem vierten Lebensjahr hebräische Gebete und Lieder beibrachte: »Es war eine Art vermünchnerter Cheder, in dem wir das Aleph-Beth lernten und die ersten Gebete, dazwischen auch einige ostjüdische Lieder.«[34]

Der Vereinsname wurde am 11. Januar 1925 in Beth Jakob (Haus Jakobs) umgewandelt.[35] An seiner Spitze stand der 1871 in Odessa zur Welt gekommene Max Fleischer[36], der in der St.-Pauls-Straße 9 seine Wohnung hatte und Mitinhaber der Zigarettenfabrik »Kedimah« war. Später löste ihn der Fell- und Teppichgroßhändler Kalman Selik Orljansky als Vereinsvorsitzender ab.[37] Der Verein zog noch im März 1933 in die Klenzestraße 34/II in Räume des Vereins Schomre Schabbos (Wächter des Schabbats) um.

## 5. Schomre Schabbos (»Wächter des Sabbats«)

Im Rückgebäude der Klenzestraße 34/II, in der 1919 ins Leben gerufenen Talmud Thora-Schule e.V[38], trafen sich die Mitglieder des streng religiösen Vereins Schomre Schabbos (Wächter des Schabbats), teils sogar mehrmals täglich, zum Gebet. Hierbei handelte es sich um eine Abspaltung vom Verein Linath Hazedek (Reichenbachstraße 27), »nachdem es Streitereien gegeben hatte, weil die Linat Hazedik nicht so fromm war, wie sich manche es wünschten.«[39] Einer Ankündigung von 1922 kann man entnehmen, daß in der Talmud-Thora-Schule an den hohen Feier-

STATT KARTEN

Zu der am Schabbos, den 30. Juni

אי״ה ש״ק פ״בלק

im Verein Schomreh Schabbos, Ickstattstr. 13 um 9 Uhr stattfindenden

בר מצוה

unseres Sohnes SAMUEL laden wir freundlichst Verwandte und Bekannte ein.

München, Baderstr. 15/III

JOSEF BERGER UND FRAU

In unserer Wohnung hält der בר מצוה Mittags um 12 Uhr eine דרשה

Der polnische Ledergroßhändler Josef Berger und seine Frau Jenda, geb. Gärtner, laden zur Bar Mizwa ihres Sohnes Samuel (geb. 1910) ein. Das Jüdische Echo, Nr. 34/1923

tagen »im Einverständnis sämtlicher Vereine ein Gottesdienst abgehalten« wurde.[40] Vorsitzender des Vereins war der 1875 im ungarischen Saros geborene David Kornhauser[41], der in der Rumfordstraße 46 wohnte und am Isartorplatz 8 ein Weiß- und Wollwarengeschäft betrieb.

Ein anderer Betsaal von Schomre Schabbos war in der Ickstattstraße 13 gelegen.

**An den hohen Feiertagen**

wird in der Talmud-Thora-Schule im Einverständnis sämtlicher Vereine ein

**Gottesdienst**

abgehalten. Für erstklassige Vorbeter ist gesorgt. Eintrittskarten für Herren und Damen (numerierte Sitze) sind zu haben bei Herrn Rabinowitz, Sonnenstr. und bei Herrn Steinlauf, Neuhauserstr. 13. Gleichzeitig werden die Herren Mitglieder zu der am Sonntag den 17. ds. vormittags präzise 10 Uhr stattfindenden sehr dringenden

**allgemeinen Versammlung**

höflichst geladen. Um pünktliches Erscheinen ersucht die Vorstandschaft der Talmud-Thora-Schule.

Das Jüdische Echo, Nr. 7/1922

**Talmud Torah.** Wie seither findet auch heuer an den hohen Feiertagen in den Räumlichkeiten der Talmud Torah-Schule, Klenzestr. 34/I Rgb. ein Gottesdienst statt. Anmeldungen für Herren- und Damensitzplätze nimmt entgegen A. Strumpf, Hans Sachsstraße 4/I, Tel. 20798.

Der rechtmäßige Unterricht in der Talmud Torah-Schule beginnt Sonntag, den 2. September, 9 Uhr Vormittags. Es werden neu aufgenommen Kinder (Knaben und Mädchen) die das 5. Lebensjahr überschritten haben und körperlich wie auch geistig gut entwickelt sind. Anmeldungen werden entgegengenommen im Schullokal, Klenzestraße 34/I Rgb. am Montag, den 27. August, jeweils nachmittags von 5—7 Uhr.

Die Vorstandschaft.

Das Jüdische Echo, Nr. 34/1923

Statt Karten.

Zu der am Samstag, בה כט אייר תרפ״ב / den 27. Mai 1922 stattfindenden

Bar Mizwahfeier unseres Sohnes

**E L I A S**

im Verein Schomre Schabos, Ickstattstraße 13, sind Verwandte und Bekannte höflich eingeladen.

JOSEF NOTOWITZ und FRAU

Reichenbachstraße 29

Das Jüdische Echo, Nr. 20/1922

**הנוראים מודעה לימים**

**הב״ע״ל׳ט**

Zu dem diesjährigen Gottesdienste in den Räumen der Talmud Torahschule, Klenzestraße 34/II Rückgeb. sind noch Herren- und Damenplätze (in beschränkter Zahl) zu vergeben. Rechtzeitige Meldungen nehmen entgegen

J. Rosner, Ickstattstr. 13, Tel. 25462
J. Schenirer, Ickstattstr. 1 a, Tel. 28703
J. Rabinowitz, Sonnenstr. 10, Tel. 51327
J. Jacob, Klenzestr. 15, Tel. 26863

Das Jüdische Echo, Nr. 36/1925

**Verein Talmud Torah**

wünscht herzlich Masoltof zur Bar Mizwah J. Berger, J. Schenirer und dankt bestens für überwiesene Spenden

Das Jüdische Echo, Nr. 28/1923

Einladungen zu Bar Mizwa-Feiern in den Jahren 1922/23 liefern erste Hinweise darauf.[42] An der Spitze des Vereins stand damals der 1880 im polnischen Tyczyn geborene Kaufmann Juda Rosner[43], dem die betreffende Wohnung gehörte, in der sich der Betsaal befand. Er kam 1942 im Konzentrationslager Buchenwald ums Leben.

## 6. Machsike Hadas (»Hüter der Religion«)

In der Ickstattstraße 24 befand sich eine Betstube des 1923 gegründeten streng religiösen Vereins Machsike Hadas (Hüter der Religion).[44] Er wurde geleitet von dem in der Klenzestraße 28 wohnenden Kaufmann D. Elias Wunder. Einer Meldung der Bayerischen Israelitischen Gemeindezeitung vom 1. Januar 1933 kann man entnehmen, daß die Gottesdienste im Betlokal in der Ickstattstraße 11 stattfanden und »in zunehmendem Maße sowohl von ost- wie von westjüdischen Kreisen besucht« wurden. Der Verein, so heißt es weiter, sei nicht gewillt, dem Gesamtausschuß der Ostjuden »in religiösen und religiös-politischen Fragen eine Vertretungsmacht zu geben.«[45] Der Betsaal in der Ickstattstraße 11 wurde laut einem Zeitzeugenbericht in der »Kristallnacht« am 11. November 1938 von SA-Leuten gestürmt und in Brand gesteckt. Allerdings habe man das Feuer bald wieder gelöscht, da in den oberen Stockwerken des Hauses nichtjüdische Münchner gelebt hätten, deren Wohnungen durch das Feuer gefährdet gewesen seien.[46]

## 7. Ein Betsaal im Israelitischen Kinderheim

Mit dem Kinderheim der Israelitischen Kinderhilfe e.V. besaß München eine vorbildliche jüdische soziale Einrichtung. Im Erdgeschoß des am 9. Mai 1925 eröffneten Heimes in der Antonienstraße 7 befand sich ein kleiner Betsaal, den die München-Loge (B'nai B'rith) gestiftet hatte. Er besaß eine Holzvertäfelung und einen Thoraschrein mit Sefer Thora.[47] In diesem Raum wurden bis zur Aufhebung des Kinderheimes an den Freitagabenden und an den jüdischen Feiertagen Gottesdienste abgehalten.[48] Daran nahmen auch Juden teil, die in der Nähe des Kinderheimes wohnten, so die Familie Schaalmann, die ihre Wohnung in der Tengstraße 37 hatte. Manfred Schaalmann (geb. 1924), ein Sohn des Religionslehrers Adolf Schaalmann (1890-1956), erinnerte sich 1990 in einem Gespräch: »Der Vater machte zusammen mit einem Herrn Silbermann den G'ttesdienst in der Antonienstraße. Da gingen wir immer Freitagabend und auch Samstag früh hin, denn dort konnten wir zu Fuß gehen, das war an die zwanzig Minuten. In die Stadt wär' es an die vierzig Minuten wenigstens zu laufen gewesen. Wir selber, alle drei Brüder [Manfred, Hermann und Ernst], haben dort vorgebetet. Auch aus der Thora vorgelesen (...)«[49] Werner Grube, ein ehemaliger Bewohner des Kinderheimes, vermutet, daß sich nach 1938 »alles etwas abgeflacht« habe.[50] Das Gebäude wurde im Zweiten Weltkrieg durch Bombeneinwirkung zerstört.

*T. W.*

**Auflistung der Betsäle nach Adressen, Bestand und Verein:**

| *Adresse* | *Bestand* | *Träger* |
|---|---|---|
| Antonienstraße 7/0 | 1925-1941 | Israelitische Kinderhilfe e.V. |
| Fürstenfelder Straße 13/II | 1872-1904 | Adass Jeshurun |
| Hackenstraße 8 RG | 1861-1872 | Vorläufer von Adass Jeshurun |
| Hans-Sachs-Straße 8 | ? - 1933 | Yenidze → Beth Jakob |
| Hartmannstraße 3/I[51] (»Thannhauser'scher Saal«) | 1876-? | Israelitische Kultusgemeinde |
| Herzog-Max-Straße 3 | 1902-1920 | Israelitische Kultusgemeinde München |
| | 1920-? | Adass Jeshurun |
| Ickstattstraße 13 | ? | Schomre Schabbos |
| Ickstattstraße 24 | 1923-? | Machsike Hadas |
| Kanalstraße 29 | 1876-1892 | Ohel Jakob |
| Klenzestraße 34/II | 1919-? | Talmud Thora, Schomre Schabbos |
| Landwehrstraße 6 | 1910-? | Adass Jeshurun |
| Lindwurmstraße 125 | 1938-1941/42 | Israelitische Kultusgemeinde München |
| Müllerstraße 33 RG/0 | 1904-1910 | Adass Jeshurun |
| Münzstraße 9/I[52] | 1884-1886 | nicht überliefert |
| Reichenbachstraße 27 | 1914-1931 | Augudat Achim und Linath Hazedek e.V. |
| Schellingstraße 109 | um 1892 | nicht überliefert (Georg Bauer) |
| Wallstraße 3/I | 1886-1891 | nicht überliefert (Familie Freund) |

## Anmerkungen

[1] MAÒR 1969, S. 277-287.
[2] DENEKE 1988, S. 33.
[3] OPHIR/WIESEMANN 1979, S. 40.
[4] Ebenda. – Gemeint sind von den Autoren die Synagogen bzw. Betsäle der Vereine Adass Jeschurun, Linat Hazedek und Agudat Achim, Schomre Schabbes, Beth Jakob und Machsike Hadat.
[5] Israelitische Religionsgesellschaft Adass Jeshurun 60 Jahre alt. In: Bayerische Israelitische Gemeindezeitung, 15.12.1932, S. 375f.
[6] MEGELE 1951, S. 119.
[7] MEINING 1994, S. 165.
[8] Adreßbuch von München für das Jahr 1888, S. III/42.
[9] Sabbat nach Simchat tora (23. Tischri), so genannt nach dem ersten mit Bereschit beginnenden Abschnitt des 1. Buches Mose, das heißt der Weltschöpfung.
[10] Max von Wilmersdörfer zählte zu den herausragenden jüdischen Persönlichkeiten in München in der zweiten Hälfte des 19. Jahrhunderts. Er war wissenschaftlich sehr interessiert und besaß eine umfangreiche Bibliothek, vor allem mit Judaica-Literatur. In den Jahren 1864-1869 war er Vorsteher der Israelitischen Kultusgemeinde. Er führte die Vermögensverwaltung für den Prinzregenten Luitpold und dessen Familie und wurde seiner Verdienste wegen mit hohen Auszeichnungen dekoriert (WININGER 1932, Bd. 6, S. 287).
[11] Hermann Tietz begründete mit seinem Neffen Oskar (1858-1923) ein Weißwarengeschäft, das seit 1889 in München ansässig war. Hermann zog sich aus diesem später weitgehend zurück und überließ es seinem Neffen, die Firma wurde allerdings unter seinem Namen weitergeführt (WININGER 1932, Bd. 6, S. 112).
[12] Israelitische Religionsgesellschaft Adass Jeshurun 60 Jahre alt. In: Bayerische Israelitische Gemeindezeitung, 15.12.1932, S. 375f.
[13] StAM Pol. Dir. 2015.
[14] Ebenda, Statuten vom Juli 1898.
[15] Israelitische Religionsgesellschaft Adass Jeshurun 60 Jahre alt. In: Bayerische Israelitische Gemeindezeitung, 15.12.1932, S. 375f.
[16] Adreßbuch 1904, S. III/93.
[17] StAM Pol. Dir. 2015.
[18] Adreßbuch 1905, S. III/70. – Münchener Jahrbuch 1910. Kalender für Bureau, Comptoir und Haus. München 1910, S. 473.
[19] MEGELE 1951, S. 119.
[20] LBK München Akte Müllerstraße 33, Plan über die Erbauung eines neuen Rückgebäudes, zugleich Bettsaal der Wesleyanischen Methodistenkitrche, 1895.
[21] Ebenda, Schreiben von Albert Marx, 1.8.1910.
[22] Das Jüdische Echo, 9 (1922) Nr. 40, S. 502f.
[23] Erstmals im Adreßbuch 1912, S. III/125, letztmals im Adreßbuch 1920, S. III/26.
[24] Münchener Israelitischer Kalender auf das Jahr 5687. Das ist vom 9. September 1926 bis zum 26. September 1927. München 1926-27, S. 12.
[25] OPHIR/WIESEMANN 1979, S. 40.
[26] Erstmals im Adreßbuch 1886, S. III/62, letzmals im Adreßbuch 1891, S. III/48. – Vgl. auch MEGELE 1951, S. 119.
[27] StadtAM PMB F 263.
[28] Die Stadtadreßbücher von 1892 und 1893 nennen eine Vielzahl von Personen dieses Namens, so daß eine genaue Zuordnung aufgrund fehlender weiterer Angaben nicht möglich war.
[29] 13. Sitzung des Bausenats vom 1. April 1892. In: Münchener Gemeinde-Zeitung, 21 (1892) 443.
[30] Ebenda. – Meldung in: Münchner Fremdenblatt, 2.4.1892 (dort allerdings mit der falschen Adressenangabe Schellingstraße 191!)
[31] MEINING 1994, S. 169. – Nach MAURER 1986, S. 95, bestand ein großer Teil der um die Jahrhundertwende nach München zugezogenen russischjüdischen bzw. litauischjüdischen Familien aus Facharbeitern der Zigarettenindustrie.
[32] StadtAM Interview von Brigitte Schmidt mit Nahum Tim Gidal, 13.9.1989.
[33] GIDAL 1994, S. 476.
[34] Ebenda, S. 477.
[35] Das Jüdische Echo, 12 (1925) Nr. 4; vgl. Meining 1994, S. 169.
[36] Münchener Israelitischer Kalender 5687, S. 12.
[37] Münchener Israelitischer Kalender 5690, S. 16. – Orljansky gründete später in den USA seinen Betrieb unter dem Namen »Orlan« neu. Er war nach Auskunft von Gidal das reichste Vereinsmitglied.
[38] Eine Talmud-Thora in München. In: Das jüdische Echo, 6 (1919), Nr. 8, 21.2.1919, S. 1f. – Gründer war der Kaufmann Bernhard Wadler, dessen Sohn Angehöriger der Räteregierung war.
[39] Erinnerungen von Jakob Kra-Os 1994, S. 390.
[40] Das Jüdische Echo, 9 (1922) Nr. 37, S. 470.
[41] Münchener Israelitischer Kalender 5687, S. 12.

[42] Das Jüdische Echo, 9 (1922) Nr. 20, S. 260; 10 (1923) Nr. 25, S. 303 u. Nr. 34, S. 412.

[43] Münchener Israelitischer Kalender 5687, S. 12.

[44] MEINING 1994, S. 171.

[45] Bayerische Israelitische Gemeindezeitung, Nr. 1/1933, S. 11.

[46] HEUSLER/WEGER 1998, S. 75, unter Bezugnahme auf ein 1992 von Brigitte Schmidt mit Oberamtsrat a. D. Walter Schäfer geführtes Interview (StadtAM).

[47] Kinderheim der Israelitischen Jugendhilfe e.V. In: Bayerisch-Israelitische Gemeindezeitung, 8.6.1925, S. 180f. – Central Archives for the History of the Jewish People, Jerusalem, IRSO Bayern 195, Schreiben von Elisabeth Kitzinger vom 14.12.1958.

[48] KITZINGER 1958, S. 77f.

[49] StadtAM Interview von Brigitte Schmidt mit Manfred Schaalmann, 24.10.1990.

[50] Mündliche Auskunft von Werner Grube, 10.6.1999.

[51] StadtAM Stadtchronik vom 5.4.1876. – Demnach gab die Israelitische Kultusgemeinde München die Einrichtung eines Betlokals unter dieser Adresse bekannt, wo »dem Wunsch einiger Gemeindemitglieder entsprechend ein besonderer Gottesdienst« abgehalten werden konnte (siehe dazu das Kapitel zur Westenrieder-Synagoge).

[52] Erstmals im Adreßbuch 1884, S. III/69, letzmals im Adreßbuch 1886, S. III/62. – Einen weiteren Beleg gibt es für diesen Betsaal nicht, auch fehlt jegliche Angabe, zu welchem Verein er gehörte. Das Anwesen Münzstraße 9 war 1873 als Neubau auf dem Gelände der ehemaligen Alten Münze errichtet und am 17.12.1873 von dem Baumeister Kilian Stützel ersteigert worden. Dieser verkaufte es 1888 an den Kaufmann Georg Pachtner (Häuserbuch der Stadt München, Bd. 1: Graggenauer Viertel. Hrsg. v. Stadtarchiv München. München 1958, S. 222).

# Die Synagoge an der Reichenbachstraße

## 1. Einleitung

»(...) In unserer Zeit allgemeiner Verwirrung, Wandlung, Umschichtung – des Umsturzes alter Werte und der Sehnsucht nach dem Aufbau neuer –, ist die Vertiefung, die Besinnung auf das Wesentliche das, was gefordert wurde, wonach auch weiterhin gerufen werden muß auf allen Gebieten menschlichen Lebens und Wirkens. Diese Grundeinstellung muß auch für eine erfolgreiche Entwicklung wahrhafter Baukunst – diese als Kulturfaktor aufgefaßt – und für den Schaffenden selbst erstes Gesetz sein; und insbesondere muß dies gelten für den problematischsten Zweig, den Sakralbau.

Das nach dem Krieg geprägte und allzuoft wiederholte Schlagwort ›neue Sachlichkeit‹ braucht durchaus nichts Ungeistiges zu meinen, auch nichts Nüchternes, Seelenloses. Für die anderen Baugebiete: Wohnhaus, Geschäftshaus, Industriebau ergeben neue praktische, wirtschaftliche, konstruktive und kulturelle Bedingungen die neuen Lösungen. ›Neuzeitlich‹ ist: klare Entwicklung aus dem Zwecke (der ein praktischer ebensowohl als ein höchst idealer sein kann); – ist: Anwendung neuer Konstruktionsmethoden und Materialien sowie Entwicklung neuer Formgedanken hieraus; – ist aber auch Erfüllung der äußeren und inneren Gestaltung mit dem wesentlichen und geistigen Gehalt der besonderen Aufgabe (dies sind lauter Bedingungen, welche an sich nicht neu sind, sondern eine Selbstverständlichkeit waren in den reifen historischen Kunstepochen). Die Problemstellung des Sakralbaus (einer Synagoge oder Kirche) aber hängt m. E. in erster Linie mit dem Wesen des Menschen selbst zusammen, mit seinen feinsten und tiefsten Werten. Ist doch Gestaltung und Stimmungswert eines solchen Raumes nichts anderes als ein hehrer Mittler – gleich einem jüdischen Gesang oder einer Bachschen Kantate – Mittler zur Andacht und Erhebung und – wenn der Bau echt gestaltet ist – gleichzeitig selber: Andacht, weil Widmung an das höchste. (...)«[1]

Dieses 1930 verfaßte Plädoyer Fritz Landauers (1883-1968)[2], des führenden jüdischen Architekten in München zu jener Zeit, liest sich geradezu wie eine Programmatik für den Synagogenneubau an der Reichenbachstraße, den sein jüngerer Berufskollege Gustav Meyerstein soeben entworfen hatte. Doch sei die Baubeschreibung der Reichenbach-Synagoge zunächst zurückgestellt; sie wird nämlich erst verständlich vor dem Hintergrund eines historischen Rückblicks und einer Vorstellung des Bauherrn, der Vereinigten Vereine Linath Hazedek und Agudas Achim.

## 2. »Ostjuden« in München

Die beiden Betvereine Linath Hazedek (»Stätte des Rechts«) und Agudas Achim (»Bund der Brüder«) stehen für die »ostjüdische« Komponente des Münchner Judentums im ersten Drittel des 20. Jahrhunderts. Seit dem letzten Jahrzehnt des 19. Jahrhunderts waren Hunderte von Ju-

Die vereinigten Vereine
AGUDAS ACHIM-LINATH HAZEDEK
gratulieren ihrem Vorstandsmitgliede Herrn Abraham Hecht u. Frau zur Vermählung ihrer Tochter Sally mit Herrn Sigm. Stechler

Verein Linath Hazedek
L. Spielmann

Verein Agudas Achim
M. Kohn

Gesamt-Ausschuß der Ostjuden
Zionistische Ortsgruppe, München

Sonntag, den 3. Juni 1923
abends 8 Uhr im Museum,
Promenadestraße 12,
spricht der soeben aus-
Palästina zurückgekehrte
Herr
Dr. M. Rosenstein-Berlin
Direktor der „Emer"-Gesellschaft
über
Neues
aus Palästina

Eintritt 200 Mk. Vortrag Jiddisch

Anzeigen der Vereinigten Vereine Agudas Achim und Linath Hazedek und des Gesamtausschusses der Ostjuden sowie der Zionistischen Ortsgruppe

den, insbesondere aus dem zaristischen Rußland, aber auch aus Galizien, Ungarn und weiteren Regionen Ost- und Ostmitteleuropas nach München gelangt, von denen allerdings die meisten nach kurzer Zeit in die USA weiterzogen. In Rußland brachen ab 1882 wiederholt Pogrome aus, die eine massenhafte Migrationsbewegung russischer Juden nach Westen auslösten. Weitere Gründe für die Emigration waren aber neben der unmittelbaren Bedrohung auch wirtschaftliche und soziale Probleme im Lebensumfeld der osteuropäischen »Schtetl«.[3]

Ein Teil der nach München gekommenen »Ostjuden« verblieb in der Stadt und bildete dort ein eigenständiges kulturelles Leben aus, das ein neues religiöses Kolorit nach München trug. 1890 zählte man im Stadtgebiet 81 russische Juden; 1910 lebten dort bereits 861, die Zahl der »Ostjuden« insgesamt wurde in jenem Jahr mit 2.795 Personen beziffert.[4] Somit stammte etwa jeder vierte der 11.083 jüdischen Münchner (1910) aus Osteuropa. Weiteren Zuwachs erhielten die Münchner »Ostjuden« nach dem Ersten Weltkrieg, als zahlreiche russische Juden vor dem bolschewistischen Terror flohen. Am 19. November 1918 gründete Jakob Reich, zugleich eine führende Gestalt der zionistischen Ortsgruppe und im übrigen ein Schwager des Schriftstellers Lion Feuchtwanger, in München den »Gesamtausschuß der Ostjuden« als übergeordnete Interessensvertretung.

Bezeichnend für diese Einwanderergruppe war die Gründung einer Vielzahl von Betvereinen, in denen die religiöse Kultur der Herkunftsgebiete weiterlebte. Sie stellte neben dem liberalen und dem deutschen orthodoxen Judentum eine dritte Variante dar. Ein Teil der Münchner »Ostjuden« siedelte sich in der Isarvorstadt, im Gärtnerplatzviertel, an.[5] Dort befanden sich auch die meisten Betsäle, da nach traditioneller jüdischer Auffassung am Sabbat kein langer Weg zwischen der Wohnung und der Synagoge zurückgelegt werden sollte. Das nachbarschaftliche Zusammenleben förderte das Gefühl der Zusammengehörigkeit, ohne daß sich jedoch – anders als in Wien, Paris oder New York, jeweils unter anderen historischen Voraussetzungen – ein »Schtetl« um den Gärtnerplatz herum

**Gesamtausschuß der Ostjuden**
gratuliert
Moritz Eisenberg und Frau zur Brith Miloh
und dankt für überwiesene Spenden

Der Gesamtausschuß der Ostjuden gratuliert dem aus Warschau stammenden Kaufmann Moritz (Mosche) Eisenberg und dessen Frau Recha, geb. Mysliborski, zur Brith Mila ihres Sohnes Alfred (1923-1941)

ausgebildet hätte, wie häufig behauptet wird. Anfängliche Ausgrenzungstendenzen von Seiten des assimilierten, liberalen Judentums, vor allem aber der allgemeinen Öffentlichkeit, zum anderen aber auch eine gewisse selbstgewählte Isolation und ein Rückzug auf das Eigene förderten allerdings die Wohnkonzentration der »Ostjuden« in der Isarvorstadt.[6] Eine nicht zu unterschätzende Rolle dürfte aber auch die vorhandene, kleingewerblich-mittelständische Bevölkerungsstruktur dieses Stadtviertels gespielt haben.

Die beiden Betsaalvereine Agudas Achim und Linath Hazedek wurden vermutlich von dem aus dem galizischen Rudnik stammenden Nathaniel Kraus begründet[7] und scheinen schon früh einen gemeinsamen Weg beschritten zu haben, ehe sie sich 1920 offiziell zu einem Verband zusammenschlossen. Denn bereits aus dem Jahre 1914 datiert ein gemeinsam bei der Lokalbaukommission eingereichter Plan zur Errichtung eines israelitischen Betsaales im Hof des Anwesens Reichenbachstraße 9 (später Nr. 27), das damals der Schwabinger Brauerei AG gehörte.[8] Ein langgestreckter Seitenraum im Hof mit den unglücklichen Maßverhältnissen 5 : 19 Metern, vom »Jüdischen Echo« 1931 despektierlich mit einer »Kegelbahn« verglichen[9], diente zunächst als Betsaal. Männer und Frauen hatten zu diesem Synagogalraum getrennte Zugänge. Vorsitzender des Vereinszusammenschlusses war damals der 1875 im ungarischen Saros geborene Kaufmann David Kornhauser, der am Isartorplatz ein Textilgeschäft betrieb und auch als Gabbe des Betraumes wirkte.

Im Jahre 1921 erwarb die Vereinsgemeinschaft Linath Hazedek und Agudas Achim von der Schwabinger Brauerei AG das Anwesen in der Reichenbachstraße 27 und reichte einen neuen Plan zur Umgestaltung des Betsaales ein.[10] Der bisherige Betsaal wurde zur »Damen-Abteilung« umfunktioniert, während drei anschließende, L-förmig aneinandergrenzende Räume im Erdgeschoß des Vordergebäudes als »Herren-Abteilung« eingerichtet wurden. Dieser Umbau er-

Wir gestatten uns hiermit, zu der am Samstag, den 12. September 1925 (23. Elul 5685) vorm. ½9 Uhr in der Synagoge Reichenbachstr. 27 stattfindenden בר מצוה unseres Sohnes LEO höflichst einzuladen.
J. BRUNNENGRABER und FRAU
München, Auenstraße 13/0

Der aus Galizien stammende Ledergroßhändler Jakob Brunnengraber und dessen Frau Anna, geb. Tuchmann, laden zur Bar Mizwa ihres Sohnes Leo (Lazarus) (geb. 1912). Lazarus Brunngraber emigrierte 1936 nach Italien, sein Vater kam 1942 im KZ Buchenwald ums Leben, seine Mutter starb im selben Jahr in München

folgte zu einer Zeit der großen äußeren Bedrängtheit der Münchner »Ostjuden«, die unter Repressalien und Ausweisungen durch den bayerischen Staat zu leiden hatten.[11]

Im Laufe der Zwanziger Jahre erwies sich die nunmehr gefundene Betraumlösung als unbefriedigend. Die Zahl der »Ostjuden« in München belief sich 1931 auf etwa 2.300 Personen, die ungefähr 500 Familien angehörten.[12] Auch wenn

Grundsteinlegung der Reichenbach-Synagoge, Aufnahme von Georg Gidal, Frühjahr 1931. Rechts im Bild sind Mauerreste des abgebrochenen Betsaales zu erkennen.

diese sich nicht alle als »religiös« verstanden, so bestand doch insgesamt ein hoher Bedarf an religiöser Versorgung. Die 200 bis 300 Betsaalplätze reichten bei weitem nicht aus, alle Gemeindeangehörigen zu fassen, vor allem zu den Festtagsgottesdiensten. Ungeachtet der Weltwirtschaftskrise und eines wachsenden antisemitischen Klimas in München beschlossen die Vereine Linath Hazedek und Agudas Achim daher 1929 einen Synagogenneubau. Die erforderlichen Kosten wurden größtenteils durch Spenden der Vereinsmitglieder aufgebracht. Die Israelitische Kultusgemeinde und der »Gesamtausschuß der Ostjuden« beteiligten sich ebenfalls an den Baukosten. Als Architekten gewann Konsul Karl Wiesel (1881-1941)[13], der Geschäftsführer der beiden Vereine, den damals gerade 30 Jahre alten Gustav Meyerstein.

## 3. Der Architekt und sein Bau

Von der Biographie Gustav Meyersteins besitzen wir nur geringe Kenntnisse. Er wurde am 13. Februar 1899 als Sohn des Fleischermeisters Israel Meyerstein und dessen Frau Berta, geb. Gutmann, in Halle/Saale geboren.[14] 1919 zog er von Halle nach München und studierte an der Technischen Hochschule Architektur.

1924 legte er seine Diplomprüfung ab und ließ sich in München als Architekt und Bauingenieur nieder. Er wechselte einige Male seine Wohnung in München und lebte zuletzt – 1928 bis 1933, und damit auch während des Synagogenbaus – in der Anglerstraße 28/0.[15] Seit April 1924 war Meyerstein mit der um wenige Monate älteren Martha Goldfarb (geb. 18. November 1898 in Wien) verheiratet. Am 18. März 1925 kam ihr Sohn Gabriel in München zur Welt. Vor der Reichenbach-Synagoge hatte Meyerstein Geschäfte, so die Filiale des Kaufhauses Adolf Pilpel in der Klenzestraße 56, Privathäuser in Seefeld sowie diverse Arbeiten für die Filmgesellschaft Emelka ausgeführt. Über deren Leiter Karl Wiesel läßt sich die Verbindung zu Agudas Achim/Linath Hazedek rekonstruieren.

Am 31. Juli 1933 emigrierte Meyerstein von München nach Haifa, Palästina.[16] Dort schloß er sich zunächst einem Architekturbüro an und entwarf kleinere Privatgebäude. Dann machte er sich vorübergehend selbständig im Beth Katz in Haifa-Herzlia und arbeitete schließlich für den Konzern Solel-Boneh in Tel Aviv, einen Betrieb der Gewerkschaftsbewegung Histadruth mit 25.000 Mitarbeitern.[17] Bei diesem Unternehmen blieb er bis zu seiner Pensionierung im Jahre 1965. Während dieser Zeit lieferte Meyerstein unter anderem die Entwürfe für den britischen Militärflughafen Agron, das Fabrikgebäude der Metallwarenfabrik Hamit bei Tel Aviv, ein Einwandererviertel in Beer Sheva, das Denkmal am Mizpe-Ramon für die im Negev gefallenen Soldaten des Befreiungskrieges von 1948 und die Residenz David Ben Gurions im Kibbutz Sde Boker (1953). Nach seiner Pensionierung betätigte sich Meyerstein nur noch als Innenarchitekt. Er starb am 29. März 1975 in Ra'anana.

Gustav Meyerstein erstellte für die Reichenbachsynagoge zunächst einen ersten Planentwurf, der in einigen Details von der späteren Ausführung abwich.[18] Der schließlich realisierte zweite Plan wirkte noch »sachlicher« als der Vorentwurf und entsprach damit noch deutlicher den von Fritz Landauer formulierten Zeitgedanken zum Synagogenbau. Am 3. Februar 1930 reichten die Vereine Linath Hazedek und Agudas Achim bei der Lokalbaukommission das Baugesuch zum Neubau der Synagoge ein und erhielten von dort einen positiven Bescheid. Somit konnte nach dem darauffolgenden Winter mit den Arbeiten begonnen werden. Die statische Berechnung erledigte der Ingenieur Leopold Berger, die verantwortliche Bauleitung oblag dem Architekten selbst, als Generalunternehmen für die Hauptgewerke fungierte die Firma »Hochbau« GmbH, Unternehmung für Hoch-, Tief- und Eisenbetonbauten, Müllerstraße 46/III. Das in den Planungsakten der Lokalbaukommission befindliche Bauprotokoll dokumentiert einen raschen Fortschritt der Arbeiten.[19] Am 7. März 1931 begann der Abbruch des Vorgängergebäudes[20], am 13. April war der Erdaushub abgeschlossen. Am 12. April standen die Fundamente, so daß bald darauf das Mauerwerk aufgerichtet werden konnte. Den Dachstuhl erstellte im Juni die bekannte Münchner Baufirma Leonhard Moll – übrigens das selbe Unternehmen, das sieben Jahre später den Abbruch der Hauptsynagoge in der Herzog-Max-Straße ausführte. Der Rohbau gelangte am 19. Juni zur Fertigstellung. Renommierte Firmen leisteten auch den Ausbau und die Ausstattung des Gotteshauses: So stammen die Fenstereinfassungen von der Münchner Kunststeinfabrik, der Marmor aus dem Zwieseler Steingeschäft, die Stuckarbeiten von der

Aquarellierte Zeichnung eines unbekannten Künstlers vom Innenraum mit Blick zum Almemor und Aron ha-Kodesch

Firma Ludwig Leichmann, die Beleuchtungskörper von der Firma T. Sufrin, die Kunstschlosserarbeiten von der Firma Josef Wolf, die Kunstverglasungen von der Hofglasmalerei van Treeck und die Möblierung von M. Ballin.[21] Die neue Synagoge an der Reichenbachstraße war einschließlich des Aron ha-Kodesch 27 Meter lang, 14 Meter breit und 8 Meter hoch. Sie besaß ursprünglich in drei Sitzreihen im Erdgeschoß 330 Männer- und auf der Empore in sechs rückwärtigen bzw. drei seitlichen Reihen 220 Frauenplätze.

Das Gotteshaus präsentiert sich heute in dem Zustand, in dem es nach dem Ende des Zweiten Weltkriegs von der Israelitischen Kultusgemeinde München als Hauptsynagoge rekonstruiert wurde. Dabei kam es gegenüber dem ursprünglichen Zustand zu gravierenden Veränderungen in der Beleuchtung, Farbigkeit und Inneneinrichtung, die den funktionalistischen Gedanken der Erbauungszeit – glatten Flächen, geraden Linien und allgemeingültigen Bauformen – zumindest teilweise zuwiderliefen. Eine Vorstellung vom Originalzustand des Gotteshauses gewinnt man bei der Lektüre eines Artikels in der Bayerischen Israelitischen Gemeindezeitung anläßlich der Synagogenweihe 1931:

»Der große Betraum, zu dem man durch eine kleine Vorhalle gelangt, wirkt schon beim Betreten durch die beherrschende Lichtführung. Dem Betrachter bietet sich sofort ein Überblick über die Männerabteilung, zu der drei Stufen hinabführen (...). Der Blick wird gefesselt von der in sattem Gelb strahlenden Marmorverkleidung (aus veronesischem Nembro giallo) der großen Nische, die den Aron-ha-Kodesch in sich birgt. Der türkisblaue Ton der Wände steht hierzu in einem angeneh-

Aquarellierte Zeichnung eines unbekannten Künstlers vom Innenraum mit Blick zum Eingangsbereich

men Farbkontrast, der durch die cremefarbene Decke und die gleichgetönte, weit hereinragende Brüstung der Frauenempore überbrückt wird. Durch das creme-farbene Opaleszenzglas des mächtigen Oberlichts dringt tagsüber gleichmäßige Helle ein, die besonders dem Mittelfeld des Männerraums mit dem Almemor, der Ostnische und den Frauenemporen zugute kommt. An den Abenden sorgen Lichtquellen in Mattglaskugeln und mächtige, auch dekorativ gut wirkende Lichtsäulen für ausreichende Beleuchtung. So wird, unterstützt durch die Messingverzierungen am Aron-ha-Kodesch und Almemor, eine goldene Lichtfülle im Raume lagern, die von dem warmen Braun des eigens für diesen Raum vom Architekten entworfenen Gestühls aufgenommen wird. Einen besonderen Schmuck erhält der Saal durch die in wirksamen, zarten Farben gehaltenen Glasfenster, die nach den Entwürfen des Herrn Meyerstein geschaffen und von einigen Damen der Synagoge gestiftet worden sind. In einer geschickten, durchaus unserem Kunstempfinden entsprechenden Art sind in diesen Kunstverglasungen an den fünf Fenstern des Untergeschosses, an den vier Durchbrüchen der Westwand der Empore und im Rondo der Ostnische jüdische Symbole zur Darstellung gelangt. So wird in einer unaufdrinlichen Weise die Weihe des Orts unterstrichen. Durch die auf schwarzgrundigem Marmorsockel in pompejanischem Rot leuchtende Vorhalle gelangt man auch in die Werktagssynagoge, die in ihrem hellen, auf Gelb, Rot und Grau getönten Farbklang sehr freundlich wirkt. Die in den Durchgang zum Hof führende Fassade ist mit ihren Blenden, in denen die

Fenster sitzen, gut gegliedert und läßt durch ihre helle Tönung die Farbmotive des Innern anklingen. (...)«[22]

Mit der Sakralität des Innenraumes, die nach Auffassung von Alexander Rauch in ihrer »Materialikonologie« an das antike Jerusalem anknüpfte und damit nicht nur stilistisch eine bedeutende Abkehr von der bisherigen europäischen Synagogenarchitektur vollzog[23], kontrastierte das fast unscheinbare Äußere der Reichenbach-Synagoge. Die Lage im Hinterhof war zwar durch die Verhältnisse des Grundstückes vorgegeben, war aber doch auch bezeichnend für die Situation der öffentlich noch immer ausgegrenzten »Ostjuden«, die ihren Versammlungs- und Gebetsort den Blicken der Öffentlichkeit entzogen. Fünf Jahrzehnte zuvor hatten die liberale jüdische Gemeinde durch den Bau der Hauptsynagoge und der Verein Ohel Jakob durch die Errichtung ihrer Synagogen auch nach außen Selbstbewußtsein demonstriert. Um 1930 wehte ein anderer Wind, zumal für eine Gemeinde, deren Angehörige noch wenige Jahre zuvor aus München vertrieben werden sollten. Gustav Meyerstein beschränkte sich bei der Fassadengestaltung im Innenhof auf das Mindeste. Sein ursprünglicher Entwurf hatte im Gegensatz zur Ausführung durchgehende, rechteckige Fensterachsen gezeigt, deren einzelne Felder oben in Spitzbögen münden sollten – ein im Funktionalismus nicht unübliches Zugeständnis an die Tradition, an mittelalterliche Sakralarchitektur. Am meisten erstaunt jedoch, daß Meyerstein gegenüber dem Erstentwurf sogar auf die Gesetzestafeln Moses' verzichtete, die – wie bei vielen Synagogen – eigentlich über dem Eingang angebracht werden sollten.

Die Reichenbach-Synagoge ist neben den Postbauten von Robert Vorhoelzer[24] und einigen weiteren Beispielen eines des wenigen Zeugnisse der Architektur der Neuen Sachlichkeit in München, einer Stadt, in der ansonsten in der Zeit um 1930 zumeist in Formen der süddeutschen Tradition gebaut wurde.

## 4. Eröffnung und religiöses Leben

In einer feierlichen Zeremonie wurde die Synagoge, von den Gemeindeangehörigen nur die »Reichenbachschul«[25] genannt, am 5. September 1931 eingeweiht. Die Feierlichkeit fand einen literarischen Niederschlag in einem Text des Schriftstellers Schalom Ben-Chorin, der ihr als Achtzehnjähriger beiwohnte: »Ich erinnere mich der Feststunde der Einweihung

Kantor Imre (Emrich) Friedländer (geb. 1912 in Nyiradony/Ungarn) während des Vortrages in der Synagoge neben der Chuppa, während einer Hochzeitszeremonie im Jahre 1931. Friedländer emigrierte 1937 nach Ungarn, über sein weiteres Schicksal ist nichts bekannt

noch überaus deutlich. Sie war eine für das Jahr 1931 noch keineswegs selbstverständliche Kundgebung jüdischer Solidarität. Von der Kanzel dieser Synagoge sprachen die Rabbiner der Gemeinde: Dr. Leo Baerwald, der Gemeinderabbiner, der an der Liberalen Synagoge amtierte; Dr. Ernst Ehrentreu, als Nachfolger seines berühmten Vaters Heinrich Ehrentreu (...) hatte er die rabbinischen Funktionen des Ohel Jakob inne; und schließlich Rabbiner Samuel Wiesner, der nun für die Ostjüdische Synagoge zuständig war.«[26] Bei der Einweihung sang ein Chor, der zu diesem Anlaß aus Angehörigen der Chöre der Hauptsynagoge, der Ohel-Jakob-Synagoge und der »ostjüdischen« Betsaalvereine gebildet worden war. Ansprachen hielten an diesem Tage auch der Oberlandesgerichtsrat Alfred Neumeyer (1867-1944) als Präsident der Israelitischen Kultusgemeinde, Justizrat Elias Strauß und Konsul Karl Wiesel (1881-1941).[27]

Bereits seit 1929 amtierte Samuel Wiesner innerhalb der Israelitischen Kultusgemeinde München als Rabbiner für die aus Osteuropa eingewanderten Juden. Er hatte neben seinen rein religiösen Verpflichtungen auch das rabbinische Richteramt zu bekleiden, das in der »ostjüdischen« Tradition noch eine große Rolle spielte. Bei Rechtsstreitigkeiten galt das Rabbinerurteil für gläubige »Ostjuden« mehr als der Schiedsspruch eines allgemeinen Gerichts.[28] Erster Gabbe wurde der bereits erwähnte David Kornhauser, als Chasan wirkte der aus Ungarn stammende Imre Friedländer (geb. 1912).[29]

Die bei der Eröffnungsfeierlichkeit zur Schau gestellte Einmütigkeit der Münchner jüdischen Gemeinde hielt nicht lange vor, sondern ließ die »Ostjuden« bald wieder in ihre Sonderstellung zurückfallen. Als positiv empfand das Anderssein der Schriftsteller Schalom Ben-Chorin, der seinen Lebenserinnerungen anvertraute: »Vieles war aufgelockerter, spontaner als im Kreis der westjüdischen Orthodoxie, die sich in striktem Reglement an den Kodex der jüdischen Pflichtenlehre hielt, nicht aber das ›Brennen‹ der chassidischen Frömmigkeit kannte. Sie wurde mir nun im Rabbinerhaus Wiesner und in der Synagoge an der Reichenbachstraße erlebbar, wo zuweilen auch ein chassidischer Rebbe auf der Durchreise ins Heilige Land Station machte.«[30]

Eine topographische Besonderheit der Reichenbach-Synagoge ermöglichte die Praktizierung eines besonderen jüdischen Brauches: »In die Hofrückwand, an der

Graphik von einer Einladungskarte zu Schawuot 5692 (Juni 1932)

Der Chor der Reichenbach-Synagoge im Jahre 1932

der Kaiblmühlbach vorbeifließt, wurde ein Fenster eingebrochen, damit man von dort aus Taschlich machen kann.«[31] Das hebräische Wort Taschlich heißt wörtlich übersetzt: »Du wirst werfen!«. Am Nachmittag des jüdischen Neujahrsfestes Rosch ha-Schana werden von traditionellen Juden Brotkrumen in ein fließendes Gewässer geworfen, das symbolisch die Sünden wegschwemmen soll.[32]

Zum Feste Schewuos (Schawuot) 1932 wirkten erstmals die eigenen Synagogenchöre der Vereinigten Vereine Linath Hazedek und Agudas Achim bei der feierlichen Gottesdienstgestaltung mit.[33] Doch nicht nur zu den Sabbat- und Feiertagsgottesdiensten traf sich die jüdische Gemeinde in ihrer Synagoge; für viele ihrer Angehörigen bestimmte sie das Alltagsleben. Dies wird deutlich in den Erin-

Anzeige zur Vermietung von Synagogenplätzen für die Hohen Feiertage zu Beginn des Jahres 5695 (September 1934)

nerungen der 1933 mit ihren Eltern Hermann und Bertha Landau nach Palästina ausgewanderten Zita Kober (geb. 1918): »Für meine Eltern war die Religion ein Teil ihres Lebens. Das war nicht aufoktroyiert. Das Leben meiner Eltern wurde durch die Religion bestimmt. Mein Vater ging jeden Tag, morgens früh bei jedem Wetter – Wind, Hagel, Schnee – mit meinen Brüdern in die Reichenbachsynagoge, die nicht weit von unserem Haus war. Das war selbstverständlich. Das war ein Teil seines Lebens und auch der ganzen Familie.«[34]

## 5. Rabbiner Samuel Wiesner, geb. 1890 (Ajnacskö/Ungarn)

Zwischen 1929 und 1938 war Samuel Wiesner als Rabbiner für die »ostjüdische« Gemeinde in der Reichenbachstraße 27 zuständig. Er war am 14. Januar 1890 als Sohn des Kaufmanns Wilmos [Wilhelm] Wiesner und dessen Frau Gizela, geb. Braunfeld, im ungarischen Ajnacskö (Komitat Gömör) zur Welt gekommen.[35] 1913-1917 studierte er am Jüdisch-theologischen Seminar in Breslau. Zwischen 1917 und 1927 wirkte er in Sajószentpéter in Ungarn als Rabbiner, dann zwischen 1927 und 1928 in Breslau. Das darauffolgende Jahr verbrachte er in Berlin, der letzten Station vor seinen Münchner Jahren.

Im Jahre 1919 hatte er die 1894 in Hoydunanas geborene Kaufmannstochter Szeren Szender geheiratet, die drei Töchter und einen Sohn zur Welt brachte: Lea (geb. 1920), Judith (geb. 1921), Mirjam (geb. 1922) und Wilmos/Wilhelm (geb. 1925).

Am 4. Januuar 1929 übersiedelte die Familie von Berlin nach München, nachdem Samuel Wiesner bei der Israelitischen Kultusgemeinde eine Anstellung

Rabbiner Samuel Wiesner während eines Gottesdienstes in der Reichenbach-Synagoge, 1931

zur Betreuung der »Ostjuden« erhalten hatte. Er wohnte zunächst in der Pettenkoferstraße 6, dann in der Sophienstraße 5 c und schließlich in der Fraunhoferstraße 6, und damit in der Nähe der Reichenbach-Synagoge.

In die Amtszeit Wiesners fielen wichtige Versuche, die »Ostjuden« in die Israelitische Kultusgemeinde einzugliedern. Ein Höhepunkt war dabei die Eröffnungsfeier der Reichenbach-Synagoge, der Wirkungsstätte Wiesners. Im Dezember 1932 fanden Gespräche zwischen Werner Cahnmann, Samuel Wiesner und fünf Vertretern der »Ostjuden« über die notwendige Beteiligung junger »Ostjuden« an den deutschen politischen Problemen statt.[36]

Am 1. Dezember 1938, nach der »Kristallnacht«, emigrierte Samuel Wiesner mit seiner Familie von München nach London, von dort weiter nach New York. Über seinen weiteren Lebensweg und seine dortige Tätigkeit war nichts weiter in Erfahrung zu bringen.

## 6. Zerstörung und Entfremdung

In der »Kristallnacht« wurde die »Reichenbachschul« am frühen Morgen des 10. November 1938 im Innern stark zerstört, die Einrichtung nahezu vollkommen verwüstet, Thorarollen und liturgisches Gerät geschändet, Türen und Fenster größtenteils eingeschlagen. Den von SA-Männern gelegten Brand löschte die Feuerwehr nur, um ein Übergreifen der Flammen auf die benachbarten Wohnhäuser zu verhindern.[37] Als Synagoge konnte dieser Raum nun nicht mehr genutzt werden.

Das Synagogengebäude wurde im März 1939 der »Münchner Allgemeinen Treuhand AG«, die in dieser Stadt nicht wenige »Arisierungen« treuhänderisch durchführte, übergeben. Diese überließ es zunächst einem Handwerker zur Nutzung, der allerdings die Genehmigung aufgrund baurechtlicher Bestimmungen bald verlor. Am 2. Oktober 1939 wurden auf Veranlassung der Geheimen Staatspolizei (Gestapo) die »Jüdischen Anlernwerkstätten« vom beschlagnahmten Anwesen Biederstein 2 in die ehemalige Synagoge verlegt.[38] Wo sich bis zum 10. November 1938 eine betende Gemeinde versammelt hatte, eigneten sich nun bis zu 100 jüdische Jugendliche unter Anleitung von Dipl.-Ing. Fritz Sänger (1891-1942) Fähigkeiten und Fertigkeiten in der Metall- und Holzverarbeitung an, um sich so auf die Auswanderung aus dem nationalsozialistischen Deutschland vorzubereiten. Der Hintergedanke dabei war, daß für die Anfangszeit in Palästina handwerkliche Fähigkeiten gefragter wären als akademische Berufe. Bis Ende 1941 dauerte diese Zweckentfremdung der Synagoge.[39] Vermutlich war es aber gerade diese Nutzung, die den in der »Kristallnacht« stark verwüsteten Bau vor dem Abbruch bewahrte. Nach der Schließung der »Anlernwerkstätten« wurde das Gebäude von einer Firma als Lagerhalle und Garage genutzt.

## 7. Wiederherstellung als neue Hauptsynagoge

Bereits am 15. Juli 1945 wurde im jüdischen Altersheim in der Kaulbachstraße 65 die Israelitische Kultusgemeinde München wiederbelebt, die nach den Worten ihres stellvertretenden Vorsitzenden Siegfried Neuland die »orthodoxe Richtung« vertrat.[40] Bei der Gründungsversammlung waren 105 Personen anwesend. Die beschlossenen Statuten fanden die widerspruchslose Zustimmung der amerikanischen Militärregierung. Am 23. November 1945 bestellte die Israelitische Kultusgemeinde München Aron Ohrenstein[41] zum ersten Gemeinderabbiner der Nachkriegszeit. Er erhielt ein monatliches Gehalt von 300 RM und verpflichtete sich vertraglich zur Erfüllung der folgenden Aufgaben:

»a) Sorge für die Aufrechterhaltung der religiösen Einrichtungen und religiöse Aufsicht über die Gemeindeanstalten.
b) Unterricht über das schrifliche und mündliche Gesetz und Verbreitung der Kenntnis desselben.
c) Entscheidung der vielfältig vorkommenden Ritualfragen und Begutachtung der Eintrittsgesuche.

d) Erteilung des Religionsunterrichts an die schulpflichtige Jugend an Werktagen und Sabaten [sic!] und die sittlich-religiöse Beaufsichtigung der Jugend überhaupt.
e) Approbation der Kultusdiener und deren Beaufsichtigung.
f) Vornahme von Trauungen.
g) Leitung der Begräbnisfeierlichkeiten.«[42]

Die Israelitische Kultusgemeinde München sah sich in den unmittelbaren Nachkriegsjahren noch sehr stark in der Tradition des deutschen orthodoxen Judentums. Eines ihrer Hauptanliegen war die Wiederherstellung der »Reichenbachschul« als Hauptsynagoge. Ehe es dazu kommen konnte, mußten Interimslösungen gefunden werden. So diente der ehemalige Bibliothekssaal im Verwaltungsgebäude an der Herzog-Max-Straße 7 als Betraum,[43] bei größeren Veranstaltungen mußte auf andere Örtlichkeiten ausgewichen werden. Die Stadtchronik berichtet zum Beispiel, daß das jüdische Neujahrsfest am 27. September 1946 im Kino »Schauburg« am Elisabethplatz mit einem Gottesdienst gefeiert wurde.[44] Den Anstoß dazu gab der 1903 geborene Lothar Bernstein, der sich in München in den letzten Monaten des Zweiten Weltkriegs als »U-Boot« der Deportation entzogen und im Untergrund überlebt hatte.[45]

Erst am 20. Mai 1947 konnte unter Anwesenheit hochrangiger Vertreter der amerikanischen Militärregierung, der Bayerischen Staatsregierung, der Stadtverwaltung, der Universität und der christlichen Konfessionen – unter anderem General Lucius D. Clay, General Walter J. Muller, Ministerpräsident Hans Ehard sowie zahlreichen Ministern – die wiederhergestellte Synagoge in der Reichenbachstraße eingeweiht werden.[46] Den Anfang machte Kantor Saul Schenker mit einem Gesang, es folgte eine Ansprache von Julius Spanier, dem Präsidenten der Israelitischen Kultusgemeinde München, der auch eine Grußbotschaft des nach New York ausgewanderten ehemaligen Münchner Rabbiners Leo Baerwald vortrug. General Lucius D. Clay sprach voller Zuversicht: »Es scheint mir, daß heute ein neuer Tag angebrochen ist, ein Tag, an dem wir nicht zurückblicken, sondern vorausblicken wollen. Laßt uns hoffen, daß wir einer besseren Welt entgegensehen, in der Menschen aller Konfessionen glücklich zusammenleben können.«[47] Nach weiteren Ansprachen und einer Predigt von Gemeinderabbiner Aron Ohrenstein folgte die Enthüllung einer Gedenktafel für die sechs Millionen ermordeten Juden durch Legal Consultant Major Abraham S. Hyman.

Aron Ohrenstein war ab 1945 der erste Gemeinderabbiner der neu begründeten Israelitischen Kultusgemeinde München

Der Aufbau der Synagoge, die in Erinnerung an die ehemaligen Betsaalvereine den Namen Ohel Jakob/Agudat Achim-Linat Hazedek erhielt, war 1946 von Werner Bürkle konzipiert worden.[48] Er berichtete später von den technischen Schwierigkeiten, mit denen dieser Wiederaufbau in der Nachkriegszeit verbunden war: »Bei der Beschaffung von Baustoffen erhielt ich monatliche Kontingente von Bezugsscheinen, leider keine Baustoffe. Täglich ging ich auf eine ›Betteltour‹, fand immer wieder Menschen und Firmen, die bereit waren, gegen verschiedene Bezugsscheine und Treibstoff auch die von mir gewünschten Baustoffe zu liefern und zu verarbeiten. Besonders der damalige Verkehrsminister Frommholz unterstütze mich mit reichlichen Bezugsscheinen für Treibstoff. Damit konnten viele Probleme gelöst werden.«[49] Eine besondere Motivation für die am Bau beteiligten Arbeiter bedeutete in jener Notzeit die Einrichtung einer eigenen kleinen Küche auf der Baustelle. So konnte der Wiederaufbau der Synagoge knapp zum Einweihungstermin abgeschlossen werden.

Der Architekt verzichtete auf die ursprüngliche Farbgestaltung, aber auch – durch Einführung von gliedernden Rahmenfeldern – auf die glatten Wandflächen, und nahm auch sonst einige Veränderungen vor. Einige Neuerungen wurden durch den stark orthodox geprägten Charakter der Münchner Nachkriegsgemeinde bedingt. So wurden beispielsweise über den Emporen als Sichtschutz stehende Mattglasscheiben angebracht. An die Stelle der »Lichtsäulen« in der Ostnische traten Menorot. Bei ihnen fehlt jeweils der mittlere Leuchterarm.[50] Er erinnert an den verlorengegangenen jüdischen Stamm, die 6 Millionen in der Schoa ermordeten Juden. *T. W.*

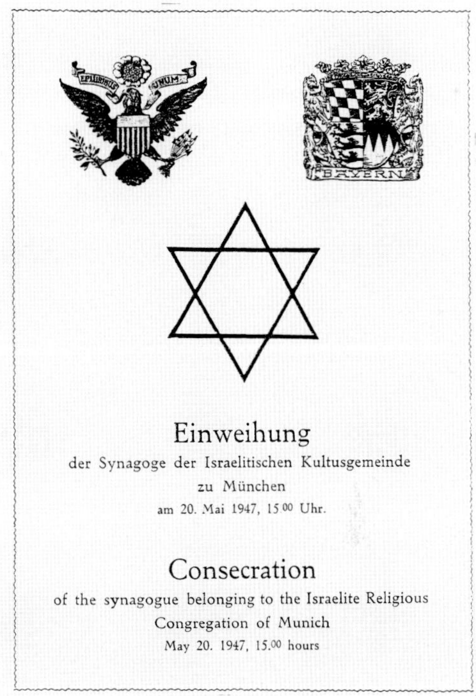

Einweihung

der Synagoge der Israelitischen Kultusgemeinde
zu München
am 20. Mai 1947, 15.00 Uhr.

Consecration

of the synagogue belonging to the Israelite Religious
Congregation of Munich
May 20. 1947, 15.00 hours

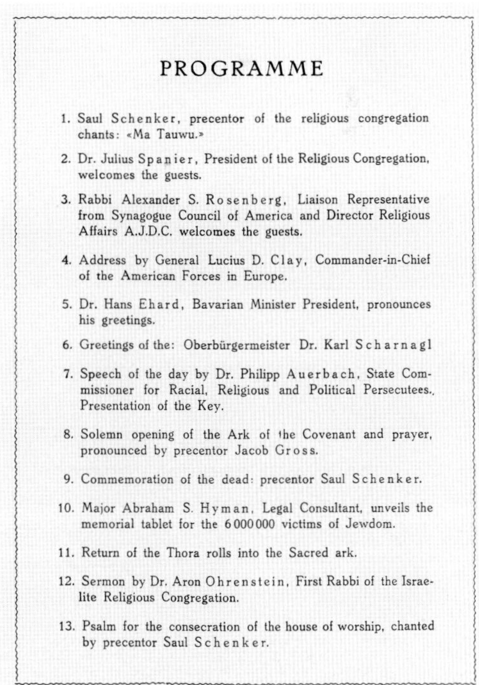

PROGRAMME

1. Saul Schenker, precentor of the religious congregation chants: «Ma Tauwu.»
2. Dr. Julius Spanier, President of the Religious Congregation, welcomes the guests.
3. Rabbi Alexander S. Rosenberg, Liaison Representative from Synagogue Council of America and Director Religious Affairs A.J.D.C. welcomes the guests.
4. Address by General Lucius D. Clay, Commander-in-Chief of the American Forces in Europe.
5. Dr. Hans Ehard, Bavarian Minister President, pronounces his greetings.
6. Greetings of the: Oberbürgermeister Dr. Karl Scharnagl
7. Speech of the day by Dr. Philipp Auerbach, State Commissioner for Racial, Religious and Political Persecutees., Presentation of the Key.
8. Solemn opening of the Ark of the Covenant and prayer, pronounced by precentor Jacob Gross.
9. Commemoration of the dead: precentor Saul Schenker.
10. Major Abraham S. Hyman, Legal Consultant, unveils the memorial tablet for the 6000000 victims of Jewdom.
11. Return of the Thora rolls into the Sacred ark.
12. Sermon by Dr. Aron Ohrenstein, First Rabbi of the Israelite Religious Congregation.
13. Psalm for the consecration of the house of worship, chanted by precentor Saul Schenker.

Programmzettel zur Wiedereinweihung der Reichenbach-Synagoge am 20. Mai 1947

Dr. Julius Spanier, Präsident der Israelitischen Kultusgemeinde München, spricht zu den Festgästen während der Einweihungsfeier der Reichenbach-Synagoge am 20. Mai 1947. In der ersten Reihe der bayerische Kultusminister Dr. Alois Hundhammer, der amerikanische Militärrabbiner Alexander S. Rosenberg, General Lucius D. Clay, Botschafter Murphy, ein amerikanischer Korrespondent, General Walter J. Muller und Colonel Burgess

Auf diesem Foto von 1969 erkennt man bereits die Sichtschutzscheiben an der Frauenempore

Ansicht des rückwärtigen Teils der Synagoge, 1947. An der Frauenempore fehlen noch die heute vorhandenen Mattglasscheiben

Blick auf die Frauenempore der wiederaufgebauten Reichenbach-Synagoge, 1947

Blick zum Almemor und zum Aron ha-Kodesch, 1947. Die Menorot in der Apsis besitzen auf dieser Aufnahme noch sieben Arme

Aron ha-Kodesch mit Parochet, Aufnahme von 1969. Das Bogenfeld trägt um den Davidstern die Inschrift »Aus Zion kommt die Thora und Gottes Rede aus Jerusalem.« Deutlich erkenntbar sind die fehlenden mittleren Arme der Menorot

Blick zum Almemor und zum Aron ha-Kodesch, 1969. Die in den Seitenbereichen erkennbaren Stuckelemente entstammen der Nachkriegsausstattung der Synagoge

## Anmerkungen

[1] LANDAUER 1930, S. 135.
[2] Ein fast normales Leben 1995, S. 125.
[3] HAUMANN 1990. – ROTH 1937.
[4] WERTHEIMER 1987, S. 188.
[5] Siehe dazu die einzelnen, sehr informativen Beiträge und lebensgeschichtlichen Texte des Ausstellungsbegleitbuches von BOKOVOY/MEINING (Hrsg.) 1994.
[6] Emanuel Horn: Wir und unsere Synagoge. In: Das Jüdische Echo, Nr. 36/1931. – Zu den stereotypen Bildern vgl. HEID o. J., S. 241-251.
[7] Erinnerungen von Jakob Kra-Os 1994, S. 390.
[8] LBK München, Akte Reichenbachstraße 27, Plan von 1914.
[9] Zitiert bei MEINING 1994, S. 175.
[10] LBK München, Akte Reichenbachstraße 27, Plan von 1921 (Architekturbüro Oskar Strelin's Nachfolger).
[11] REICH 1958, S. 318-322. – ASCHHEIM 1982, S. 242f. – POMMERIN 1994, S. 75-100.
[12] OPHIR/WIESEMANN 1979, S. 40. – SELIG 1988, S. 88.
[13] Karl Wiesel kam 1881 in Zuranowo in Galizien zur Welt und war mit seiner Familie über Wien nach München gelangt. Er gründete 1910 mit Isidor Fett das erste Film-Atelier in Geiselgasteig (Fa. Emelka = Münchner Lichtspielkunst), das später in der UFA aufging. Er lebte seit Weihnachten 1932 in Tirol, zeitweise wohl auch in der Schweiz. Wiesel starb am 25.8.1941 auf dem spanischen Schiff »Navemer« während der Emigration bei der Überfahrt von Cadix nach Cuba (Biographische Sammlung des Stadtarchivs München).
[14] StadtAM PMB, M 167. – Seine Staatsangehörigkeit lautete zunächst »Preußen«, dann »Freistaat Anhalt«.
[15] Aufgrund der Stadtadreßbücher, des Polizeimeldebogens und eines Hausbogens (StadtAM PMB, M 167. – Hausbogen Anglerstraße 28, Nr. 1) ergeben sich folgende Münchner Anschriften Meyersteins: ab 12.2.1919: Heßstraße 90/IV; ab 01.4.1922: Leopoldstraße 34/I; ab 12.5.1924: Ohmstraße 10/II; ab 7.2.1925: Fürstenstraße 5/IV; ab 3.7.1928: Anglerstraße 28/0.
[16] StadtAM, Schreiben von Emanuel Meyerstein (Sohn), 8.6.1988 und 16.10.1999. – Meyerstein fehlt vollständig in der Dokumentation: Tel Aviv. Neues Bauen 1930-1939. Hrsg. v. Institut für Auslandsbeziehungen, Stuttgart, und dem Architekturmuseum der TU München. Tübingen, Berlin 1993.
[17] Solel Boneh Ltd. In: Who's Who in Israel and in the work for Israel abroad. Tel Aviv 1973-74, S. 609f.
[18] RAUCH 1994, S. 20f.
[19] LBK, Akte Reichenbachstraße 27, Bauprotokoll.
[20] StadtAM LBK 7914, Abbruchs-Anzeige der Fa. Otto Rieger.
[21] Emanuel Horn: Wir und unsere Synagoge. In: Das Jüdische Echo, Nr. 36/1931.
[22] Einweihungsfeier der neuen Synaoge in München. In: Bayerische Israelitische Gemeindezeitung, Nr. 18/1931, S. 279-282; hier S. 281.
[23] RAUCH 1994, S. 23.
[24] FISCHER 1990, S. 36-55.
[25] MEINING 1994, S. 178.
[26] BEN-CHORIN 1982, S. 444.
[27] Einweihungsfeier der neuen Synagoge in München. In: Bayerische Israelitische Gemeindezeitung, 18/1931.
[28] OPHIR/WIESEMANN 1979, S. 41.
[29] KALTER 1982, S. 394.
[30] BEN-CHORIN 1982, S. 444.
[31] Emanuel Horn: Wir und unsere Synagoge. In: Das jüdische Echo, Nr. 36/1931.
[32] Philo-Lexikon. Handbuch des jüdischen Wissens. Berlin 1935, Sp. 720. – Möglicherweise ist dieser Brauch im Mittelalter von Christen übernommen worden (so TREPP 1998, S. 351). Von seiner Praktizierung im »Schtetl« berichtete auch Bella CHAGALL (1969, S. 66).
[33] StadtAM, Sammlung Lamm, Kopie der Einladungskarte.
[34] Erinnerungen von Zita Kober, geb. Landau 1994, S. 452.
[35] StadtAM Biographische Sammlung des Stadtarchivs München. – StadtAM EMA 65, W 568. – Ajnacskö oder Hajnacskö ist heute das Dorf Hajnáčka bei Rimavská Sobota (Rimaszombat) in der Slowakei.
[36] CAHNMANN 1982, S. 54.
[37] HEUSLER/WEGER 1998, S. 74-76, sowie Abbildungen S. 77-83.
[38] LBK, Akte Reichenbachstraße 27. – OPHIR/WIESEMANN 1979, S. 57.
[39] MEINING 1994, S. 179. – Fritz Sänger wurde am 4.4.1942 von München nach Piaski deportiert und kam dort ums Leben.
[40] BayHStA MK 49565, Schreiben von Siegfried Neuland, 27.8.1945. – Nach der Chronik der

Stadt München 1945-1948 (1980), S. 64, fand die Gründung erst am 19.7.1945 statt.

41 Aron Ohrenstein hatte 1935-1939 als Rabbiner in Berlin gewirkt. 1938 wurde er aufgrund seiner polnischen Staatsangehörigkeit aus dem Deutschen Reich ausgewiesen. Während des Zweiten Weltkrieges war er in verschiedenen Lagern interniert. Er wurde nach gravierenden Differenzen mit der Israelitischen Kultusgemeinde München und seiner Verurteilung wegen Betrugs am 31. März 1955 als Oberrabbiner entlassen. (GANTHER 1959, S. 488. – CARLEBACH/BRÄMER 1995, S. 234).

42 BayHStA MK 49565, Vertrag zwischen Dr. Aron Ohrenstein und der Israelitischen Kultusgemeinde München, 23.11.1945.

43 BayHStA MK 49565, Schreiben von Siegfried Neuland, 23.11.1945. – Für die Feier Rosch ha-Schanah am 7.9.1945 in der Herzog-Max-Straße wurden die im Israelitischen Friedhof vergrabenen Ritualien wieder hervorgeholt. Die von den Kantoren Jacob Gross und Kurt Messerschmid umrahmte Zeremonie wurde damals sogar von Radio München im Rundfunk übertragen (WETZEL 1987, S. 6).

44 Chronik der Stadt München 1945-1948 (1980), S. 196.

45 Lothar Bernstein – 60 Jahre. In: Münchner Jüdische Nachrichten, 34/1963.

46 Chronik der Stadt München 1945-1948 (1980), S. 265. – LBI New York, Leo Baerwald Collection, AR 3680-C.1460, IV.23 bis 28.

47 Einweihung der Münchener Synagoge. In: Die Neue Zeitung, 23.5.1947.

48 RAUCH 1994, S. 22.

49 StadtAM Sammlung Lamm, Kopie eines Schreibens von Werner Bürkle an die Israelitische Kultusgemeinde München, 16.10.1990.

50 Auf diversen Fotos der Einweihungsfeier 1947 sind deutlich noch sieben Leuchterarme erkennbar.

# Die Synagoge in der Lindwurmstraße 125

## 1. Die letzte Zufluchtstätte

Die nationalsozialistische Politik der Dreißiger Jahre schuf einen ganzen Katalog diskriminierender Maßnahmen gegenüber den in Deutschland lebenden Juden, die zunächst, wie in den »Nürnberger Gesetzen«, vor allem die Privatrechte der Betroffenen beschnitten und auf deren Ausgrenzung aus der Gesellschaft abzielten. Das Jahr 1938 markiert insofern einen Wendepunkt, als diese Bestimmungen nunmehr in eine Welle von Maßnahmen mündeten, die zu einer rechtlichen und physischen Unterdrückung der Juden insgesamt führen sollten. Verstärkt wandten sich die Repressionen nun gegen jüdische Institutionen und erreichten einen vorläufigen Kulminationspunkt in der »Kristallnacht«, in der reichsweit Synagogen und Betstuben geschändet, verwüstet, in Brand gesteckt und vernichtet wurden.[1] München spielte in diesem Zusammenhang eine traurige Vorreiterrolle, da bereits im Juni 1938, also Monate vor dieser flächendeckenden Kollektivmaßnahme, die Hauptsynagoge an der Herzog-Max-Straße auf Weisung Adolf Hitlers abgerissen worden war. Der Zerstörung des geistigen Mittelpunktes der Münchner Juden war die juristische und ökonomische Schwächung durch das »Gesetz über die Rechtsverhältnisse der jüdischen Kultusgemeinden«[2] vom 28. März 1938 vorausgegangen, das der Israelitischen Kultusgemeinde den Status einer Körperschaft des öffentlichen Rechts entzog und sie zu einem rechtsfähigen Verein des bürgerlichen Rechts herabstufte.

Nach der Zerstörung der Hauptsynagoge in der Herzog-Max-Straße wurde der Israelitischen Kultusgemeinde eine Frist bis Oktober 1938 gesetzt, auch das Verwaltungsgebäude neben der ehemaligen Synagoge zu räumen.[3] Schließlich wies die Kreisleitung der NSDAP der Kultusgemeinde ersatzweise die Räumlichkeiten der Zigaretten- und Tabakfabrik Abeles GmbH in der Lindwurmstraße 125 zu, nachdem sich zuvor Verhandlungen mit dem Besitzer des St.-Anna-Saales zerschlagen hatten. Die Räume in der Lindwurmstraße wurden von den Besitzern, Bernhard Hesky (geb. 1887) und Paul Weinberger (geb. 1903), angemietet. Neben Verwaltungszimmern der Gemeinde in den beiden Obergeschossen sollte im Erdgeschoß auch eine Synagoge für 350 bis 400 Personen eingerichtet werden.[4] Die Umbaumaßnahmen begleiteten zahlreiche Schikanen und Sonderauflagen der Stadtverwaltung.[5]

Daher stand der jüdischen Gemeinde in der Übergangszeit auch lediglich der Betsaal in der Herzog-Max-Straße 3-5 als Gebetsraum zur Verfügung.[6] Für Rosch ha-Schana und Jom Kippur konnte darüber hinaus noch die Turnhalle in der Plinganserstraße 76 angemietet werden.[7]

Die Umbauarbeiten in der Lindwurmstraße 125 mußten unmittelbar nach der »Kristallnacht«, in der auch die Verwaltungsräume in den Obergeschossen übel in Mitleidenschaft gezogen wurden[8], auf Weisung des Münchner Oberbürgermei-

Die in der Lindwurmstraße 125 abgehaltenen Gottesdienste fanden in einer Situation innerer und äußerer Not statt. Hinweise darauf geben die Mitteilungen der Israelitischen Kultusgemeinde aus den Jahren 1940-1941, aus denen diese Ausschnitte stammen

2.Gottesdienst:

Es ist beanstandet worden,dass sich Besucher des Gottesdienstes nach Beendigung auf den umliegenden Strassen in grösseren Gruppen aufhalten und durch ihr Benehmen auffallen.Wir machen darum erneut darauf aufmerksam,dass in der Oeffentlichkeit ruhiges und zurückhaltendes Auftreten geboten ist.Jedwede Gruppenbildung muss unbedingt unterlassen werden.

Mitteilungen vom 4. Juni 1940

JSRAELITISCHE KULTUSGEMEINDE
MUENCHEN e.V.
Zweigstelle der Reichsvereinigung der Juden in Deutschland

München 15, den 19.Juli 1940
Lindwurmstr.125/Rg.

Mitteilungen.

1.Herbstfeiertage: Um für die hohen Feiertage einen Ueberblick über den Bedarf an Plätzen in den Betsälen Lindwurmstr.125 zu gewinnen, ersuchen wir den beiliegenden Fragebogen genauestens auszufüllen und bis zum 1.8.1940 an uns zurückzusenden.
Die bis zu diesem Zeitpunkt bestellten und verfügbaren Plätze werden wie im vergangenen Jahre verteilt.
Nur eine genaue Beachtung und Ausfüllung des Bogens sichert die Zuteilung von Plätzen.Eine Gewähr für die Zuteilung kann jedoch nicht übernommen werden.
Gebühr für die Plätze wird nicht erhoben.

Mitteilungen vom 19. Juli 1940

Kultus:(Nur für Mitglieder der Kultusvereinigung).
Die Reichsvereinigung der Juden in Deutschland ist ab 1.6.1941 nicht mehr in der Lage, Mittel für die Durchführung des Gottesdienstes an die Kultusgemeinden zur Verfügung zu stellen. Der Vorstand unserer Gemeinde hat sich deshalb entschlossen, die bisher durchgeführten Gottesdienste und sämtliche mit dem Kultus zusammenhängenden Angelegenheiten aus freiwilligen Zuwendungen unserer Mitglieder zu finanzieren. Wir haben einige Herren beauftragt, unsere Mitglieder persönlich zu besuchen und sie über die künftige Durchführung der Gottesdienste zu informieren. Wir bitten, die mit Ausweis versehenen Herren zu empfangen und denselben recht hochherzige Spenden für diesen Zweck anzuweisen. Der Inhalt der in den Betsälen und Friedhöfen aufgestellten Sammelbüchsen wird in Zukunft ebenfalls nur für Zwecke des Kultus verwendet werden.

Mitteilungen vom 2. Juni 1941

Gebetszeiten im Betsaal, Lindwurmstr.125/Rckg.:

| | | |
|---|---|---|
| Schemini Azeres Vorabend | 12.10. | 17.45 Uhr |
| Simchas Thoro Vorabend | 13.10. | 17.30 |
| " " Nachmittag | 14.10. | 18.23 |
| Freitag Abend | 17.10. | 17.30 |
| " " | 24.10. | 17.15 |
| " " | 31.10. | 17.15 |
| " " | 4.11. | 17.00 |
| Sabbath Nachmittag | 18.10. | 18.15 |
| " " | 25.10. | 18.04 |
| " " | 1.11. | 17.53 |
| " " | 8.11. | 17.43 |
| Wochentag Nachmittag wie am vorhergehenden Freitag Abend | | |
| Sabbath und Feiertag Vormittag | | 9.00 Uhr |
| Wochentag früh | | 7.30 |
| Sonntag früh ab 19.10. | | 8.00 |

Letzte Veröffentlichungen von Gebetszeiten für die Synagoge in der Lindwurmstraße. Am 20. November 1941 wurden 1000 Münchner Juden nach Kaunas (Kowno) deportiert und dort von einem »Einsatzkommando« erschossen.
Mitteilungen vom 14. Oktober 1941

sters Karl Fiehler ausgesetzt werden. Erst am 22. November 1938 gab die Gestapo die Räume wieder frei und gestattete ferner am 14. Dezember die Fertigstellung des Betraumes. Diesen Synagogenraum beschreibt der damalige Vorsitzende der Israelitischen Kultusgemeinde München, Alfred Neumeyer (1867-1944), in seinen Erinnerungen:

»Zum eigentlichen Betraum mit etwa 500 Sitzen aber gestalteten wir den zu ebener Erde gelegenen Maschinenraum in künstlerisch einfacher, würdiger Form, die das freudige Erstaunen aller Besucher erweckte. Dieser Betraum blieb der Kern der Gemeinde bis zu ihrem Untergang. Am Eingang standen zwei prachtvolle urnenähnliche Gefäße. Als später einmal der Aufsichtsbeamte der SS in herausforderndem Tone mich fragte: ›Wo habt Ihr denn diese Sachen her?‹, antwortete ich: ›Es ist ein Geschenk S. M. Königs Ludwig I. und seiner Frau Gemahlin zur Einweihung der ersten Münchner Synagoge an der Westenriederstraße am 21. April 1826.‹ Der Mann verstummte, und die Urnen blieben unangefochten.«[9]

In dem Bestreben, die Einheit der Gemeinde in den Zeiten der Bedrohung aufrechtzuerhalten, verzichtete man auf die Aufstellung eines Harmoniums in diesem Betsaal. Ein Wiederaufleben des alten »Orgelstreits« sollte damit vermieden, die Einbeziehung der orthodoxen Gemeindeangehörigen erleichtert werden.[10] Auch im Ablauf und in der Form des Gottesdienstes machte man den Orthodoxen gewisse Zugeständnisse, so in der Verstärkung hebräischer Gebete. Bestehen blieb jedoch der Chor der Synagoge.

Im Juni 1942 mußte die Israelitische Kultusgemeinde den Synagogenraum im Erdgeschoß des Rückgebäudes in der Lindwurmstraße 125, die letzte verbliebene jüdische Gebetsstätte in München, abgeben. Bruno Finkelscherer, der letzte Rabbiner vor dem Ende der alten jüdischen Gemeinde, blieb von Zwangsarbeit nicht verschont und wurde 1943 nach Auschwitz deportiert, wo er bald nach seiner Ankunft ums Leben kam.

Damit wurde die durch Auswanderung, Deportationen und Todesfälle ohnehin schon stark dezimierte Münchner jüdische Gemeinde durch die nationalsozialistische Verwaltung der Stadt und die Behörden des Parteiapparates ihres letzten Versammlungsraumes beraubt. Durch den Entzug der Synagoge, des Gebets- und Versammlungsortes der Juden in der Münchner Diaspora, setzten die NS-Behörden nach zahlreichen vorausgegangenen Etappen der Bedrohung, Entrechtung und Verfolgung 1942 den Schlußstrich unter ein markantes Kapitel jüdischer Geschichte in dieser Stadt. Die Vernichtung der »alten« Gemeinde war so absolut, daß die Neubegründer der Israelitischen Kultusgemeinde nach dem Ende des »Dritten Reiches« – auch wenn einige wenige Protagonisten bereits der Vorkriegsgemeinde angehört hatten – keinerlei Strukturen mehr vorfanden, an die sie hätten anknüpfen können, sondern statt dessen einen vollkommenen Neuaufbau in die Wege leiten mußten.

## 2. Rabbiner Bruno Finkelscherer, 1906 (München) – 1943 (KZ Auschwitz)

Als Sohn von Bella und Israel Finkelscherer wurde Bruno Finkelscherer am 8. April 1906 geboren. Seine Jugendzeit verbrachte er in der elterlichen Wohnung in der Arcostraße 3. Er besuchte das humanistisch ausgerichtete Wittelsbacher Gymnasium und studierte nach dem Abitur (1924) ein Semester lang an der Universität München, dann 1924-1930 am Jüdisch-Theologischen Seminar in Breslau[11], wo bereits sein Vater seine Rabbinerausbildung erhalten hatte. Im Jahre 1930 legte Bruno Finkelscherer dort sein Rabbinerexamen ab und wurde mit einer Dissertation über den hochmittelalterlichen Denker Josef Ibn Kaspi zum Dr. phil. promoviert.[12] 1933 erhielt er von der Israelitischen Kultusgemeinde München

Bruno Finkelscherer, der letzte Gemeinderabbiner der Israelitischen Kultusgemeinde München vor ihrem Untergang in der Schoa, Paßfoto aus dem 1938 ausgefertigten Kennkartendoppel der Polizeidirektion München

eine Anstellung als Religionslehrer und Rabbinatssubstitut des Vereins Ohel Jakob.

Während der »Kristallnacht« vom 9./10. November 1938 wurde Finkelscherer wie auch der Rabbiner Ernst Ehrentreu als »Aktionshäftling« ins Konzentrationslager Dachau verbracht. Nach seiner Freilassung suchte gerade die jüdische Gemeinde auf dem Michelsberg in Wiesbaden einen Nachfolger für Rabbiner Dr. Paul Lazarus, der seine Auswanderung nach Palästina vorbereitete. Bruno Finkelscherer trat diese Stellung im Frühjahr 1939 an. Im Dezember 1939 stattete er seinem Bruder Herbert Finkelscherer einen Besuch ab, der als Rabbiner in Stettin arbeitete.[13] Es war die letzte Begegnung mit dem Bruder vor dessen Deportation nach Piaski. Als 1940 der Münchner Gemeinderabbiner Leo Baerwald nach New York emigrierte, schrieb die Israelitische Kultusgemeinde München seine Stellung aus. In schwieriger Zeit übernahm Bruno Finkelscherer diese Aufgabe und erfüllte sie, solange er es vermochte. Als es den Münchner Juden verboten wurde, die Trambahnen zu benutzen, legte er den sieben Kilometer langen Weg von der »Heimanlage für Juden« in Berg am Laim (Clemens-August-Straße 9) zum Jüdischen Friedhof an der Ungererstraße zu Fuß zurück, um Beerdigungen verstorbener Gemeindeangehöriger vorzunehmen.[14]

Am 12. August 1941 heiratete er die aus dem unterfränkischen Mittelsinn stammende, noch nicht 20 Jahre alte Gerda Adler (geb. 2. November 1921). Wie die meisten jüdischen Bürger Münchens, die damals noch in ihrer Heimatstadt lebten, wurde auch Finkelscherer zur Zwangsarbeit herangezogen. Er gehörte einem Arbeitskommando an, das Münchner Sportplätze und die Trabrennbahn in München-Daglfing in Ordnung zu halten hatte. Seine Frau leistete unterdessen Dienst als Krankenschwester im »Judenheim« in Berg am Laim. Während der Arbeit erlitt Finkelscherer beim Ausladen eines Waggons im Oktober 1942 einen Beinbruch. Nur unter erschwerten Bedingungen war es möglich, ihn zur Anfertigung eines Röntgenbildes in ein Krankenhaus zu bringen. Fünf Monate später, Anfang März 1943, kamen er und seine Frau mit dem Münchner Transport in das Konzentrationslager Auschwitz.[15] Bei der Selektierung der Neuankömmlinge wurde er als »arbeitsfähig« eingestuft. Er wurde einem Brunnenarbeitskommando zugeteilt und starb schon nach wenigen Wochen am 5. April 1943, angeblich an den Folgen einer Lungenentzündung, die er sich in der feuchtkalten Umgebung zugezogen hatte.[16]

Seine Frau Gerda gehörte zu den wenigen Münchner Auschwitz-Häftlingen, die dieses Konzentrationslager überlebten und war damit auch die einzige Übriggebliebene der Familie Finkelscherer. Sie heiratete nach dem Zweiten Weltkrieg zum zweiten Mal und lebte in Nürnberg.

*T. W.*

## Anmerkungen

1 Vgl. HEUSLER/WEGER 1998.

2 Gesetz über die Rechtsverhältnisse der jüdischen Kultusgemeinden. In: RGBl. 1938 I, S. 388.

3 WIMMER o. J., S. 3.

4 StadtAM Film/Yad Vashem, Schreiben von Max Köglmair an die Stadtverwaltung München, 30.8.1938.

5 WIMMER o. J., S. 3f.

6 Anzeige in: Jüdisches Gemeindeblatt für den Verband der Kultusgemeinden in Bayern und die Kultusgemeinden München, Augsburg, Bamberg, Würzburg, 15.6.1938.

7 Rundschreiben der Israelitischen Kultusgemeinde München, September 1938.

8 HEUSLER/WEGER 1998, S. 75.

9 NEUMEYER 1941-1944, Bl. 214.

10 Ebenda, Bl. 220.

11 WALK 1988, S. 91.

12 Bruno Finkelscherer: Die Sprachwissenschaft des Josef Ibn Kaspi. Göttingen 1930.

13 StadtAM Kennkartendoppel Nr. 824.

14 LÖWENTHAL 1965, S. 48.

15 StadtAM Verzeichnis der am 13. März 1943 nach Auschwitz deportierten Personen (erstellt von der IKG München, 1951).

16 Das Amtsgericht München erklärte Bruno Finkelscherer am 15.11.1948 für tot (Urk.-Reg. II/637/48).

# Die ehemalige orthodoxe Synagoge in der Neuberghauser Straße 11

## 1. Jüdisches Leben in München nach Mai 1945

Das jüdische Leben in München war in der Nachkriegszeit – bei aller einigenden Kraft der gemeinsamen Erinnerung an den nationalsozialistischen Terror – von starken innerjüdischen Gegensätzen und Spannungen geprägt. Dabei standen sich im wesentlichen zwei Gruppen gegenüber: deutsche Juden und sogenannte »heimatlose Ausländer« jüdischen Glaubens. Die wenigen Überlebenden der Schoa in München, die Rückkehrer aus Exil oder KZ-Haft – unter ihnen zum Beispiel die Schriftstellerin Gerty Spies und der Arzt Julius Spanier – sowie Zuwanderer aus anderen deutschsprachigen Gegenden bildeten die erste Gruppe, die an die deutsch-jüdische Kultur vor 1933 anknüpfen wollte und sich in der im Juli 1945 wiederbelebten Israelitischen Kultusgemeinde wiederfand. Die »Displaced Persons« (DPs) hingegen, überwiegend aus ost- und ostmitteleuropäischen Landern stammend, betrachteten ihren Aufenthalt in München in der Mehrzahl als »Durchgangsstation« auf dem Weg nach Palästina oder in andere Länder.[1] Vielfach wichen auch ihre religiösen Vorstellungen deutlich von denen der eingesessenen Juden ab, so daß sich anfangs zwischen beiden Gruppen mehr Differenzen als Gemeinsamkeiten einstellten.

Die Israelitische Kultusgemeinde repräsentierte zunächst quantitativ nur einen geringen Teil der tatsächlich zu jener Zeit in München wohnhaften Juden. Denn die Zahl der nach dem Zweiten Weltkrieg nach München gekommenen »Displaced Persons« ging in die Tausende[2], Baruch Ophir und Falk Wiesemann gehen für die Jahre 1945-1951 sogar von einer Gesamtzahl von 120.000 Personen aus, von denen die meisten nach Palästina auswanderten.[3] Ihre eigenen Traditionen schufen das Bedürfnis nach einer eigenständigen religiösen Betreuung.

## 2. Religiöse Bedürfnisse der jüdischen »Displaced Persons«

Der Vorschlag zur Gründung einer jüdischen DP-Organisation für die US-Zone ging vom amerikanischen Militärrabbiner Chaplain Abraham L. Klausener aus, der im Mai 1945 in Dachau mit befreiten KZ-Häftlingen zusammentraf.[4] Aus dieser Idee erwuchs schließlich das »Zentralkomitee der befreiten Juden« mit Sitz in München. Zum Vorsitzenden des Rabbinats (Agudat ha-Rabanim = »Rat der Rabbiner«) wurde Samuel Abe Snieg gewählt, als seine Stellvertreter fungierten Boruch Leizerowski (Vizevorsitzender) und Samuel Jacob Ros (Sekretär).

Im Oktober 1945 wurde das Jüdische Komitee der orthodoxen DPs in München ins Leben gerufen. Dieses erkannte, wie es in einem jiddischen Protokoll aus den Anfangsjahren nach dem Kriegsende heißt, die Notwendigkeit »tsi entwiklen religiese un kulturele tetigkejt far de jiddisher befalkerung«[5].

Außenansicht des Anwesens Neuberghauser Straße 11, Werkaufnahme für die städtische Wohnungsaufsicht, 1957

Die rabbinische Vertretung der orthodoxen DPs in München setzte sich bereits in einem Rundschreiben vom 23. Januar 1946 für eine eigene Synagoge in München ein: »Die jüdische Gemeinde in München besteht jetzt aus einigen tausend Personen. Die Juden mosaischen Glaubens (Orthodoxen) verfügen noch bis jetzt über kein entsprechendes Gottesdiensthaus und sind daher gezwungen, Gottesdienste sowie sonstige religiöse Gebräuche (Heiratszeremonien usw.) in privaten Häusern zu versehen, was nicht im Einklang mit dem jüdischen Rythus [sic!] steht.«[6] Raumbedarf wurde für eine Synagoge mit etwa 400 bis 500 Plätzen und ein rituelles Speiselokal mit 250 Plätzen angemeldet. Als Standort wurde der Stadtteil Bogenhausen vorgeschlagen, da dort die meisten jüdischen DPs lebten und zahlreiche jüdische Organisationen ihren Sitz gefunden hatten. Nachdem kurzfristig die vom Bayerischen Statistischen Landesamt benutzten Räume der Unionsbrauerei an der Äußeren Wiener Straße ins Auge gefaßt worden waren, kam ab Ende Mai 1946 das Anwesen des ehemaligen Schwesternheims in der Neuberghauser Straße 11 (Ecke Möhlstraße) ins Gespräch. Das dortige ehemalige Musikzimmer konnte ab Herbst 1946 – und damit noch einige Monate vor der wiedereröffneten Synagoge in der Reichenbachstraße – als Gotteshaus Verwendung finden.[7] Der Raum war knapp 20 Meter lang und acht Meter breit.[8] Als zweckdienlich erwiesen sich die Ausrichtung des Saalraumes nach Osten und die darin vorhandene Empore.[9] Das Gebäude, zu Anfang des 20. Jahrhunderts von dem Kunstmaler Friedrich Lauer erbaut, hatte seit 1927 als Vereinsheim der Studentenverbindung »Suevia e.V.« fungiert. 1938 hatte es die Stadt für die Meisterschule für Mode erworben, es war jedoch zwischen 1942 und 1945 vor allem von Militäreinrichtungen genutzt worden.[10]

Die Umbauarbeiten, finanziell von der Landeshauptstadt mit 92.000 RM getragen[11], zogen sich bis 1948 hin. Neben dem Synagogenraum, in dem etwa 350 Personen Platz finden konnten[12], wurden auch einige Nebenzimmer zu rituellen Zwecken, unter anderem als Mikwe, als Schlachtraum und als Trausaal, genutzt.[13] Im September 1951 kam noch ein Hebräisches Gymnasium und ein jüdischer Kindergarten hinzu, als deren Leiter Professor Graubard fungierte. Das Anwesen diente ferner als Wohngebäude für zahlreiche jüdische DPs. Unter ihnen befanden sich neben zahlreichen Handwerkern auch einige Rabbiner, Schächter, Synagogendiener, Lehrer und ein Bibelschreiber.[14] Ihre Anwesenheit war zwar jeweils nicht von langer Dauer, dürfte jedoch das religiöse Leben der Bogenhausener Juden mit geprägt haben.

Nach der Gründung des Staates Israel konnten viele jüdische DPs in den Jahren 1948-1950 ihren Traum von der Alija verwirklichen. In den folgenden Jahren verließen viele weitere Menschen Mün-

Eröffnung der Synagoge an der Neuberghauser Straße, Aufnahme von Alex Hochhäuser, 1946 (vorne stehend Rabbiner Boruch Leizerowski). Die farbigen Malereien waren ein Anklang an die Tradition der inneren Ausgestaltung osteuropäischer Synagogen

chen, manche auch mit anderen überseeischen Zielen. Die Arbeit des »Zentralkomitees der befreiten Juden« wurde am 17. Dezember 1950 offiziell eingestellt.[15] Seit 1951 gliederten sich die noch in München Verbliebenen, die sich für den dauerhaften Verbleib in der Stadt entschieden, in die Israelitische Kultusgemeinde ein. Die Integration wurde von Spannungen begleitet, da durchaus nicht alle Mitglieder der Israelitischen Kultusgemeinde gewillt waren, die Displaced Persons als gleichberechtigte Gemeindemitglieder zu akzeptieren. Zu den Befürwortern der DPs innerhalb der Israelitischen Kultusgemeinde zählte deren Oberrabbiner Aron Ohrenstein.[16]

Das Anwesen in der Neuberghauser Straße 11, Werkaufnahme für die städtische Wohnungsaufsicht, 1957. In den Anbauten wohnten damals noch unter ärmlichen Verhältnissen jüdische »Displaced Persons«

1961/62 erfolgte eine durchgreifende Renovierung der Synagoge an der Neuberghauser Straße auf Initiative der Israelitischen Kultusgemeinde München und der Gabbaim S. Kenner und S. Ch. Grünberger. Einem zeitgenössichen Bericht der »Münchner Jüdischen Nachrichten« kann man entnehmen, daß damals noch die Rabbiner Samuel Ros und Samuel Snieg an dieser Synagoge tätig waren.[17] Es wurden täglich Morgen- und Abendgottesdienste abgehalten, die regelmäßig von etwa 30 Betenden besucht wurden. Am Sabbat zählte man etwa 100 Gläubige, an den Hohen Feiertagen fanden sich circa 200 Personen ein.

## 3. Das Rabbinat der »Displaced Persons«

### *Samuel Snieg, geb. 1901 (Rokiškis/Litauen)*

Samuel Abe Snieg stammte aus dem nordostlitauischen Rokiškis, wo er am 28. Dezember 1901 als Sohn von Moses Snieg und dessen Frau Ida, geb. Menkin, zur Welt kam.[18] Er studierte 1918-1924 an der Jeschiwa in Slobodka bei Kaunas (Kowno) und legte dort auch die Rabbinerprüfung ab. Zunächst wirkte er 1925-1926 selbst als Lehrer in Slobodka, ehe er ab 1926 als Militärrabbiner in die Dienste der litauischen Armee trat. Dort blieb er bis 1940. Bereits in dieser Zeit verfaßte er Beiträge und religiöse Abhandlungen für diverse Zeitschriften. Am 1. März 1940 heiratete er in Kaunas die Rabbinertochter Anna Gurwitz (geb. 25. Oktober 1910 in Kaunas). Während des Zweiten Weltkriegs und der deutschen Okkupation seines Landes wurde Snieg in Kaunas verhaftet und im Ghetto von Slobodka interniert.[19] Schließlich wurde er als jüdi-

Rabbiner Samuel Abe Snieg

scher Zwangsarbeiter nach Deutschland verbracht. So war er seit 1944 in einem Außenlager des Konzentrationslagers Dachau im »Arbeitseinsatz«. Ende April 1945 wurde er von den Amerikanern in der Nähe von Dachau aus der Haft befreit. In einem Krankenhaus der US Army in St. Ottilien konnte er zunächst wieder zu Kräften kommen, ehe er sich seinen neuen Aufgaben in München zuwandte. Samuel Snieg kam im Dezember 1945 als »Displaced Person« in die Ismaninger Straße 76 und übernahm rabbinische Funktionen für die befreiten Juden in der bayerischen Landeshauptstadt. Auf seine Initiative fanden einige wichtige Treffen von Rabbinern aus der US-Zone statt. Das erste wurde im Sommer 1945 in Gauting veranstaltet, aus ihm ging die Gründung des »Rabbinischen Rates für die US-Zone« am 14. August 1945 in München hervor. Am 7. Juli 1947 konnte Samuel Abe Snieg zahlreiche prominente Gäste zur zweiten Rabbinerkonferenz in den Münchner Kammerspielen begrüßen.

Seit 1946 war Snieg Oberrabbiner der orthodoxen jüdischen Gemeinden in Bayern. Er setzte sich für die Einrichtung von koscheren Küchen in München ein, organisierte die Verteilung von Ritualien und bereitete die Hohen Festtage vor. So wurden im April 1946 auf seine Veranlassung für das erste Pessachfest der Nachkriegszeit in der Bäckerei Seidl die erforderlichen Mazzot gebacken.[20]

Zu den bleibenden Leistungen Sniegs gehört seine Initiative, den babylonischen Talmud in München neu drucken zu lassen. München war nämlich die Stadt mit dem einzigen vollständig erhaltenen Talmud-Manuskript.[21] Sniegs Vorstellung nach sollte die deutsche Bevölkerung die Kosten für diese Ausgabe tragen. Obwohl wegen der allgemeinen Papierknappheit das Unterfangen zunächst zu scheitern drohte, fand Snieg bei General Lucius D. Clay und seinem Berater, Rabbiner Philipp Bernstein, offene Ohren für seinen Plan.[22] Von den 19 Bänden wurden bis 1949 in Heidelberg zunächst 50 Exemplare gedruckt, später mit amerikanischer Unterstützung weitere 1.000 Exemplare.

Am 11. August 1950 heiratete Snieg in München seine zweite Frau, Helena Ziemiańska (geb. 15. Mai 1913) aus Grajewo in Polen. Seine erste Frau war während der deutschen Okkupation Litauens ums Leben gekommen.

Anfang der Fünfziger Jahre kam es zu Unstimmigkeiten zwischen Snieg und den Autoritäten des gerade gegründeten Staates Israel wegen der Rechte an der Talmud-Ausgabe.[23] Im Mai 1966 emigrierte Snieg von München aus nach Israel.

Rabbiner-Kongreß der US-Zone in den Münchner Kammerspielen am 7.7.1947, Aufnahme von Georg Schödl (5. v.l.: General Lucius D. Clay, rechts neben ihm: Rabbiner Samuel Abe Snieg, 3. v.r.: Rabbiner Samuel Jacob Ros, ganz rechts: Rabbiner Boruch Leizerowski)

Eine andere Aufnahme des Rabbiner-Kongresses vom 7.7.1947

Rabbiner Boruch Leizerowski

## *Boruch Leizerowski, geb. 1909 (Sielub)*

Boruch Leizerowski war Laienrabbiner, das heißt, er hatte keine Rabbinatsprüfung an einer jüdischen Jeschiwa abgelegt. Er wurde am 1. August 1909 in Sielub als Sohn des Rabbiners Abraham Faiwel Leizerowski und dessen Frau Matla, geb. Sziszko, geboren.[24] 1934 heiratete er in Łódz Mira Zuckerman (geb. 1909 in Łódz). Sie kam zehn Jahre später im Ghetto Łódz ums Leben. Boruch Leizerowski wurde zur Zwangsarbeit nach Deutschland verschleppt und 1945 in einem KZ-Außenlager bei Landsberg am Lech befreit. Auch er hielt sich zunächst zur Erholung in St. Ottilien auf, ehe er im November 1945 in der Mauerkircherstraße 12 in München eine Wohnung bezog. Zwischen 1945 und 1952 wirkte er im Stadtkomitee München des »Zentralkomitees« als Rabbiner. »Dank der filsejtikn tetikejt fun minchener rabinat mit ha raw Reb Baruch Leiserowski filt sich hajnt in minchen a echt jidish leben...«[25] liest man in einem zeitgenössischen Bericht.

Am 1. März 1950 heiratete Leizerowski die am 28. Oktober 1922 im ostgalizischen Chodorov geborene Klara Felber, die kurz darauf den Sohn Abraham Aron Leo und 1952 den zweiten Sohn, Isaac Meir Zwi, zur Welt brachte. Im Mai 1952 emigrierte Leizerowski in die USA. Er wurde Rabbiner der orthodoxen »Congregation B'nai Jacob« in Philadelphia, wo er bis heute tätig ist.

## *Samuel Jacob Ros, geb. 1916 (Kaunas/Litauen)*

Samuel Jacob Ros stammte ebenfalls aus Litauen. Er war am 1. Februar 1916 in Kaunas (Kowno) zur Welt gekommen und hatte an der Jeschiwa in Slobodka studiert. Im Alter von 25 Jahren legte er das Rabbinatsexamen ab, wurde aber im selben Jahr vom deutschen Einmarsch überrascht.[26] Er kam in das Ghetto von Slobodka und wurde im August 1944 mit seinen Familienangehörigen in das Konzentrationslager Dachau deportiert. Sein Vater und seine Geschwister starben unter den elenden Bedingungen in den letzten Monaten vor Kriegsende an Erschöpfung. Ros wurde rechtzeitig von Einheiten der U.S. Army befreit. Seine erste Münchner Wohnung befand sich in der Herzogstraße 44/III.[27]

Er heiratete die aus dem polnischen Rudnik stammende Bella Schiff, die in München mehrere Kinder zur Welt brachte: Mozez Dow (geb. 1949), Ros Elieser (geb. 1950), Sara Malka (geb. 1951), Ros Jizchak (geb. 1953), Rachel (geb. 1954), Perl (geb. 1955), Aron (geb. 1957) und Meier (geb. 1959). Zwischen

Rabbiner Samuel Jacob Ros

1951 und 1960 lebte die Familie in der Leopoldstraße 67, 1961 in der Leopoldstraße 97, anschließend bis 1967 in der Prinzregentenstraße 91.[28] Ab dem Jahre 1968 wird Ros in den Stadtadreßbüchern nicht mehr aufgeführt.

## 4. Baruch Graubard, 1900 (Skole/Polen) – 1976 (München)

Baruch Graubard kam am 17. September 1900 in Skole in Polen als Sohn von Alter Graubard und Hudie Graubard, geb. Schächter, zur Welt.[29] Er besuchte das Gymnasium in Lemberg und studierte anschließend an den Universitäten Wien (1920-25) und Lemberg (1925-26) Literatur, Geschichte und Pädagogik. Er wirkte als Lehrer an den Gymnasien in Konin und Będzin, nach der Staatsprüfung an der Universität Lemberg (1926) in Sosnowiec (1926-1927) und Kielce (1927-1939) und war bis 1939 zudem Vizepräsident der jüdischen Gemeinde von Kielce. Seine Frau Hanna, geb. Dunkelblum, war Mutter von zwei Töchtern, Jadwiga und Alina. Graubards Schicksal während der deutschen Okkupation in Polen war abenteuerlich: Zunächst in Ghettos und Konzentrationslagern eingesperrt, gelang ihm im Verlauf des Krieges das Überleben in Wäldern und in einem Franziskanerkloster in der Slowakei.

Im September 1946 kam Graubard als »Displaced Person« nach München und leitete dort bis 1949 die Kulturkommission des »Zentralkomitees der befreiten Juden in der US-Zone«. In diesem Zusammenhang gründete er zahlreiche jüdische Schulen in DP-Lagern. Schließlich übernahm er 1949-1951 die Leitung des Hebrew Gymnasium in der Neuberghauser Straße 11, an dem Graubard auch selbst Bibelkunde unterrichtete.[30] Es war das erste hebräische Gymnasium in Europa, das nach dem Zweiten Weltkrieg neu gegründet wurde. 1951 erhielt Graubard eine außerordentliche Professur für Judaistik an der Universität Marburg.

Später wurde er Vizepräsident der Israelitischen Kultusgemeinde München. Er war Mitglied des Direktoriums und der Kulturkommission des Zentralrates der Juden in Deutschland. Bekannt wurden seine Bibelbetrachtungen in der Freitagabendsendung des Landesverbandes Bayerischer Israelitischer Gemeinden im Bayerischen Rundfunk. Daneben betätigte er sich schriftstellerisch: So brachte 1965 das Landestheater Tübingen sein Drama »Festung ohne Mauer« zur Uraufführung. Weitere Werke waren:

- Gelesen in den Büchern Mose. Feierabend-Vorträge im Bayerischen Rundfunk. München 1965.

- Die Presse der Sch'erit Hapleita in Deutschland als Ausdruck ihrer Probleme. In: Emuna, Horizonte zur Diskussion über Israel und das Judentum, 6 (1971) 1, S. 51-58.
- Chaim Nachmann Bialik. Der letzte Dichter der Diaspora. In: Emuna, Horizonte zur Diskussion über Israel und das Judentum, 8 (1973) 6, S. 427-343.
- Wort, das euer Leben ist. Aus der Glaubenserfahrung Israels. München 1974.

Am 18. Oktober 1976 starb Baruch Graubard in München und wurde auf dem Neuen Israelitischen Friedhof an der Ungererstraße beigesetzt.[31]

## 5. Umzug in die Possartstraße 15

Schwierigkeiten bereitete von Anfang an die parallele Nutzung des Anwesens in der Neuberghauser Straße als Modeschule (seit 1952/53: Sozialpädagogische Frauenschule) und als Synagogalzentrum der Israelitischen Kultusgemeinde München. Der Stadtschulrat Anton Fingerle bemühte sich, der Kultusgemeinde als Ersatz für die dringend benötigten Räumlichkeiten mit dem Anwesen Possartstraße 15 eine Ausweichmöglichkeit zu vermitteln.[32] 1966 konnte in diesem Sinne eine grundsätzliche Übereinkunft getroffen werden, die Synagoge blieb allerdings noch bis Anfang der Siebziger Jahre in Benutzung. Der Raum wird heute als Turnsaal eines städtischen Kindergartens genutzt.

Die Synagoge in der Possartstraße 15 kam auf Bestreben der konservativen Gruppe innerhalb der Israelitischen Kultusgemeinde München zustande, während ein progressiver Flügel sich für die Errichtung eines Kulturzentrums auf diesem Grundstück eingesetzt hatte.[33] Letzteres wurde daher auf einem anderen Grundstück der Kultusgemeinde an der Prinzregentenstraße verwirklicht. In der Possartstraße 15 wurde 1970 eine Mikwe angelegt. Nach ihrem Auszug aus der Neuberghauser Straße 11[34] konnte die Gemeinde Beth Hamidrash Hagadol seit etwa 1974 in der dortigen Synagoge Gottesdienste abhalten.

*T. W.*

## Anmerkungen

[1] WETZEL 1987, S. 209.

[2] WETZEL 1984, S. 142-148. – Nach WETZEL 1987, S. 208, lebten in München im April 1946 6.000, im Dezember 1946 bereits 8.300 Juden.

[3] OPHIR/WIESEMANN 1979, S. 59.

[4] WETZEL 1984, S. 144f.

[5] YIVO Institute, Die antsthejung fun Minchener Rabbinat noch dem Krig 1945; die Transliteration des in hebräischer Schrift verfaßten Dokuments besorgte dankenswerter Weise Brigitte Schmidt.

[6] BayHStA MK 49565, Schreiben von Samuel Abe Snieg, Boruch Leizerowski und Samuel Ross.

[7] WETZEL 1984, S. 144.

[8] LBK München, Akte Neuberghauser Straße 11.

[9] JANSEN/RAIDL 1990, S. 59f.

[10] StadtAM Lokalbaukommission 6791 und Schulamt 3699.

[11] StadtAM Bürgermeister und Rat 2743, Schreiben von OB Thomas Wimmer an das Bayerische Staatsministerium für Unterricht und Kultus, 19.12.1949.

[12] Moses Lustig: Juden in München. In: Münchner Jüdische Nachrichten, 2.11.1962.

[13] KARL 1998, S. 65-70.

[14] StadtAM Einwohnermeldeamt.

[15] KÖNIGSEDER/WETZEL 1994, S. 97.

[16] Bernhard Schoßig: Neubeginn im Land der Mörder. In: Münchner Stadtanzeiger, 13.5.1993.

[17] Münchner Jüdische Nachrichten, 9.2.1962.

[18] Who's Who in World Jewry 1955, S. 729. – StadtAM EMA 76, S 75.

[19] KORMAN 1983, S. 263f.

[20] WETZEL 1987, S. 189.

[21] BRENNER 1995, S. 39.

[22] KORMAN 1983. – WETZEL 1987, S. 191. – HONIGMANN 1995, S. 19-23.

[23] Dazu ausführlich KORMAN 1983.

[24] StadtAM EMA 65, L 270.

[25] YIVO Institute, Die antsthejung fun Minchener Rabbinat noch dem Krig 1945.

[26] KORMAN 1983, S. 264.

[27] Münchner Stadtadreßbuch 1950.

[28] StadtAM Hausbogen Leopoldstraße 97; Münchner Stadtadreßbücher 1961-1967.

[29] Who's Who in World Jewry 1955, S. 288. – Professor Baruch Graubard zum 75. In: Allgemeine, Nr. 38/1975, S. 11.

[30] StadtAM Schulamt 690.

[31] Nachruf auf Baruch Graubard in: Abendzeitung, 19.10.1976.

[32] StadtAM Direktorium Abg. 3/17, Bd. 303/46/RJ.

[33] StadtAM Kulturamt 1306.

[34] StadtAM Direktorium Abg. 3/17, Bd. 302/46/RJ.

# Quellen- und Literaturverzeichnis

## 1. Archivalische Quellen

Stadtarchiv München (StadtAM)
Bürgermeister und Rat (BuR)
Einbürgerungsakten (EBA)
Kommunalamt
Kulturamt
Kultusstiftungen
Lokalbaukommission (LBK)
Nachlaß Hans Lamm
Polizeidirektion (Pol. Dir.)
Polizeimeldebögen (PMB)
Stadtchronik, mit Beilagen
Zeitungsausschnittsammlung (ZA)

Staatsarchiv München (StaatsAM)
Polizeidirektion (Pol. Dir.)

Bayerisches Hauptstaatsarchiv (BayHStA)
Generalliteralien (GL)
Kurbaiern
Ministerium der Justiz (MJu)

Lokalbaukommission der Landeshauptstadt München (LBK)
Planungs- und Bauakten

Central Archive for the History of the Jewish People, Jerusalem (CAHJP)
IRSO Bayern

Leo Baeck Institute, New York (LBI)
Leo Baerwald Collection
Kitzinger Collection
Joseph Perles Collection

YIVO Institute for Jewish Research, Washington
Die antsthejung fun Minchener Rabbinat noch dem Krig 1945 (jidd. Mskr.).

## 2. Literatur und gedruckte Quellen


- ARETIN, Johann Christoph Freiherr von: Geschichte der Juden in Baiern. Landshut 1803.
- ASCHHEIM, Steven E.: Brothers and strangers. The East European Jew in German and German Jewish consciousness, 1800-1923. Madison 1982.
- AUB, Hirsch: Rede bei der Einweihungsfeyer der Synagoge in München am 21. April 1826. München 1826.
- BACHER, Wilhelm: The patterns of a modern Rabbi. In: Jewish Quarterly Review, 7 (1895) 2.
- BAERWALD, Leo: Die Juden in München vom 12.-18. Jhrh. In: Menorah, 6 (1928) 660-665.
- BAERWALD, Leo: Juden und jüdische Gemeinden in München vom 12. bis 20. Jahrhundert. In: Von Juden in München. Ein Gedenkbuch. Hrsg. v. Hans Lamm. München 1958, S. 19–30.
- BAERWALD, Leo/FEUCHTWANGER, Ludwig (Hrsg.): Festgabe 50 Jahre Hauptsynagoge München 1887-1937. Hrsg. im Auftrag der Israelitischen Kultusgemeinde München. München 1937.
- BĂLEANU, Arram Andrei: Der »ewige Jude«. Kurze Geschichte von der Manipulation eines Mythos. In: Antisemitismus. Vorurteile und Mythen. Hrsg. v. Julius H. Schoeps u. Joachim Schlör. Frankfurt am Main o. J., S. 96-102.
- BARUCH, Ophir Z./WIESEMANN, Falk: Die jüdischen Gemeinden in Bayern 1918-1945. Geschichte und Zerstörung. München/Wien 1979.
- BEN-CHORIN, Schalom: Der dritte Tempel. In: Vergangene Tage. Jüdische Kultur in München. Hrsg. v. Hans Lamm. München 1982, S. 442-445.
- BEN-CHORIN, Schalom: Jugend an der Isar. München 1964.
- Biographisches Handbuch der deutschsprachigen Emigration nach 1933. Hrsg. v. Institut für Zeitgeschichte München. Unter der Gesamtleitung von Werner Röder. München et al. 1980.
- BLENDINGER, Friedrich: Die Auswanderung nach Nordamerika aus dem Regierungsbezirk

Oberbayern in den Jahren 1846-1852. In: Zeitschrift für bayerische Landesgeschichte, 27 (1964) 464ff.
- BOKOVOY, Douglas/MEINING, Stefan (Hrsg.): Versagte Heimat. Jüdisches Leben in Münchens Isarvorstadt 1914-1945. München 1994.
- BONARD, Walter: Die gefesselte Muse. Das Marionettentheater im Jüdischen Kulturbund München 1935-1937. München 1994.
- BRENNER, Michael: Nach dem Holocaust. Juden in Deutschland 1945-1950. München 1995.
- BRESSLAU, Harry: Aus Straßburger Judenakten. In: Zeitschrift für die Geschichte der Juden in Deutschland, 5 (1892) 115-125.
- BREUER, Mordechai: Jüdische Orthodoxie im Deutschen Reich 1871-1918. Sozialgeschichte einer religiösen Minderheit. Eine Veröffentlichung des Leo-Baeck-Instituts. Frankfurt am Main 1986.
- CAHNMANN, Werner J.: Die Münchner Judenbeschreibung von 1804. In: Zeitschrift für die Geschichte der Juden in Deutschland, 7 (1937) 180-188.
- CAHNMANN, Werner J.: Die Juden in München 1918-1948. In: Vergangene Tage. Jüdische Kultur in München. Hrsg. v. Hans Lamm. München 1982, S. 31-78.
- CARLEBACH, Julius/BRÄMER, Andreas: Rabbiner in Deutschland. Die ersten Nachkriegsjahre. In: Das aschkenasische Rabbinat. Studien über Glaube und Schicksal. Hrsg. b. Julius Carlebach. Berlin 1995, S. 225-234.
- CHAGALL, Bella: Brennende Lichter. Reinbek bei Hamburg 1969.
- Chronik der Stadt München 1945-1948. Bearb. v. Wolfram Selig unter Mitwirkung v. Ludwig Morenz u. Hellmuth Stahleder. München 1980.
- COHEN, Arthur: Die Münchner Judenschaft 1750-1861. Eine bevölkerungs- und wirtschaftsgeschichtliche Studie. In: Zeitschrift für die Geschichte der Juden in Deutschland, 2 (1931) 4, 262-283.
- DAUM, Constanze: Lebensgeschichten ehemaliger jüdischer Schüler des Wilhelmsgymnasiums in München von 1932 bis 1938. In: Jüdisches Leben in München. Lesebuch zur Geschichte des Münchner Alltags/Geschichtswettbewerb 1993/94. München 1995, S. 84-103.
- DENEKE, Bernward: Die Synagoge. In: »Siehe, der Stein schreit aus der Mauer«. Geschichte und Kultur der Juden in Bayern. Hrsg. v. Germanischen Nationalmuseum u. v. Haus der Bayerischen Geschichte (Ausstellungskatalog). Nürnberg 1988, S. 33.
- DISCHINGER, Gabriele: Ehemaliger Tempel der Israeliten. In: Klassizismus in Bayern, Schwaben und Franken. Architekturzeichnungen 1775-1825. Hrsg. v. Winfried Nerdinger (Ausstellungskatalog). München 1980, 112-114.
- DISCHINGER, Gabriele: Die Synagoge an der Westenriederstraße. In: Synagogen und jüdische Friedhöfe in München. Hrsg. v. Wolfram Selig. München 1988, 121-130.
- DÖLLINGER, Georg: Sammlung der im Gebiete der inneren Staatsverwaltung des Königreichs Bayern bestehenden Verordnungen. München 1835-1839 (20 Bde.).
- ECKSTEIN, Adolf: Die Emanzipation der Juden in Bayern. In: Münchener Israelitischer Kalender auf das Jahr 5687 (1926-27), München 1926, S. 36-41.
- Ein fast normales Leben. Erinnerungen an die jüdischen Gemeinden Schwabens. Ausstellung der Stiftung Jüdisches Kulturmuseum Augsburg-Schwaben nach einem Konzept von Gernot Römer. Augsburg 1995.
- Encyclopaedia Judaica. Jerusalem 1971-1972 (16 Bde.).
- Erinnerungen von Jakob Kra-Os. In: Versagte Heimat. Jüdisches Leben in Münchens Isarvorstadt 1914-1945. Hrsg. v. Douglas Bokovoy u. Stefan Meining. München 1994, S. 379-402.
- Erinnerungen von Zita Kober, geb. Landau. In: Versagte Heimat. Jüdisches Leben in Münchens Isarvorstadt 1914-1945. Hrsg. v. Douglas Bokovoy u. Stefan Meining. München 1994, S. 449-472.
- FEUCHTWANGER, Heinrich: Jüdische Sakralkunst in München. In: Von Juden in München. Ein Gedenkbuch. Hrsg. v. Hans Lamm. München 1958, S. 50-52.
- FISCHER, Gerd: Architektur in München seit 1900. Ein Wegweiser. Braunschweig/Wiesbaden 1990.
- FISCHER, Hermann/WOHNHAAS, Theodor: Zur Geschichte der Münchner Synagogenorgeln. In: Oberbayerisches Archiv, 100 (1975) 309-313.
- FRAENKEL, Abraham A.: Lebenskreise. Stuttgart 1967.
- FRAENKEL, Adolf (Hrsg.): Sigmund Fraenkel. Aufsätze und Reden. München 1930.
- FRITSCH, K. E. O.: Die neue Synagoge in München. In: Synagogen und jüdische Friedhöfe in München. Hrsg. v. Wolfram Selig. München 1988, 131-148.
- FROMM, Herbert: Heinrich Schalit (1886-1976). In: Journal of Synagogue Music Nr. 4, Juli 1976, S. 3-5.

– FROST, Sal (Hrsg.): Hauptsynagoge München 1887-1938. Eine Gedenkschrift mit einem historischen Rückblick von Wolfram Selig. München 1987.
– GANTHER, Heinz: Die Juden in Deutschland 1951/52 - 5712, 1958/59 - 5719. Hamburg 1959
– Gedenkbuch. Opfer der Verfolgung der Juden unter der nationalsozialistischen Gewaltherrschaft in Deutschland. Hrsg. v. Bundesarchiv. Koblenz 1986.
– GERWING, Renate: »Die erkämpfte Gleichberechtigung enthüllt sich als Traum...« Emanuel Kirschner, Komponist und Kantor der Jüdischen Kultusgemeinde in München, 1881-1938. Bayerischer Rundfunk (21.3.1993; Manuskript). München 1993.
– GIDAL, Nachum Tim: Mein Bruder Georg. Einer aus der zweiten Generation. In: Versagte Heimat. Jüdisches Leben in Münchens Isarvorstadt. Hrsg. v. Douglas Bokovoy u. Stefan Meining. München 1994, S. 473-490
– GIDAL, Nachum Tim: Die Juden in Deutschland von der Römerzeit bis zur Weimarer Republik. Mit einem Geleitwort von Marion Gräfin Dönhoff. Gütersloh 1988.
– GINSBURG, Saul M.: Max Lilienthal's Activities in Russia. New Documents. In: Publications of the American Jewish Historical Society, 35 (1939) 39-51.
– GLEIBS, Yvonne: Juden im kulturellen und wissenschaftlichen Leben Münchens in der zweiten Hälfte des 19. Jahrhunderts (= Miscellanea Bavarica Monacensia, 76). München 1981.
– GOLDSCHMIDT, Dietrich/ÜBERSCHAER, Ingrid (Hrsg.): Leiden an der Unerlöstheit der Welt. Robert Raphael Geis, 1906-1972. Briefe, Reden, Aufsätze. München 1984.
– GRADENWITZ, Peter: Die Musikgeschichte Israels. Kassel, Basel 1961.
– Häuserbuch der Stadt München. Hrsg. v. Stadtarchiv München. München 1958-1977 (4 Bde.).
– HAMMER-SCHENK, Harald: Synagogen in Deutschland. Geschichte einer Baugattung im 19. und 20. Jahrhundert (1780-1933). Hamburg 1981.
– HAMMER-SCHENK, Harald: Die Architektur der Synagoge von 1780 bis 1933. In: Die Architektur der Synaoge. Hrsg. v. Hans-Peter Schwarz. Stuttgart 1988, S. 157-286.
– HAMMERSCHMIDT, Valentin W.: Anspruch und Ausdruck in der Architektur des späten Historismus in Deutschland (1860-1914) (= Europäische Hochschulschriften, 37/3). Frankfurt am Main et al. 1985.
– HANKE, Peter: Zur Geschichte der Juden in München zwischen 1933 und 1945 (= Miscellanea Bavarica Monacensia, 3). München 1967.
– HAUMANN, Heiko: Geschichte der Ostjuden. München 1990.
– HEID, Ludgar: »Der Ostjude«. In: Antisemitismus. Vorurteile und Mythen. Hrsg. v. Julius H. Schoeps u. Joachim Schlör. Frankfurt am Main o. J., S. 241-251.
– HEINEMANN, Herbert: Die jüdische Lehrwerkstatt in München 1939-1942. In: Jüdisches Leben in München. Lesebuch zur Geschichte des Münchner Alltags/Geschichtswettbewerb 1993/94. München 1995, S. 104-107.
– HERMANN, Carsten: Architektur als gesellschaftlicher Spiegel. Die Synagoge in der Westenriederstraße zu München 1824-26 des kgl. baier. Baurates Jean Baptiste Métivier. Eine Stadtsynagoge in den Anfängen der jüdischen Emanzipation, Studienarbeit Baugeschichte II am Institut für Baugeschichte der TU Braunschweig, Masch. Manuskr. 1999.
– HESKES, Irene: Passport to Jewish music. Westport, Conn. o. J.
– HESSEL, Hessekiel: Dankgebeth gehalten nebst 10 Psalmen zur Jubelfeyer der fünfundzwanzigjährigen Regierung Sr. Majestät des Königs von Baiern Maximilian Josef am 16. Februar 1824 von der Isaraelitischen Gemeinde in München. München 1824.
– HEUSLER, Andreas/WEGER, Tobias: »Kristallnacht«. Gewalt gegen die Münchner Juden im November 1938. München 1998.
– HOLLWECK, Ludwig: Wer was wann in München. Von der Besiedelung der Münchner Gegend bis 1980 in Stichworten erzählt (Stadtgeschichte in Jahresporträts). München 31982.
– HONIGMANN, Peter: Münchner Talmudausgaben der Nachkriegszeit. In: Der Landesverband der Israelitischen Kultusgemeinden in Bayern, 10 (1995) 19-23.
– HORN, Emanuel: Die Gestaltung der Synagoge. In: Das Jüdische Echo, 18 (1931) 36, 4.9.1931.
– HORN, Emanuel: Wir und unsere Synagoge. In: Das Jüdische Echo, 18 (1931) 36, 4.9.1931.
– IDELSOHN, Abraham Z.: Jewish Music. New York 1929.
– Israelitische Religionsgemeinschaft Adass Jeshurun 60 Jahre alt. In: Bayerische Israelitische Gemeindezeitung, 15.12.1932, S. 375f.
– Jahresbericht der Akademie der Tonkunst. München 1892/93.
– JANSEN, Lenka/RAIDL, Ludwig: Auf exemplarischer Spurensuche. Auseinandersetzung mit ei-

nem neuen Verfahren politisch-historischen Lernens anhand des Beispiels der Synagoge im Gebäude der Fachhochschule München-Bogenhausen. Diplomarbeit an der FH München 1990.
- JOCHER, Heinrich: Münchner Synagogenorgeln. In: Jüdisches Leben in München. Lesebuch zur Geschichte des Münchner Alltags/Geschichtswettbewerb 1993/94. München 1995, 211-213.
- Jüdisches Lexikon. Ein enzyklopädisches Handbuch des jüdischen Wissens in vier Bänden. Berlin 1927-1930.
- KALTER, Max: Hundert Jahre Ostjuden in München 1880-1980. In: Vergangene Tage. Jüdische Kultur in München. Hrsg. v. Hans Lamm. München 1982, S. 392-399.
- KARL, Willibald: Die Möhlstraße. Keine Straße wie jede andere. München 1998.
- KILIAN, Hendrikje: Die Anfänge der Emanzipation am Beispiel der Münchner jüdischen Gemeinde. In: Geschichte und Kultur der Juden in Bayern. Aufsätze (= Veröffentlichungen zur Bayerischen Geschichte und Kultur, 17/88). München et al. 1988, S. 267-275.
- KILIAN, Hendrikje: Rabbiner Hirsch Aub (1796-1875) und seine Familie. In: Geschichte und Kultur der Juden in Bayern. Lebensläufe. München et al. 1988, S. 109-112.
- KILIAN, Hendrikje: Die jüdische Gemeinde in München 1813-1871. Eine Großstadtgemeinde im Zeitalter der Emanzipation (= Miscellanea Bavarica Monacensia, 145). München 1989.
- KIRCHNER, Josef: Die Synagoge. In: Münchener Fremden-Revue, 1 (1904) 16, 27.8.1904.
- KIRSCHNER, Bruno: Einige persönliche Erinnerungen an das jüdische München. In: Von Juden in München. Ein Gedenkbuch. Hrsg. v. Hans Lamm. München 1982, S. 239.
- KIRSCHNER, Emanuel: Gedenket der Tage der Vorzeit. Erinnerungsworte zum 100. Jahrestage der Synagogen-Einweihung in München, am 21. April 1826. In: Bayerische Israelitische Gemeindezeitung, Nr. 4/1926, S. 88f.
- KIRSCHNER, Emanuel: Abschied von der Münchner Hauptsynagoge. In: Von Juden in München. Ein Gedenkbuch. Hrsg. v. Hans Lamm. München 1958, S. 348.
- KITZINGER, Elisabeth: Jüdische Jugendfürsorge in München 1904-1943. In: Von Juden in München. Ein Gedenkbuch. Hrsg. v. Hans Lamm. München 1958, S. 75-79.
- KÖNIGSEDER, Angelika/WETZEL, Juliane: Lebensmut im Wartesaal. Die jüdischen DPs (Displaced Persons) im Nachkriegsdeutschland. Frankfurt am Main 1994.
- KORMAN, Gerd: Survivors' Talmud and the U.S. Army. In: American Jewish History, 73 (1983) 3, 252-285.
- KRINSKY, Carol Herselle: Europas Synagogen. Architektur, Geschichte und Bedeutung. Wiesbaden 1997.
- KROCHMALNIK, Daniel: Die »Israelitische Kultusgemeinde«. Zur Geschichte und Gegenwart einer Bezeichnung. In: Der Landesverband der Israelitischen Kultusgemeinden in Bayern, 10 (1995) Nr. 67, S. 25f.
- LAMM, Hans: Die Geschichte der Münchner Hauptsynagoge (1887-1938). In: Münchner Israelitische Gemeindezeitung, September 1981, 6-9.
- LANDAUER, Fritz: Synagogenbau-Kunst. Betrachtung und Anregung. In: Bayerische Israelitische Gemeindezeitung, 6 (1930) 9, 134-137.
- LARGE, David Clay: Hitlers München. Aufstieg und Fall der Hauptstadt der Bewegung. München 1998.
- LÖWENTHAL, E. G.: Bewährung im Untergang. Ein Gedenkbuch. Stuttgart 1965.
- LUSTIG, Moses: Juden in München. In: Münchner Jüdische Nachrichten, 2.11.1962.
- MAÒR, Harry: Eine religiöse Separatistenbewegung im deutschen Judentum. In: Entwicklung und Fortschritt. Soziologische und ethnologische Aspekte des soziokulturellen Wandels. Wilhelm Emil Mühsam zum 65. Geburtstag. Hrsg. v. Horst Reimann u. Ernst Wilhelm Müller. Tübingen 1969, S. 277-287.
- MAURER, Trude: Ostjuden in Deutschland 1918-1933. Hamburg 1986.
- MEGELE, Max: Baugeschichtlicher Atlas der Landeshauptstadt München. München 1951.
- MEINING, Stefan: Betstuben und Synagogen. In: Versagte Heimat. Jüdisches Leben in Münchens Isarvorstadt 1914-1945. Hrsg. v. Douglas Bokovoy u. Stefan Meining. München 1994, S. 165-180.
- MÉTIVIER, Johann: Grund-Plaene, Durchschnitte und Façaden nebst einigen Details der Synagoge in München erbaut im Jahre 1824/25. München 1826.
- MÜLLER, Erich H.: Deutsches Musiker-Lexikon. Dresden 1929.
- Münchener Israelitischer Kalender auf das Jahr 5687. Das ist vom 9. September 1926 bis zum 26. September 1927. Mit den amtlichen Bekanntmachungen und Gebetszeittafeln der Israelitischen Kultusgemeinde München. München 1926.
- Münchener Israelitischer Kalender auf das Jahr 5690. Das ist vom 5. Oktober 1929 bis zum

22. September 1930. Mit den amtlichen Bekanntmachungen und Gebetszeittafeln der Israelitischen Kultusgemeinde München. München 1929.
- Münchener Israelitischer Kalender auf das Jahr 5691. Das ist vom 23. September 1930 bis zum 11. September 1931. Mit den amtlichen Bekanntmachungen und Gebetszeittafeln der Israelitischen Kultusgemeinde München. München 1930.
- Neue Deutsche Biographie. Hrsg. v. d. Historischen Kommussion bei der Bayerischen Akademie der Wissenschaften. Berlin 1953 ff.
- NEUMEYER, Alfred: Erinnerungen, niedergeschrieben in der Kolonie Avigdor 1941-1944. Mskr. 1941-1944 (Kopie im Stadtarchiv München).
- OESTREICH, Carl: Die letzten Stunden eines Gotteshauses. In: Von Juden in München. Ein Gedenkbuch. Hrsg. v. Hans Lamm. München 1958, 349-350.
- OPHIR, Baruch/WIESEMANN, Falk: Die jüdischen Gemeinden in Bayern 1918-1945. Geschichte und Zerstörung. München, Wien 1979.
- OPHIR, Baruch/WIESEMANN, Falk: Geschichte und Zerstörung der jüdischen Gemeinde in München 1938 bis 1942. In: Vergangene Tage. Jüdische Kultur in München. Hrsg. v. Hans Lamm. München 1982, S. 462-489.
- ORTAG, Peter: Jüdische Kultur und Geschichte. Ein Überblick. Hrsg. v. d. Brandenburgischen Landeszentrale für politische Bildung. Potsdam 1995.
- ORTENAU, Erich: Aus einer jüdischen Familientruhe Münchens. In: Von Juden in München. Ein Gedenkbuch. Hrsg. v. Hans Lamm. München 1958, S. 60-68.
- PERLES, Felix: Emanuel Kirschner. Erster Kantor der Gemeinde München 1881-1931. In: Bayerische Israelitische Gemeindezeitung, 1.9.1931, S. 262f.
- PERLES, Felix: Zum 25. Todestage von Joseph Perles am 4.3.1898. München 1934.
- PHILIPSON, David: Max Lilienthal, American Rabbi. Life and Writings. New York 1915.
- Philo-Lexikon. Handbuch des jüdischen Wissens. Berlin 1935.
- POMMERIN, Rainer: Die Ausweisung von »Ostjuden« aus Bayern 1923. In: Versagte Heimat. Jüdisches Leben in Münchens Isarvorstadt 1914-1945. Hrsg. v. Douglas Bokovoy u. Stefan Meining. München 1994, S. 75-100.
- RAU, Hermann: Jean Baptiste Métivier. Architekt, Kgl. Bayerischer Hofbaudekorateur und Baurat (1781-1857) (= Thurn und Taxis-Studien, 19). Kallmünz 1997.
- RAUCH, Alexander: Münchens jüdische Denkmäler. In: Denkmäler jüdischer Kultur in Bayern (= Arbeitshefte des Bayerischen Landesamtes für Denkmalpflege, 43). Hrsg. v. Michael Petzet. München 1994, S. 6-33.
- REBER, Franz (Hrsg.): Bautechnischer Führer durch München. München 1876.
- REICH, Jakob: Eine Episode aus der Geschichte der Ostjuden Münchens. In: Von Juden in München. Ein Gedenkbuch. Hrsg. v. Hans Lamm. München 1958, S. 318-322.
- Riemann Musik Lexikon. Mainz 1961.
- ROBERTSON, Alec/STEVENS, Denis: Pelican History of Music. London 1960.
- ROTH, Joseph: Juden auf Wanderschaft. Amsterdam 1937.
- ROTHMÜLLER, Aron Marko: The music of the Jews. New York 1954.
- SCHARFF, Nicole: August Exter und die Villenkolonien in München-Pasing. Diss. München 1994.
- SCHEINHAUS, Leon: Ein deutscher Pionier (Dr. Lilienthals Kulturversuch in Russland). Berlin 1911.
- SCHMIDT, Albert: Entwurf einer Synagoge für München. In: Zeitschrift für Baukunde, 1 (1878) 4, 487f.
- SCHMIDT, Albert: Die neue Synagoge in München mit einer Beschreibung der Entstehungsgeschichte und des Baus von K. E. O. Fritsch. München 1889.
- SCHÖPFLICH, Eduard: Zur Geschichte der Juden in München. In: Das Bayerland, 37 (1926) 10, 613-618.
- SCHOEPS, Julius H. (Hrsg.): Neues Lexikon des Judentums. Gütersloh/München 1998.
- SCHULTHEIS, Herbert (Hrsg.): Die Reichskristallnacht in Deutschland nach Augenzeugenberichten. Bad Neustadt/Saale 1986.
- SCHWARZ, Stefan: Die Juden in Bayern im Wandel der Zeiten. München/Wien 21980.
- SCHWIERZ, Israel: Steinerne Zeugnisse jüdischen Lebens in Bayern. Eine Dokumentation. München 1988.
- SEGALL, Jakob: Die Entwicklung der jüdischen Bevölkerung in München 1875-1905. Ein Beitrag zur Kommunalstatistik (= Veröffentlichungen des Bureaus für Statistik der Juden, 7). Berlin 1910.
- SELIG, Wolfram (Hrsg.): Synagogen und jüdische Friedhöfe in München. München 1988.
- SELIG, Wolfram: Die Synagogenbauten der Neuzeit. In: Synagogen und jüdische Friedhöfe

in München. Hrsg. v. Wolfram Selig. München 1988, S. 35-38.
- SIMONHOFF, Harry: Jewish notables in America, 1776-1865. Links of an endless chain. New York 1956.
- SOLLEDER, Fridolin: München im Mittelalter. München/Berlin 1938.
- SPAETH, Emil: Synagogenbauten in München. In: Bayerland 37 (1926) 20, 623-625.
- STAHLEDER, Hellmuth: Chronik der Stadt München. Herzogs- und Bürgerstadt. Die Jahre 1157-1505. München 1995.
- STAHLEDER, Helmuth: Die Münchner Juden im Mittelalter und ihre Kultstätten. In: Synagogen und jüdische Friedhöfe in München. Hrsg. v. Wolfram Selig. München 1988, S. 11-34.
- STAHLEDER, Helmuth: Haus- und Straßennamen der Münchner Altstadt. München 1992.
- STAHLEDER, Helmuth: Herzogs- und Bürgerstadt. Die Jahre 1157-1505 (= Chronik der Stadt München, 1). München 1995.
- Statuten für die innere Ordnung der Synagoge in München. München o. J. (ca. 1826).
- STIMMELMAYR, Johann Paul: München um 1800. Die Häuser und Gassen der Stadt. Hrsg. v. Gabriele Dischinger u. Richard Bauer. München 1980.
- STRAUSS, Thea: Zur Geschichte der Juden in Bayern. In: Bayerische Israelitische Gemeindezeitung, 1 (1925) 4, 53-57.
- TETZLAFF, Walter: 2000 Kurzbiographien bedeutender deutscher Juden des 20. Jahrhunderts. Lindhorst 1982.
- TREML, Manfred: Von der »Judenmission« zur »Bürgerlichen Verbesserung«. Zur Frühgeschichte der Judenemanzipation in Bayern. In: Geschichte und Kultur der Juden in Bayern. Aufsätze (= Veröffentlichungen zur Bayerischen Geschichte und Kultur, 17/88). München et al. 1988, S. 247-265.
- TREPP, Leo: Die Juden. Volk, Geschichte, Religion. Reinbek bei Hamburg 1998.
- VOGEL, Hubert (Bearb.): Die Urkunden des Heiliggeistspitals in München 1250-1500 (= Quellen und Erörterungen zur bayerischen Geschichte, 16/1). München 1960.
- VOLKERT, Wilhelm/Dirk Götschmann: München. In: Germania Judaica, III: 1350-1519. Hrsg. v. Ayre Maimon, Mordechai Breuer u. Yacov Guggenheim. Tübingen 1995, S. 900-906.
- WALK, Joseph: Kurzbiographien zur Geschichte der Juden 1918-1945. München et al. 1988.
- WALTER, Dirk: Antisemitische Kriminalität und Gewalt. Zur Judenfeindschaft in der Weimarer Republik. Bonn 1999.
- WERNER, Cossmann: Antrittspredigt, gehalten in der Synagoge zu München am 22. März 1895. München 1895.
- WERTHEIMER, Jack: Unwelcome strangers. East European Jews in Imperial Germany. New York 1987.
- WETZEL, Juliane: Lebensmut im Wartesaal. Der Wiederaufbau der Israelitischen Kultusgemeinde und des jüdischen Lebens in München 1945-1949. In: Trümmerzeit in München. Kultur und Gesellschaft einer deutschen Großstadt im Aufbruch 1945-1949. Hrsg. v. Friedrich Prinz. München 1984, S. 142-148.
- WETZEL, Juliane: Jüdisches Leben in München 1945-1951. Durchgangsstation oder Wiederaufbau? Inaugural-Diss. München 1986.
- WETZEL, Juliane: Jüdisches Leben in München 1945-1951. Durchgangsstation oder Wiederaufbau (= Miscellanea Bavarica Monacensia, 135). München 1987.
- Who's Who in Israel and in the work for Israel abroad. Tel Aviv 1973-1974.
- Who's Who in World Jewry. A biographical dictionary of outstanding Jews. Hrsg. v. Harry Schneidermann u. Itzhak J. Carmin. New York 1955.
- WIESEMANN, Falk: Rabbiner und jüdische Lehrer in Bayern während der ersten Hälfte des 19. Jahrhunderts. Staat – Reform – Orthodoxie. In: Geschichte und Kultur der Juden in Bayern. Aufsätze (= Veröffentlichungen zur Bayerischen Geschichte und Kultur, 17/88). München 1988, 277-286.
- WIMMER, Stefan: Die vergessene Synagoge in der Lindwurmstraße 125 (1938-1942). Mskr. o. J.
- WININGER, Salomon: Große Jüdische National-Biographie mit nahezu 12.000 Lebensbeschreibungen namhafter jüdischer Männer und Frauen aller Zeiten und Länder. Ein Nachschlagewerk für das jüdische Volk und dessen Freunde. Czernowitz 1925-1936.
- ZAUNER, Franz Paul: München in Kunst und Geschichte. Eine Beschreibung von über 500 geschichtlich und kunsthistorisch bedeutsamen Gebäuden und Denkmälern aus alter und neuer Zeit (= Das bayerische Oberland in Kunst und Geschichte, 1). München 1914.
- ZUBER, Elfi: Die Münchner Maximilianstraße. Umfeld, Planung, Bauten, Bewohner. München 1996.

## 3. Bild- und Textnachweis

### *Abbildungsnachweis*

Familie Bergsteiner: S. 71 o.
Hilde Brück-Nathan: S. 89.
Peter Eiselt: S. 86f.
Irene Freimark: S. 84, 85.
Richard Grimm: S. 88 re.
Thomas Heinemann: S. 82.
Alex Hochhäuser: S. 203.
Angela Pascale: S. 55, 57.
Nikolaus von Rechenberg: S. 51, 52.
Marc Schütze: S. 158.
Klara Strauß: S. 78.
Jane Vogel-Kohai: S. 74 o., 90, 110, 111 o./u., 112.
Tobias Weger: S. 17.

Architektursammlung der TU München: S. 37, 148.
Bayerische Ärzteversorgung, München: S. 73.
Bayerische Staatsbibliothek, München: S. 39, 122.
Central Archives for the History of the Jewish People, Jerusalem: S. 48.
Leo Baeck Institute, New York: S. 96, 97, 189.
Lokalbaukommission München: S. 142, 143, 167-169 o.
Münchner Stadtbibliothek: S. 126.
Münchner Stadtmuseum: S. 41, 42, 43, 88 li.
Staatsarchiv München: S. 166.
Stadtarchiv München,
- Einbürgerungsakten: S. 56, 130, 132, 133, 134.
- Bildarchiv: S. 27, 29, 69 u., 102, 103, 105, 107 o./u., 109, 124, 146, 147, 150, 152, 157, 159, 161, 190 u., 191 o./u., 192 o./u., 193, 202, 204, 206 o.
- Historischer Verein von Oberbayern: S. 40, 44, 45-47.
- Kennkartendoppel: S. 113, 160, 199.
- Kommunalamt: S. 99, 100, 101.
- Kultusstiftungen: S. 67, 74 u.
- Lokalbaukommission: S. 155.
- Nachlaß Hans Lamm: S. 92, 93, 94f., 115, 151, 179, 183, 184, 185, 186, 190 o.
- Nachlaß Richard Seligmann: S. 197, 198.
- Plansammlung: S. 75 o., 76, 144, 145.
- Polizeidirektion: S. 32.
- Stadtchronik: S. 58, 60 o., 61 li., 68, 91, 125.

Bayerische Israelitische Gemeindezeitung: S. 61 re. (Nr. 24/1929), 129 (Nr. 5/1926), 131 (Nr. 2/1925), 135, 136 (Nr. 1/1925), 137 (Nr. 11-12/1925), 181f. (Nr. 18/1931), 185 (15.8.1934),
Deutsche Bauzeitung: S. 71 u. (Nr. 1/1886).
Georg Döllinger: Sammlung der im Gebiet der inneren Staatsverwaltung des Königreichs Bayern bestehenden Verordnungen. München 1835-1839: S. 21, 54.
Israelitischer Kalender für München 1905/1906: S. 83.
Das Jüdische Echo: S. 159 (Nr. 20/1925), 169 u., 170, 171, 172, 177 (Nr. 22/1923), 159 (Nr. 29/1923 u. 36/1925), 178 (Nr. 29/1923 u. 36/1925).
Hans Lamm: Von Juden in München. Ein Gedenkbuch. München 1958: S. 24, 25.
Münchner Neueste Nachrichten: S. 60 u. (Nr. 107/1894).
Albert Schmidt: Die neue Synagoge in München. München 1889 (Fotomappe): S. 75, 77, 79 o./u., 80, 81.
Harry Simonhoff: Jewish notables in America, 1776-1865. New York 1956: S. 59.
Vaad Hatzala Germany 1948. Pictorial Review. Hrsg. v. Nathan Baruch. o. O. 1949: S. 188, 205, 206 u., 207, 208.
Gustav Wengg (Hrsg.): Topographischer Atlas von München. München o. J.: S. 38.
Zeitschrift für Baukunde: S. 69 o. f.(Nr. 4/1878).

### *Quellentexte:*

S. 36: StadtAM Kultusstiftungen 1147.
S. 38: Franz Reber (Hrsg.): Bautechnischer Führer durch München. München 1876, S. 124f.
S. 42: StadtAM Stadtchronik.
S. 49 o.: StaatsAM RA Fasz. 2090 Nr. 33874.
S. 49 u.: StaatsAM RA Fasz. 2091 Nr. 33883.
S. 53: StadtAM Stadtchronik.
S. 59: Leo Baerwald/Ludwig Feuchtwanger (Hrsg.): Festgabe 50 Jahre Hauptsynagoge München 1887-1937. München 1937, S. 74f.
S. 104: Rudi Dayan, Haifa.
S. 106: Carl Oestreich: Die letzten Stunden eines Gotteshauses. In: Von Juden in München. Ein Gedenkbuch. Hrsg. v. Hans Lamm. München 1958, S. 349.
S. 108: Alfred Neumeyer: Erinnerungen. Mskr. 1941-1944.

## 4. Autoren

| | |
|---|---|
| Elisabeth Angermair | E. A. |
| Andreas Heusler | A. H. |
| Eva Ohlen | E. O. |
| Brigitte Schmidt | B. S. |
| Tobias Weger | T. W. |

# Glossar

**Agudas Jisroel** - (hebr. = Bund Israels), 1912 in Kattowitz (Katowice) gegründete Weltorganisation der thoratreuen, orthodoxen Juden.

**Aleph Beth** - (hebr.), Bezeichnung des hebräischen Alphabeths, nach den ersten beiden Buchstaben aleph und beth.

**Alija** - (hebr. = »Hinaufziehen«), jüdische Einwanderung nach Palästina.

**Almemor** - (arab. al minbar = Kanzel, hebr.: Bima), erhöhtes Pult/Podest, von dem aus der jeweilige Wochenabschnitt aus der Thora vorgelesen wird.

**Aron ha-Kodesch** - (hebr. = Heilige Lade), Thoraschrein, erhöhter, freistehender oder in eine Apsis eingebauter Wandschrank an der Ostwand einer Synagoge, in dem die Thorarollen aufbewahrt werden.

**Aschkenasim** - Bezeichnung für die mittel- und osteuropäischen Juden und ihre Nachkommen in Mittel- und Osteuropa.

**Bar Mizwa** - (hebr. »Sohn des Gottesgebotes«): Bei der Bar-Mizwa-Feier wird ein 13jähriger und damit gebotspflichtiger männlicher Jude erstmals zur Thoravorlesung aufgerufen. Der Bar Mizwa-Junge ist ab diesem Zeitpunkt verpflichtet, täglich außer am Sabbat und an Feiertagen die Gebetsriemen anzulegen.

**Bat Mizwa** - (hebr. »Tochter des Gottesgebotes«): In Anlehnung an die → Bar Mizwa geschaffener Initiationsritus für jüdische Mädchen (vor allem in nichtorthoxen Gemeinden).

**Brith Mila** - (hebr. Beschneidung), vollzogen durch den → Mohel an männlichen Säuglingen am 8. Tage nach der Geburt, verbunden mit der Namensgebung.

**Bet ha-Knesset** - (hebr. = Haus der Versammlung), Synagoge.

**Betsaal** - kleinerer Synagogenraum.

**Betverein** - Verein, dessen Mitglieder gemeinsam einen eigenen Betsaal bzw. eine Synagoge unterhalten.

**Bima** → Almemor.

**B'nai B'rith** - (hebr. = »Söhne des Bundes«), 1843 in Philadelphia begründeter jüdischer Männerbund mit den Prinzipien Wohl, Menschenliebe und Freundschaft, inzwischen auch für Frauen zugänglich.

**Chanukka** - (hebr. = Weihe), achttägiges Fest (25. Kislew - 2. Tewet) zur Erinnerung an den Sieg der Makkabäer über die hellenistisch-syrische Besatzungsmacht und die Wiedereinweihung des zweiten Tempels in Jerusalem im Jahre 164 vor unserer Zeitrechnung.

**Chasan** - (hebr. = Aufseher), Vorbeter in der Synagoge, → Kantor.

**Chassiden** - (jidd = die Frommen), Angehörige einer in Osteuropa seit der Mitte des 18. Jahrhunderts verbreiteten besonderen Form jüdischer Frömmigkeit.

**Cheder** - (hebr. = Stube), Elementarunterricht, traditionelle »ostjüdische« Lehrstube für Jungen vom 4./5. Lebensjahr bis zur → Bar-Mizwa.

**Chuppa** - (hebr. = Trauhimmel), Baldachin, unter dem die Trauung vollzogen wird.

**Diaspora** - (griech. = Zerstreuung, hebr. = Galut), Bezeichnung für jüdisches Leben außerhalb Israels seit dem babylonischen Exil im 6. Jahrhundert v. d. Z.

**Frauenempore** - Sie löste den in älteren Synagogen üblichen separaten Frauenraum ab.

**Gabbe bzw. Gabbai** - (hebr. = Einnehmer), verantwortlich für den reibungslosen Ablauf der Aktivitäten in der Synagoge (Gottesdienst, Almosensammlung). Bei den Chassidim Bezeichnung für den Assistenten des Rabbiners.

**Haskala** - (hebr. = Erkenntnis), jüdische Aufklärung.

**Hekdesch** - (hebr. = Spital), Gemeindekrankenhaus.

**Jeschiwa** - (hebr. = Sitz), talmudische Hochschule zur Gelehrten- und Rabbinerausbildung.

**Jiddisch** - Volkssprache der Juden in Ost- und Mitteleuropa sowie in den USA, entstand auf Grundlage des Hebräischen unter dem starken Einfluß des Mittelhochdeutschen sowie slavischer und hebräischer Sprachelemente.

**Jom Kippur** - (hebr. Jom ha-Kippurim = Tag der Sühne), Versöhnungstag, gefeiert am 10. Tischri, strenger Fasten- und Bußtag, heiligster Festtag im Jahrezyklus.

**Kantor** - Gemeindebeamter, moderne Bezeichnung des Vorsängers und Vorbeters in der Synagoge (→ Chasan)

**Kehilla** - (hebr. = Versammlung), jüdische Gemeinde.

**koscher** - (hebr. = recht, tauglich), den rabbinischen Ritualvorschriften entsprechend (z. B. koschere Speisen).

**»Kristallnacht«** - reichsweit durchgeführtes, gewaltsames Vorgehen der Nationalsozialisten gegen jüdische Einrichtungen und Privateigentum um den 9./10.11.1938.

**Laubhütte** → Sukkot.

**Machsor** - (hebr. = Jahreslauf), Festtags-Gebetbuch, im Unterschied zum → Siddur.

**Männerbetstühle** - Die (erst in neuzeitlichen Synagogen eingeführten) Männerbetstühle befinden sich in einer Synagoge im Erdgeschoß, häufig räumlich getrennt von der → Frauenempore.

**Magen David** - (hebr. = David-Schild), sechszackiger, aus zwei übereinandergelegten Dreiecken erzielter Stern, seit der Antike von den Juden verwendetes Symbol, seit dem 17. Jahrhundert allgemeines jüdisches Zeichen.

**Mazza** - (hebr.; Pl. Mazzot), ungesäuertes Brot, vorgeschrieben für das Pessach-Fest, zur Erinnerung an den Auszug aus Ägypten.

**Memorbuch** - Gedenkbuch/Martyrologium einer jüdischen Gemeinde, ursprünglich zur Erinnerung an die jüdischen Opfer der Kreuzzüge. heute auch gebräuchlich für lokale bzw. regionale Verzeichnisse von → Schoa-Opfern.

**Menora** - (hebr. = Leuchter), siebenarmiger Leuchter im Tempel, seit der Antike Symbol des Judentums, Sonderform der Chanukka-Menora mit neun Armen für acht Lichter und einen Lichtspender.

**Mikwa bzw. Mikwe** - (hebr. = Sammlung des Wassers), rituelles Tauchbad mit »lebendem« (Quell-) oder Regenwasser.

**Minjan** - (hebr. = Zahl), Mindestzahl von zehn männlichen Betern, die für die Abhaltung eines Gottesdienstes vorgeschrieben ist.

**Mohel** - (hebr.), Vollzieher der → Brith Mila.

**Neologie** - Reformjudentum

**Ner Tamid** - (hebr. = ewiges Licht), vor dem Thoravorhang aufgehängtes »immerwährende Lampe«.

**Orthodoxie** - strenggläubige Richtung(en) des Judentums, deren Lebensanschauung und -praxis die genaue Befolgung der biblischen und rabbinischen Vorschriften anstrebt.

**»Ostjuden«** - Bezeichnung der Juden in bzw. aus den osteuropäischen Ländern, insbesondere aus Rußland, der Ukraine, dem Baltikum, Polen, Rumänien, Ungarn.

**Parochet** - zumeist reich verzierter Vorhang vor dem → Aron ha-Kodesch, aus Samt, Seide oder Leinen.

**Pessach** - (hebr. = Vorüberschreiten), Frühlingsfest, eines der drei Wallfahrtsfeste, zur Erinnerung an den Auszug aus Ägypten vor rund 3.300 Jahren, wird am 14.-21. Nissan gefeiert.

**Pogrom** - (russ. = Verwüstung), gewaltsame, mit Plünderungen sowie Mord verbundene Verfolgung einer Minderheit, insbesondere der Juden.

**Purim** - (hebr. = Lose), fastnachtähnliches Freudenfest, erinnert an die Errettung der jüdisch-persischen Diaspora im 6. Jahrhundert v. d. Z. vor dem Anschlag des Großwesivs Haman (Esther-Erzählung), wird am 14. Adar gefeiert.

**Rabbiner** - (hebr. Rabbi = mein Lehrer), Lehrer, religiös und akademisch ausgebildeter sowie ordinierter Gelehrter, der als Gemeindeangestellter das religiöse Haupt einer Gemeinde darstellt; Richter in religiösen und rituellen Fragen; hat keine priesterlichen Funktionen.

**Rosch ha-Schana** - (hebr. = Anfang des Jahres), jüdisches Neujahrsfest im Herbst, am ersten und zweiten Tag des Monats Tischri, Beginn einer zehntägigen Bußzeit.

**Sabbat bzw. Schabbat** - (hebr. = Ruhetag), siebenter Wochentag (Arbeitsruhe), dauert von Freitagabend bis Samstagabend.

**Schächten** - (hebr. Schechita = Schlachtung), den Religionsgesetzen entsprechendes jüdisches Schlachtverfahren durch den Schochet (Schächter): Durchschneiden der Halsschlagader und der Luftröhre des Tieres mit einem Spezialmesser.

**Schawuot** - (hebr. = Wochen), Wochenfest, zur Erinnerung an die Offenbarung der Zehn Gebote am Berg Sinai, mittleres der drei großen Wallfahrtsfeste, wird am 6./7. Siwan gefeiert.

**Schiur** - (hebr. = Maß), Unterrichtsstunde; Talmudkurs.

**Schoa** - (hebr. = Katastrophe), hebräische Bezeichnung des Holocaust.

**Schofar** - (hebr. = Signalhorn), Blasinstrument aus einem Widderhorn, wird an Rosch ha-Schana und Jom Kippur verwendet.

**Schtetl** - (jidd. = Ansiedlung), Bezeichnung für jüdische Gemeinde in Osteuropa.

**Schtibl** - (jidd. = Stube), (»ostjüdische«) Betstube.

**Sefer Thora** - (hebr. = Buch der Thora), Thorarolle.

**Siddur** - (hebr. Seder = Anordnung [der Gebete]), Alltagsgebetbuch.

**Sukkot** - (hebr. = Laubhütten, Sg. Sukka), Laubhüttenfest, gefeiert am 15.-22 Tischri, während dieser Zeit zur Einnahme der Mahlzeiten Aufenthalt in der Sukka (Nachbildung der Laubhütte) zur Erinnerung an das Leben der Israeliten in der Wüste.

**Talmud** - (hebr. = Belehrung), Zusammenfassung der Lehren und Überlieferungen des nachbiblischen Judentums.

**Taschlich** - (hebr. = »Du wirst werfen«), (vor allem »ost-«)jüdischer Brauch, am Neujahrstag stellvertretend für die Sünden Krümel aus den Jackentaschen in ein fließendes Gewässer zu werfen.

**Tefillin** - (hebr. = Gebetsriemen), zwei Lederriemen mit Kapseln (Thoraauszüge), werden beim Gebet um den Arm und um die Stirn gebunden.

**Thora** - (hebr. = Lehre), der Pentateuch (fünf Bücher Mose - Genesis, Exodus, Leviticus, Numeri, Deuteronomium), vom Sofer (Thoraschreiber) auf eine Thorarolle (→ Sefer Thora) aus Pergament geschrieben und auf zwei Stäbe aufgerollt, durch die Mappa (Band) zusammengehalten und in einen Thoramantel gehüllt. Die Stäbe sind mit Rimmonim (Granatäpfeln) bzw. einem Keter Thora (Thorakrone) bestückt. Darüber wird auf der Vorderseite des Thoramantels der Tas (Schild) und der Jad (Zeiger) als Lesehilfe gehängt.

**Zionismus** - Ende des 19. Jahrhunderts entstandene nationaljüdische Bewegung, die auf Schaffung eines jüdischen Nationalstaates in Palästina abzielte.